PATRIMÔNIO 4.0

Blucher

Organização

Pedro Henrique Gonçalves

PATRIMÔNIO 4.0

Patrimônio 4.0
© 2022 Pedro Henrique Gonçalves
Editora Edgard Blücher Ltda.

Publisher Edgard Blücher
Editor Eduardo Blücher
Coordenação editorial e produção Jonatas Eliakim
Preparação de texto Carolina Tiemi
Diagramação Roberta Pereira de Paula
Revisão de texto Flávia Carrara
Capa Laércio Flenic
Imagem da capa labam.dev

Blucher

Rua Pedroso Alvarenga, 1245, 4º andar
04531-934 – São Paulo – SP – Brasil
Tel.: 55 11 3078-5366
contato@blucher.com.br
www.blucher.com.br

Segundo o Novo Acordo Ortográfico, conforme 5. ed. do *Vocabulário Ortográfico da Língua Portuguesa*, Academia Brasileira de Letras, março de 2009.

Dados Internacionais de Catalogação na Publicação (CIP)
Angélica Ilacqua CRB-8/7057

Patrimônio 4.0/ organizado por Pedro Henrique Gonçalves. – São Paulo : Blucher, 2022.
216 p. : il.

Bibliografia
ISBN 978-65-5506-550-3 (impresso)
ISBN 978-65-5506-551-0 (eletrônico)

1. Patrimônio cultural 2. Edifícios históricos
I. Gonçalves, Pedro Henrique

22-1244 CDD720.28

Índices para catálogo sistemático:
1. Patrimônio cultural

PREFÁCIO AO LIVRO PATRIMÔNIO 4.0

A simbiose entre o mundo físico e suas representações digitais (por meio de dados, parâmetros e modelos) permeia todos os campos da cultura e da produção contemporânea. Na área do patrimônio arquitetônico e urbanístico, não poderia ser diferente, e diversas tecnologias digitais têm sido empregadas para documentar, representar, interpretar, gerenciar e divulgar sítios arqueológicos, bens arquitetônicos individuais ou conjuntos urbanísticos.

A documentação precisa do patrimônio arquitetônico ganhou importantes aliados nas tecnologias digitais, destacando-se o escaneamento a laser, a fotogrametria digital e a Modelagem da Informação da Construção (*Building Information Modeling* – BIM). O levantamento tridimensional de edificações por meio da varredura com feixes de luz estruturada (escaneamento a laser), por exemplo, constitui uma potente tecnologia para registro de edificações e sítios históricos, resultando em nuvens de pontos com precisão dimensional milimétrica (DEZEN-KEMPTER *et al.*, 2015).

Da mesma forma, técnicas de fotogrametria digital permitem criar representações digitais de objetos tridimensionais com precisão dimensional e pictórica. A fotogrametria se materializa pela aquisição e processamento de múltiplas imagens fotográficas para determinação de formas, posições e relações geométricas. A partir da sobreposição do conjunto de fotografias do objeto, é possível determinar coordenadas espaciais e corrigir distorções focais ou de perspectiva das fotos, obtendo, como produtos, mosaicos ortogonais ou modelos digitais tridimensionais de objetos físicos (GROETELAARS, 2015).

Combinando levantamento fotogramétrico ou escaneamento a laser com softwares específicos da área de gestão da informação arquitetônica, é possível constituir modelos paramétricos em BIM ou Modelagem da Informação da Cidade (*City Information Modeling* – CIM). Esses softwares trazem possibilidades para além de seus antecessores, que utilizavam o paradigma *Computer Aided Design* (CAD): além de automatizarem diversos processos por trabalharem com elementos tridimensionais, em vez de bidimensionais, eles permitem agregar informações semânticas aos elementos utilizados no projeto, que, no caso de edificações históricas, podem ser provenientes de inspeções, ensaios técnicos, documentos históricos, sensores e outros.

A essa conjunção de tecnologias e possibilidades dá-se o nome de Modelagem da Informação da Edificação Histórica - *Historic Building Information Modeling* (HBIM), hoje também chamada de Modelagem da Informação da Edificação Patrimonial (*Heritage Building Information Modeling*). Esse é um método para modelar construções históricas de forma paramétrica, com dados de escaneamento a laser, enriquecidos com dados históricos e construtivos (MURPHY; MCGOVERN; PAVIA, 2009), ou seja, modelos HBIM permitem uma abordagem multidisciplinar e agregam dados provenientes de diferentes levantamentos, documentos e fontes históricas relativas a um determinado patrimônio construído, congregando diversas especialidades (BRUMANA *et al.*, 2013) e permitindo uma visão mais pormenorizada e holística da edificação.

Ainda no campo da gestão do patrimônio construído, a Internet das Coisas (*Internet of Things* - IoT) integra objetos físicos a modelos digitais desenvolvidos para emular virtualmente a forma e o desempenho das estruturas arquitetônicas e de outros objetos físicos. Tecnologias de sensoriamento remoto que utilizam IoT possibilitam mensurar, em tempo real, dados de desempenho relativos às edificações e sítios históricos (deformações, umidade, temperatura, luminância, entre outros). Além disso, o sensoriamento remoto, quando associado à réplica digital do patrimônio edificado (também chamado "gêmeo digital"), permite simular o funcionamento desse patrimônio ou de parte dele. Dessa forma, é possível gerenciar a conservação do objeto real, estudando alternativas de manutenção e mesmo opções de restauro antes da intervenção no objeto físico, e, assim, esses processos são otimizados.

No campo da realidade estendida, aplicações virtuais levam, em parte, o patrimônio para a Internet, dando visibilidade a múltiplas culturas locais e permitindo o acesso ao patrimônio sem restrições geográficas e econômicas. Evidentemente, não se trata de equiparar a visita real aos passeios virtuais, mas considerar o papel democratizante e de divulgação que a Internet pode ter ao difundir globalmente (mesmo que com limitações sensoriais) um dado edifício, sítio ou prática cultural. Complementarmente, diversas modalidades de realidade estendida possibilitam sobrepor o virtual ao físico, dando ênfase a aspectos não diretamente visíveis do patrimônio edificado. É possível, por exemplo, adicionar cenas de usos e práticas históricas ocorridas em um dado sítio ou sobrepor características técnicas construtivas não visíveis diretamente, como comportamento de uma estrutura, materiais e componentes embutidos etc.

Nesse contexto, o livro *Patrimônio 4.0* mergulha no universo de transformações digitais e de comunicação conectada à Internet a fim de indicar potencialidades e abrangências de múltiplas tecnologias na valorização, preservação e conservação de sítios históricos e bens culturais. Com conceitos precisos, apresentações de aplicações e análises críticas das potencialidades tecnológicas face à gestão e à conservação do patrimônio, o livro traz uma leitura interessante ao público em geral e um guia de estudos para arquitetos, historiadores, restauradores e críticos que atuam no campo do patrimônio cultural.

Logo no primeiro capítulo, o professor Pedro Henrique Gonçalves discute as profundas transformações econômicas e sociais ligadas às novas tecnologias digitais e à Internet. Além disso, desenvolve analogias entre Indústria 4.0 e a apropriação da Internet, elencando diversas possibilidades tecnológicas para o processamento digital do patrimônio histórico. O capítulo desempenha o papel fundamental de alinhavar as discussões subsequentes do livro.

No capítulo seguinte, as pesquisadoras Sandra Schmitt Soster, Mariana Kimie Nito e Claudia Feierabend Baeta Leal apresentam uma análise crítica instigante sobre acesso à informação e processos participativos por meio dos meios digitais na área do patrimônio cultural, ao qual se denomina *Open Heritage*. Dois pontos fundamentais discutidos no texto são o levantamento e a divulgação de bens culturais no campo do patrimônio histórico a partir da valorização da voz das comunidades locais.

No capítulo terceiro, Carina Folena Cardoso Paes, Pedro Henrique Gonçalves e Paula Neris dos Santos discutem o processo de documentação e intervenção em sítios históricos e desenvolvem um modelo teórico para a Modelagem da Informação do Patrimônio em Escala Urbana, denominada *Heritage City Information Modeling* (HCIM). No capítulo seguinte, Pedro Henrique Gonçalves, Monice Cristina da Silva e Vanda Alice Garcia Zanoni retomam as bases da gestão da informação de construções históricas, aprofundando a discussão do BIM e do HBIM. No capítulo cinco, Pedro Henrique Gonçalves, Patricia Pizzatto Mussoi e Bruna Farina abordam os desafios da parametrização do patrimônio histórico em modelos digitais, abordando métodos de levantamento, softwares de modelagem e banco de dados em processos de parametrização. E, em seguida, no capítulo seis, as pesquisadoras Thaiz Amorim Thomaz e Clarissa Sartori Ziebell abordam os desafios dos processos de simulação computacional de desempenho térmico e energético em edificações históricas.

No capítulo sete, Gabriela Linhares da Silva, Ariane Magda Borges e Natalie Johanna Groetelaar apresentam diferentes possibilidades da realidade estendida/realidade mista, traçando um panorama histórico e discutindo diferentes aplicações potenciais no campo do patrimônio cultural. Já no capítulo oito, Ariane Magda Borges, Fabíolla Xavier Rocha Ferreira Lima e Natalie Johanna Groetelaars associam a gamificação e os jogos à fruição virtual do patrimônio, discutindo novas fronteiras de aplicação do jogo digital no campo do patrimônio cultural. E, no nono capítulo, Pedro Henrique Gonçalves, Sarah Yasmin Pereira Marques e Giovana Nunes propõem a instigante associação entre realidade aumentada e Internet das Coisas (Internet of Things – IoT), entrelaçando dados do mundo físico e representação aumentada do patrimônio edificado.

No capítulo dez, Pedro Henrique Gonçalves, Ana Paula Nishimoto Ito e Sandra Schmitt Soster refletem sobre o emprego da Inteligência Artificial, via aprendizagem de máquina, na classificação automatizada de estilos arquitetônicos e apresentam um app em desenvolvimento. Enquanto isso, no capítulo onze, Sandra Schmitt Soster, Cida Barros e Caio Lucena apresentam dados coletados junto ao projeto iPatrimônio para traçar um "perfil" dos usuários digitais que se interessam pelo tema do patrimônio cultural. O projeto realiza a catalogação, padronização e disponibilização de dados sobre milhares de bens patrimoniados, e por isso reúne dados sobre um público amplo do Brasil e do mundo.

Por fim, no capítulo doze, Pedro Henrique Gonçalves, Carina Folena Cardoso Paes e Clarissa Sartori Ziebell instigam o leitor a refletir sobre as perspectivas futuras para tecnologias digitais, algoritmos computacionais e Internet nas áreas de conservação, gestão, visitação e divulgação do patrimônio cultural. E esse futuro parece promissor...

Na certeza de uma boa leitura,

Márcio Minto Fabricio

REFERÊNCIAS

BRUMANA, R.; ORENI, D.; RAIMONDI, D.; GEORGOPOULOS, A.; BREGIANNI, A. From survey to HBIM for documentation, dissemination and management of built heritage: The case study of St. Maria in Scaria d'Intelvi. *In:* Digital Heritage International Congress, 2013, Marseille. *Proceedings* [...]. Piscataway: IEEE, 2013. p. 497-504. DOI 10.1109/DigitalHeritage.2013.6743789

DEZEN-KEMPTER, E.; SOIBELMAN, L.; CHEN, M.; MÜLLER FILHO, A. V. Escaneamento 3D a laser, fotogrametria e modelagem da informação da construção para gestão e operação de edificações históricas. *Gestão e Tecnologia de Projetos*, São Paulo, v. 10, n. 2, p. 113-124, jul./dez. 2015. DOI 10.11606/gtp.v10i2.102710

GROETELAARS, N. J. *Criação de Modelos BIM a partir de "Nuvens de Pontos"*: Estudo de Métodos e Técnicas para Documentação Arquitetônica. 2015. 372 f. Tese (Doutorado em Arquitetura e Urbanismo) – Faculdade de Arquitetura, Universidade Federal da Bahia, Salvador, 2015.

MURPHY, M.; MCGOVERN, E.; PAVIA, S. Historic building information modelling (HBIM). *Structural Survey*, [*s. l.*], v. 27, n. 4, p. 311-327, 2009. DOI 10.1108/02630800910985108

CONTEÚDO

1. IMPACTO DA INDÚSTRIA 4.0 E O PATRIMÔNIO **13**

Referências 18

2. *OPEN HERITAGE*: MEMÓRIAS, PROCESSOS PARTICIPATIVOS E MEIOS DIGITAIS **19**

2.1 Introdução 19

2.2 Patrimônio de código aberto e discurso autorizado 20

2.3 Inventário participativo e a construção de outros patrimônios possíveis 22

2.4 Patrimônio cultural na era digital 27

2.5 Acesso à internet no Brasil 31

2.6 Considerações finais 34

Referências 34

3. SOLUÇÕES INTELIGENTES APLICADAS AO PROCESSO DE INTERVENÇÃO EM CENTROS HISTÓRICOS: PROPONDO UM MODELO TEÓRICO-CONCEITUAL PARA O *HERITAGE CITY INFORMATION MODELING* (HCIM) **37**

3.1 Introdução 37

3.2 A dimensão urbana no HIS 39

3.3 HCIM como um modelo teórico-conceitual no contexto das *smart cities* 45

3.4 *City information modeling*: o paradigma CIM 48

3.5 O HIS na gênese do HCIM: sistematizando o processo para a definição de dimensões e variáveis 50

3.6 Considerações finais 56

Referências 57

4. BIM, HBIM E GESTÃO DA INFORMAÇÃO 61

4.1 Visão geral sobre BIM 61

4.2 HBIM e a gestão da conservação do patrimônio 64

4.3 Nível de desenvolvimento (*level of detail*) 69

4.4 Documentação 70

Referências 80

5. A PARAMETRIZAÇÃO NO CONTEXTO DO PATRIMÔNIO EDIFICADO: PREMISSAS TEÓRICAS 83

5.1 Introdução 83

5.2 O projeto parametrizado 85

5.3 O desafio da parametrização aplicada na preservação do patrimônio 86

5.4 Métodos de levantamento físico 88

5.5 Parametrização e sua relação prática com o patrimônio histórico 90

Referências 93

6. SIMULAÇÃO TERMO-ENERGÉTICA DE EDIFICAÇÕES PATRIMONIAIS 95

6.1 Introdução 95

6.2 Principais dificuldades na simulação do patrimônio edificado 98

6.3 Índices e parâmetros a serem avaliados 102

6.4 Considerações finais 108

Referências 108

7. REALIDADE VIRTUAL E APLICAÇÕES VOLTADAS AO PATRIMÔNIO CULTURAL **113**

7.1 O que é a realidade virtual? 114
7.2 Áreas de aplicação da RV 118
7.3 Aplicações da RV para o patrimônio arquitetônico 120
7.4 Perspectivas futuras da RV no patrimônio 123
Referências 124

8. JOGOS, GAMIFICAÇÃO E PATRIMÔNIO **127**

8.1 Introdução 127
8.2 O que é um jogo? 128
8.3 Gamificação 138
8.4 Jogos, gamificação e patrimônio cultural 144
8.5 Potencialidades e limitações da gamificação aplicada ao patrimônio cultural 149
8.6 Considerações finais 150
Referências 151

9. INTEGRAÇÃO DA REALIDADE AUMENTADA E INTERNET DAS COISAS NO PATRIMÔNIO CULTURAL **155**

9.1 Introdução 155
9.2 Internet das coisas 156
9.3 Aplicabilidades da IOT e RA 158
9.4 Integração entre a IOT e AR 161
9.5 Considerações finais 166
Referências 166

10. *MACHINE LEARNING*: CLASSIFICAÇÃO DE ESTILOS ARQUITETÔNICOS NO CAMPO DO TURISMO **171**

10.1 Introdução 171
10.2 *Machine learning* 172
10.3 Uso na área do patrimônio cultural 175

10.4 EstiloApp 179

10.5 Considerações finais 184

Referências 185

11. IPATRIMÔNIO: O QUE A BIG DATA DIZ SOBRE VOCÊ 189

11.1 Existe demanda para informações sobre patrimônio cultural? 190

11.2 Quem se interessa pelo patrimônio cultural brasileiro? 192

11.3 De que recursos dispõem e como encontram o iPatrimônio? 195

11.4 Que outros interesses possuem os usuários do iPatrimônio? 196

11.5 Por que manter as redes sociais do projeto? 198

11.6 Considerações finais – tecnologias 201

Referências 204

12. DESAFIOS FUTUROS 205

Referências 209

SOBRE OS AUTORES 211

CAPÍTULO 1

Impacto da indústria 4.0 e o patrimônio

Pedro Henrique Gonçalves

O ano era 2015, e, durante o Fórum Econômico Mundial (sediado em Davos, na Suíça), no painel "The Future of the Digital Economy" ("Futuro da Economia Digital"), Eric Schmidt (ex-CEO do Google) respondeu a uma pergunta sobre as alterações digitais da seguinte forma:

> Eu irei responder de uma forma bem simples, a internet irá desaparecer, irá existir tantos endereços de IP [...] mas tantos dispositivos, sensores, coisas que você estará vestindo, coisas que você está interagindo que você nem sentirá mais sua presença. Isso será parte do seu cotidiano o tempo todo. Imagina você andando dentro de um ambiente, e o ambiente estará interagindo com você, será dinâmico. E com sua permissão de conexão, você estará interagindo com o ambiente, com experiências personalizadas, alta interatividade, e um muito, muito interessante mundo irá emergir por causa do desaparecimento da internet (DAVOS...).

Esse novo cenário descrito por Schmidt (DAVOS..., 2015), caracterizado por um mundo de sensores e "coisas" interligadas, é a realidade que vivemos hoje e que afeta nosso cotidiano com uma maior frequência a cada dia.

No campo do ambiente construído, é fato que o mundo digital e o físico têm avançado e se desenvolvido de uma forma inseparável. Kitchin e Dodge (2011) se referem a essa relação como uma condição de "*code/space*" (código e espaço), em que os espaços digitais e os espaços físicos nos quais vivemos se tornam um e o mesmo, uma realidade na qual os mundos se coconstituem.

É perceptível que essa coexistência vem transformando a vida social e o ambiente de negócios. Até mesmo as escolhas pessoais de vários usuários/consumidores são transformadas em um processo otimizado para a cadeia de suprimentos ou embalagens. Sensores, atuadores e microprocessadores podem ser usados para transformar simples artefatos em objetos inteligentes. Esses não se caracterizam apenas como dispositivos digitais, mas objetos comuns do nosso cotidiano, que, por meio da tecnologia digital, permitem uma ampliação de experiências e espectros funcionais antes impensados.

Já na edição seguinte do Fórum Econômico Mundial no ano de 2016, em Davos, apontou-se a era da "4ª Revolução Industrial", vinculada aos avanços na comunicação e conectividade entre os ambientes. Esse novo paradigma de organização da sociedade é definido por um contexto tecnológico que desencadeou uma série de conceitos e inovações disruptivas, como Internet das Coisas (*Internet of Things – IoT*), ambientes interativos, cidades inteligentes, fabricação pessoal, materiais inteligentes, impressão 3D, realidades virtuais e aumentadas, drones, carros autônomos, que, em conjunto, estão desenhando um mundo radicalmente novo, no qual a tecnologia e visualização virtuais integradas ao mundo real são temas primordiais no contexto da Revolução Informacional.

Essa nova realidade está ligada ao conceito de Indústria 4.0, ou Quarta Revolução Industrial, caracterizada por um grande impacto na alteração dos processos de produção e que se apoia em tecnologias digitais ligadas à internet e aos objetos inteligentes. Mais além, a Indústria 4.0 se alinha a finalidades como a busca por uma maior capacidade de autogestão, customização e eficiência, sem se dissociar dos aspectos vantajosos do processo de produção em massa.

A Indústria 4.0 forneceu "melhorias fundamentais para o processo industrial envolvido na fabricação, engenharia, uso de materiais e gestão da cadeia de suprimentos e do ciclo de vida" (KAGERMANN; WAHLSTER; HELBIG, 2013). O novo paradigma também permite a comunicação entre pessoas, máquinas e recursos, construindo redes e fornecendo serviços de forma mais automatizada. Esse processo ganha força ainda maior diante da demanda crescente de digitalização de recursos documentais e materiais, para a qual emergem, como resposta, tecnologias que visam capturar e analisar, de forma eficaz e rápida, uma grande quantidade de dados em tempo real, a fim de entregar vários tipos de informações significativas.

Como resultado de sua evolução contínua, é difícil dar uma definição amplamente aceita e holística do que a Indústria 4.0 se tornará. Atualmente, parece mais um "casamento" entre o mundo físico/científico com as tecnologias digitais. Esse impacto tem feito com que a consciência dos acadêmicos, indústrias, empresas e profissionais liberais se converta em um pensamento multidisciplinar, no qual várias áreas e campos de conhecimento se misturam, trazendo novas abordagens e abrindo caminhos inéditos de pesquisa e aplicações em todo o mundo.

As tecnologias digitais oferecem novas formas de interconexão com sistemas "físicos" eficazes de coleta de dados e sistemas inteligentes e capazes de interpretar os dados coletados para uma tomada de decisão mais holística e informada. Desse modo, o que percebemos é que, considerando as possibilidades das interações entre o mundo físico e virtual, há um processo que se retroalimenta: o mundo material é decodificado e estratificado a partir de dispositivos, e, no universo digital, a realidade é representada e escrutinada não só em suas circunstâncias atuais, mas também naquelas que são possíveis no futuro. É essa qualidade preditiva que agrega ainda maior interesse aos processos analíticos e interventivos e permite, por meio do vislumbre de uma realidade possível e mais adequada, tomar decisões que se sedimentam, novamente, no mundo físico.

O cenário disruptivo da Indústria 4.0 está se espalhando por todos os campos do conhecimento e mudando nossa maneira de interagir com coisas e pessoas. Os impactos também se expressam no campo da arquitetura. Essa quebra de paradigma possibilitou novas frentes de atuação profissional e de pesquisa no campo arquitetônico, fazendo com que as ferramentas digitais 4.0 antecipem novos processos de construção, ensino, uso, projetação e conservação no campo da construção civil.

Dentre os desdobramentos das ferramentas 4.0 nos processos relacionados ao projeto, técnica e gestão do ambiente construído, podemos citar as tecnologias de Realidade Aumentada (RA) e Realidade Virtual (RV), que surgiram rapidamente nos últimos anos e têm possibilitado a criação de ambientes dinâmicos, com grandes oportunidades, por exemplo, de "Reconstrução 3D" de monumentos culturais e cidades históricas. A modelagem digital, especialmente, é um dos campos mais desenvolvidos nesse novo cenário que passou, inclusive, por um processo de ressignificação das atividades analíticas e interventivas nos últimos anos. A visualização 3D foi tomada, por longa data, apenas como uma ferramenta de substituição ou representação do campo físico. Atualmente, com seu rápido desenvolvimento, são notáveis as diversas possibilidades criadas, que passam pelo campo da pesquisa, educação patrimonial, entretenimento e propósitos comerciais.

O modelo digital agora é considerado uma interface compartilhada entre os dois mundos: de um lado, a arquitetura e o patrimônio cultural, em toda sua materialidade de arquivos, dados, artefatos, bens, museus, para mencionar algumas dimensões; de outro, toda a esfera de habilitação de tecnologias inteligentes, incluindo a manufatura avançada e aditiva, sistemas de visão de RA, simulação e integração de sistemas dadas pela IoT.

De acordo com Di Luggo *et al.* (2020), hoje as tecnologias 4.0 possibilitam a aquisição e o levantamento de parâmetros de objetos de valor histórico por meio da utilização de sensores inteligentes, capazes de obter e gerar uma quantidade considerável de dados em tempo real. Os dados detectados e detectáveis podem ser monitorados e transferidos usando tecnologias IoT, possibilitando uma análise em tempo real, potencializando a gestão de risco das edificações históricas e, ao mesmo tempo, criando e alimentando um banco de dados sobre o ciclo de vida do bem tombado.

Antes da disseminação do uso de tecnologias IoT, eram utilizados sensores simples, ou seja, dispositivos capazes de monitorar um fenômeno como a temperatura de um ambiente, a qualidade do ar, bem como os movimentos, sem planejar a transferência desses dados para a rede, prevendo, assim, a organização da coleta de dados apenas de forma direta. A evolução e, portanto, a multiplicação das potencialidades oferecidas por uma gestão inteligente de *Big Data* permitem que esses parâmetros sejam comunicados e geridos na rede.

Acrescidos a esse processo, o desenvolvimento e o crescimento das técnicas de modelagem abriram caminho para novos métodos de armazenamento de dados, relacionando estudos multitemáticos a uma organização semântica de forma ontológica ao desenvolver métodos de virtualização aprimorados para assumir uma forma autônoma, livre das nuvens de pontos que os geraram. Esse cenário ofereceu novas abordagens às disciplinas de construção.

As reconstruções virtuais atualmente possuem uma conotação de representação do real com maior precisão, sendo amplamente utilizadas em processos de documentação histórica, passando, também, pela criação de ambientes interativos virtuais. Mais além, os processos de virtualização também contemplam sistemas de monitoramento, utilizando a visão computacional e as modelagens 3D como recursos de visualização de artefatos históricos. Todos esses recursos também podem levar os usuários dos ambientes virtuais a uma "viagem no tempo", a lugares, cidades e edifícios históricos.

O impacto gerado pela Indústria 4.0 no campo do patrimônio arquitetônico e urbanístico é amplo, o que abre novos campos de pesquisas e atuação, como exemplificadas na Figura 1.1.

As trocas de ideias sobre esses novos significados e possibilidades permitem o engajamento de um grande público, composto por não especialistas, no campo da preservação. Essa nova circunstância permite o envolvimento do público com a arte, a cultura e seus significados ocultos (ou não). As ferramentas digitais promovem a democratização do acesso à cultura e também o próprio reconhecimento de manifestações genuínas de espectros populares da sociedade, que outrora acabavam por serem excluídas numa percepção, já superada, de patrimônio cultural como sinônimo de grandes feitos, histórias e monumentos.

Essa ampliação da capacidade de documentação e de engajamento da população nesse processo, por meio de plataformas colaborativas, expande os artefatos e materiais disponíveis atualmente para análise. Mais além, o próprio repertório de pesquisa, em termos de recursos e métodos, também testemunha inovações constituídas nos últimos anos. O processo contínuo de sedimentação histórica de artefatos arquitetônicos mostra uma grande quantidade de materiais para cuja análise e repertório a pesquisa sofreu drásticas inovações nos últimos anos, a partir de técnicas de levantamento digital e consequentes métodos de modelagem (KARGAS; VAROUTAS, 2020).

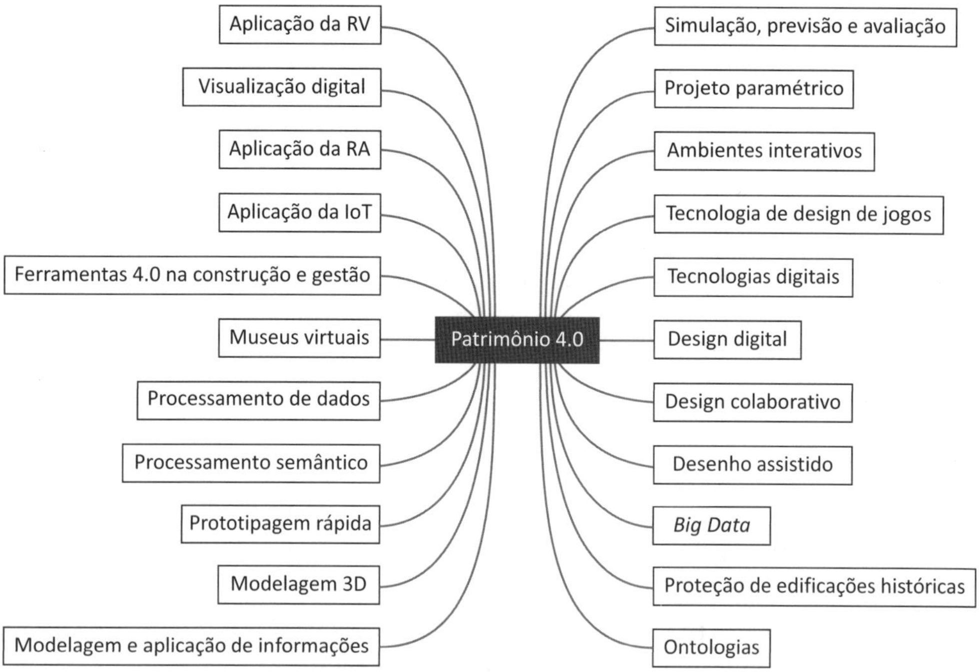

Figura 1.1 Campos de pesquisas e atuação no Patrimônio 4.0.

A implementação dos conceitos da Indústria 4.0 no campo do patrimônio histórico, além de ser irreversível, tem um grande impacto na relação entre o usuário e o bem material, compartilhando conhecimentos e atividades com um grande público e de forma personalizada. A integração do campo do patrimônio com essas novas tecnologias amplia o campo de comunicação, documentação, monitoramento e análise dos bens com valores culturais. Assim, uma experiência cultural pode ser acessada em qualquer lugar do mundo, gerando novas experiências e possibilidades de conhecimento.

O que se pode vislumbrar, a partir do cenário atual, é que as tecnologias digitais terão um impacto significativo na gestão e nos processos operacionais, auxiliando na prevenção de riscos e manutenção. Isso se dá porque os indicadores (de satisfação do usuário ou monitoramento preventivo) podem ser alimentados por meio de um sistema de coleta e avaliação em tempo real, o que possibilita a criação de uma variedade de serviços inovadores.

Para implementar com sucesso o Patrimônio 4.0, é importante entender o ambiente existente. Em primeiro lugar, termos como "estratégia digital" não estão longe do que os museus já estão desenvolvendo, uma vez que, cada vez mais, os espaços expositivos vêm se valendo de procedimentos internos baseados em conteúdo digital.

A quebra do paradigma ocasionada pela Indústria 4.0 dentro do contexto do patrimônio, como visto nas alíneas anteriores, envolve diversas atividades relacionadas à produção de novos conteúdos e à condução a novas estratégias de integração do meio digital com o meio físico. É interessante pensar que esse novo cenário impacta a cultura, e essa cultura impactada cria uma nova cultura digital, a qual tem um potencial de reaproximar a população de suas bases genuínas e identitárias.

Cabe ressaltar que a tecnologia deve ser utilizada de uma forma integrada ao contexto e atrelada ao patrimônio numa relação simbiótica. Os recursos tecnológicos devem se fazer presentes de forma discreta (não se sobressaindo ao valor do patrimônio, mas de forma envolvente e responsiva), valorizando ainda mais aquele bem, ampliando sua divulgação, documentação e conservação, e buscando entregar novas experiências em qualquer lugar ou a qualquer hora.

REFERÊNCIAS

DAVOS 2015 – *The Future of the Digital Economy.* Davos: World Economic Forum, 2015. 1 vídeo (min). Disponível em: https://www.youtube.com/watch?v=PjW_GSv_Qm0. Acesso em: 10/06/2021.

DI LUGGO, A.; PALOMBA, D.; PULCRANO, M.; SCANDURRA, S. Theoretical and Methodological Implications in the Information Modelling of Architectural Heritage. *In*: BOLOGNESI, C. M.; SANTAGATI, C. (ed.) *Impact of Industry 4.0 on Architecture and Cultural Heritage.* Pennsylvania: IGI Global, 2020. p. 20-48.

KAGERMANN, H.; WAHLSTER, W.; HELBIG, J. *Recommendations for implementing the strategic initiative INDUSTRIE 4.0.* [*S. l.*]: Forschungsunion: acatech, 2013. Disponível em: https://www.din.de/blob/76902/e8cac883f42bf28536e7e8165993f1fd/recommendations-for-implementing-industry-4-0-data.pdf. Acesso em: 10/06/2021.

KARGAS, A.; VAROUTAS, D. Industry 4.0 in Cultural Industry: a Review on Digital Visualization for VR and AR Applications. *In*: BOLOGNESI, C. M.; SANTAGATI, C. (ed.). *Impact of Industry 4.0 on Architecture and Cultural Heritage.* Pennsylvania: IGI Global, 2020. p. 1-19. DOI 10.4018/978-1-7998-1234-0.ch001

KITCHIN, R.; DODGE, M. *Code/Space*: Software and everyday life. Cambridge: MIT Press, 2011. 290 p.

CAPÍTULO 2

Open heritage: memórias, processos participativos e meios digitais

Sandra Schmitt Soster

Mariana Kimie Nito

Claudia Feierabend Baeta Leal

2.1 INTRODUÇÃO

Com a constante evolução das tecnologias digitais de informação e comunicação (TDIC), abre-se um grande leque de possibilidades de levantamento, documentação, representação e disseminação do patrimônio cultural. Mas o cenário atual também demonstra que as TDIC inseriram outras camadas de complexidade e desigualdade na sociedade brasileira.

Em um país tão diverso culturalmente e tão desigual socialmente, qual relação se pode e se quer construir entre sociedade e patrimônio por meio da tecnologia digital? Esse questionamento abre nossa reflexão e as possibilidades do que significaria construir um patrimônio de código aberto. Um patrimônio de código aberto estaria associado à produção colaborativa de conhecimento sobre um território, o que envolve uma ressignificação dos lugares da cidade sob a visão de mundo dos diversos habitantes. Dessa forma, um mesmo local geográfico tem diversos significados, a depender de quem o descreve e o interpreta. A ideia de um "patrimônio de código aberto" é definida por Giovanna Graziosi Casimiro (2019, p. 119, grifo nosso):

> O Patrimônio *Open Source* questiona o monopólio sobre o patrimônio e os espaços de memória, privilegiando a *ressignificação dos lugares a partir dos transeuntes e seu olhar sobre a*

cidade. Quando os monumentos são apropriados como superfície de ressignificação, eles têm a sua materialidade revista e o espaço que habitam é reativado sob outras perspectivas e narrativas; quando a cartografia e suas coordenadas geográficas desencadeiam experiências históricas e museológicas interativas, o território da cidade permite ver camadas invisíveis, também ressignificando os lugares.

Pensar em um patrimônio de código aberto nos leva a reforçar a importância de ampliar a própria noção de patrimônio cultural, que, historicamente, é associada a termos e saberes técnicos, como suas categorias (material e imaterial) e seus instrumentos (tombamento e registro); e cujo acervo oficial é composto, em sua maioria, por bens elitistas, católicos e masculinos. Entendemos, contudo, que já é tempo de repensar o patrimônio a partir de um ponto de vista centrado nas pessoas e nos direitos coletivos. Nesse sentido, a geógrafa Simone Scifoni (2019) apresenta a proposta de patrimônio *stricto sensu* e *lato sensu*: os bens oficialmente reconhecidos pelo Estado *versus* as referências culturais dos diversos grupos formadores do Brasil (acautelados ou não pelo Estado) (RAMPIM *et al.*, no prelo).

2.2 PATRIMÔNIO DE CÓDIGO ABERTO E DISCURSO AUTORIZADO

Os códigos de um patrimônio envolvem um conjunto de ações coletivas para escolher elementos importantes do cotidiano de determinados grupos sociais – como uma igreja, um terreiro, um conjunto de casas, uma ponte, um chafariz, uma ruína, um quadro, uma pintura, uma imaginária, uma gruta, uma festa, uma dança, determinado jeito de cozinhar, de tecer, de pintar, de se pintar, de plantar etc. Essas ações tecem, no presente, sentidos que relacionam os elementos ao passado e ao futuro desses grupos. A escolha atribui valor de patrimônio aos elementos por meio de determinados instrumentos e categorias. Não se trata, porém, apenas de um deslizamento semântico – de elemento do cotidiano para item do patrimônio cultural. A distinção dos bens é um processo "sensível", como aponta Marcia Sant'Anna (2015), que explicita razões e orquestra tensões, conflitos, demandas e disputas. O pensamento de Laurajane Smith (2006) se alinha a esse "momento sensível" da distinção dos bens culturais ao apontar a noção de conflito:

> Por um lado, patrimônio diz respeito à promoção, por *instituições culturais e elites sancionadas pelo Estado*, de uma versão consensual da história, com vistas a regular tensões culturais e sociais no presente. Por outro lado, patrimônio pode ser também um recurso usado para desafiar e redefinir valores e identidades recebidos por uma gama de *grupos subalternizados*. Patrimônio não diz necessariamente respeito à manutenção de valores e sentidos culturais, e pode igualmente tratar de mudança cultural (SMITH, 2006, p. 4, grifo nosso).

A autora critica a correlação entre patrimônio e objetos antigos, grandiosos, monumentais e esteticamente aprazíveis (SMITH, 2006); e também entre patrimônio e materialidade de objetos. Aponta, ainda, que o patrimônio é uma construção do presente, constantemente atualizada no presente e acionada por diversas intencionalidades no e do presente, inclusive como recurso para afirmação de valores e identidades.

Sant'Anna (2015) reforça essa noção ao afirmar que a identificação e a escolha do que deve ser preservado sempre são orientadas pelo presente – suas demandas, disputas e questões. Nós entendemos que Smith (2006) apresenta dois conjuntos de demandas, disputas e questões em torno do patrimônio e de seus usos. De um lado, a intencionalidade de regular tensões culturais e sociais no presente, por meio de uma versão consensual da história mobilizada por instituições culturais e elites sancionadas pelo Estado.

Por outro lado, Smith (2016) questiona consensos estabelecidos pelas relações de poder vigentes e instiga ao conflito diante da diversidade de identidades e valores que compõem a sociedade – o que entendemos ser extremamente necessário no Brasil, um país de dimensões continentais e com grupos formadores provindos de países das mais diversas culturas. Aqui é reforçada a ideia de Smith (2016) do patrimônio cultural como recurso para desafiar e rever identidades impostas aos grupos ou classes subalternizadas.

O museólogo, arqueólogo e historiador Ulpiano Bezerra de Meneses (2012) indica um necessário "deslocamento de matriz", já postulado pela Constituição Federal de 1988: a definição de valor cultural, antes exclusiva do poder público e realizada por meio do tombamento, na verdade, é inerente ao uso cotidiano do bem pela sociedade. Portanto a patrimonialização é um processo que, em vez de *top-down* (o poder público olhando o todo e indicando o que é importante), deve ser realizado de forma conjunta com a sociedade e com predomínio *bottom-up* (os chamados "grupos formadores da sociedade" apontando o que lhes é mais valioso em seu dia a dia e dialogando com os técnicos).

Dessa forma, a definição de patrimônio deixa de se limitar ao "conjunto dos bens móveis e imóveis" apenas quando "inscritos separada ou agrupadamente num dos quatro Livros do Tombo" (Decreto-lei 25/1937, §1º do Art. 1º). Ela passa a abranger bens de natureza material e imaterial que sejam "portadores de referência à identidade, à ação, à memória dos diferentes grupos formadores da sociedade brasileira" (Art. 216 da CF 1988). E a proteção desses bens deve ser realizada por meio de uma variedade de "formas de acautelamento e de preservação".

Segundo o Comitê Científico Nacional de Interpretações, Educação e Narrativas Patrimoniais (CCBrInt), do ICOMOS-Brasil (RAMPIM *et al*., 2021), essa necessária alteração do campo do patrimônio cultural no Brasil passa por três saídas a serem tomadas em conjunto: 1. a revisão institucional, pelo poder público, para adoção de práticas progressistas e participativas; 2. a discussão teórico-conceitual da noção de patrimônio cultural pelos muitos agentes; e 3. o fortalecimento e a disseminação de ações políticas lideradas pela sociedade.

Reforçamos o papel fundamental do protagonismo da sociedade civil nas ações propostas pelo Comitê do Icomos como "saídas", nas quais os diferentes grupos sociais atuam não só como detentores das referências culturais, mas também como entes responsáveis pela documentação, proteção e divulgação do seu patrimônio para além dos bens oficializados e do discurso autorizado pelo Estado. Não se trata de apagar ou menosprezar o patrimônio já oficializado, mas de acrescentar a ele camadas históricas e sociais que registrem seu significado sob outras visões de mundo, até então marginalizadas pelas políticas de patrimônio.

2.3 INVENTÁRIO PARTICIPATIVO E A CONSTRUÇÃO DE OUTROS PATRIMÔNIOS POSSÍVEIS

Em termos de políticas públicas do patrimônio cultural, o campo da Educação Patrimonial tem se destacado em marcos legais e metodológicos quando se trata de repensar o papel da sociedade civil como sujeito principal na construção das narrativas de suas memórias e identidades, contudo essa maneira de abordar as ações educativas nem sempre prevaleceu, pois, inicialmente, a Educação Patrimonial estava alinhada ao discurso autorizado pelo Estado e representada pelo lema "Conhecer para preservar", de Rodrigo Melo Franco de Andrade, que presidiu o Instituto do Patrimônio Histórico e Artístico Nacional (Iphan) durante os primeiros 30 anos. Como aponta Fonseca (1997), a proteção era o foco das políticas patrimoniais, e o valor cultural dos bens era visto como intrínseco e acessível somente sob o olhar qualificado dos especialistas, portanto a Educação Patrimonial disseminava o instrumento de proteção e os bens oficializados, levando conhecimento sobre essa política que era bastante recente e "esclarecendo" a população.

Em pleno século XXI, é anacrônico dizer que a sociedade civil não conhece o patrimônio localizado onde vive. Existe um saber patrimonial articulado às vivências e às práticas que não está descrito em livros e teorias. A partir do início dos anos 2000, ocorreu uma renovação das políticas de Educação Patrimonial dentro do Iphan, que reconheceu a necessidade de diálogo entre os saberes técnico e popular para a realização dos processos patrimoniais, conforme reconhecido nas disposições da Portaria nº 137, de 2016. Essa abordagem se pauta na participação cidadã, instituída pela Constituição Federal de 1988, ao apontar o direito do cidadão de propor a preservação de bens culturais. Depende da abertura do poder público uma escuta ativa das comunidades, o que passa pela assunção do indivíduo como sujeito cultural, imbuído de memórias familiares e sociais, e dotado de direitos e deveres culturais. Uma Educação Patrimonial é descrita pela Rede Paulista de Educação Patrimonial (REPEP) (s.d.) como uma atividade:

- transversal e dialógica, na qual a produção de sentidos e experiências é coletiva, e não realizada pela transferência de conhecimento do poder público para o cidadão;
- pública, formativa e política, entre indivíduos, no espaço público e sobre ele; em que a escolha de bens a preservar (construção da história) é área de conflitos;

- que respeita e inclui a diversidade cultural dos grupos sociais;
- que perpassa os direitos à memória e ao patrimônio cultural, e é fruto de interlocução ativa entre poder público e grupos sociais;
- realizada a partir dos indivíduos, e não dos bens, pois a importância do bem depende de sua relevância social e, portanto, não lhe é inerente;
- na qual o patrimônio cultural é entendido como manifestação cultural de grupos sociais e, portanto, transforma-se conforme é vivido e praticado.

O papel do órgão de preservação é, portanto, drasticamente alterado. Antes, era o "ente redentor das comunidades locais" (SILVEIRA; BEZERRA, 2007 *apud* NASCIMENTO; SCIFONI, 2015). Agora, deve atuar como mediador de questões, dinâmicas e possibilidades, e interlocutor do saber técnico junto ao conhecimento popular.

Smith (2016) afirma, contudo, que os especialistas não se absterão da função de definir o patrimônio em âmbito oficial, portanto é preciso não somente exigir do Estado um reposicionamento mais dialógico, mas também se organizar para exercer o direito à memória e criar um sistema paralelo de documentação e divulgação do patrimônio. O inventário participativo é uma das estratégias possíveis para essa resistência das comunidades junto a seus territórios (RAMPIM *et al.*, no prelo). Trata-se de uma ferramenta elaborada pelo Iphan (2016) para mobilizar comunidades a fim de entender, identificar e produzir conhecimento coletivo sobre suas referências culturais, tendo como base diversas noções, categorias e conceitos (RAMPIM *et al.*, no prelo). Aqui, apresentaremos brevemente três exemplos muito distintos em relação às comunidades envolvidas, e que, por isso, demonstram que o inventário participativo é "[...] uma forma de ativismo que toma como tática essencial a educação voltada a colocar em evidência outros patrimônios possíveis, mais próximos do cotidiano e do trabalho das classes populares" (NITO; SCIFONI, 2018, p. 84).

> **Minhocão – São Paulo-SP** O *inventário participativo no Minhocão contra a gentrificação* foi coordenado pela Rede Paulista de Educação Patrimonial (REPEP – repep.fflch.usp.br), de 2015 a 2019. Buscou-se identificar e mapear as referências culturais de moradores e trabalhadores da região central da cidade de São Paulo (SP), o que incluiu a tentativa de compreensão das vivências e narrativas dos lugares, seus usos e apropriações.

Dossiê: http://bit.ly/minhocaocontragentrificacao.

Publicação:

NITO, M. K.; SCIFONI, S. Ativismo urbano e patrimônio cultural. *ARQ.URB*, v. 1, p. 1, 2018.

NITO, M. K.; SCIFONI, S. O patrimônio contra a gentrificação: a experiência do Inventário Participativo de Referências Culturais do Minhocão. *Revista do Centro de Pesquisa e Formação*, São Paulo, n. 5, Set. 2017.

NITO, M. K.; OLIVEIRA, F.; NASCIMENTO, L. C. Território, cultura e memória LGBT+: o patrimônio cultural como abordagem para a busca do direito à cidade. *In:* YERBE, J.; DAVIÑA, L.; DAIBERT, R.; SLUYS, S. V.; CARRAPATOSO, T.; LESTER, T. L.; Laboratório Gráfico Desviante (Org.). *Cidade Queer, uma leitura.* 1ed. São Paulo: Edições Aurora, 2017, v. 1, p. 83-96.

SCIFONI, S. INTERPRETAR QUAL PATRIMÔNIO? A experiência do Inventário Participativo do Minhocão, São Paulo. *In:* 3o. Simpósio Científico do ICOMOS-Brasil, 2019, Belo Horizonte. Anais... Belo Horizonte: Even3, 2019. v. 1. p. 1-14.

SOLARES, J. C. ; NITO, M. K. S. ; SCIFONI, S. Gentrificação e patrimônio: uma abordagem para a permanência de grupos sociais no centro de São Paulo. *In:* Seminário Internacional Gentrificação: medir, prevenir, enfrentar, 2019, São Paulo. *Anais...* São Paulo: Faculdade de Arquitetura e Urbanismo/USP, 2018. v. 1. p. 1-18.

> **Engenhos de farinha de Santa Catarina**

O *inventário participativo dos engenhos de farinha do litoral catarinense* foi realizado pelo Centro de Estudos e Promoção da Agricultura de Grupo (Cepagro), entre 2010 e 2014. Buscou-se fortalecer as pequenas agroindústrias familiares, localizadas no litoral e nas encostas da Serra de Santa Catarina, enquanto espaços contemporâneos de manutenção do patrimônio agroalimentar, incluindo práticas e saberes específicos.

Notícias: https://engenhosdefarinha.wordpress.com/

Dossiê: https://bit.ly/engenhosSC

Publicação:

Cepagro. *Mapa Cultural dos Engenhos de Farinha.* [s.l.]: Cepagro, [s.d.]

> Museu indígena Kanindé - Ceará

Os *inventários participativos do museu indígena Kanindé, no Ceará,* foram realizados, desde 2002, por uma equipe formada pelo Projeto Historiando; Rede Cearense de Museus Comunitários; Ponto de Memória: Museu Indígena Kanindé; e pela Escola Indígena Manoel Francisco dos Santos. Buscou-se levantar e divulgar a história de comunidades indígenas da região e fomentar a discussão sobre a construção social da memória nas lutas dos movimentos sociais contemporâneos. A Educação Patrimonial foi utilizada como ferramenta de transformação social da região: durante os levantamentos, os educandos se perceberam como portadores de identidades e culturas plurais.

Sites: https://projetohistoriando.wordpress.com/

https://museuscomunitarios.wordpress.com/historico/

http://mkindio.blogspot.com/

https://kanindeescola.wixsite.com/escola-kaninde/

Publicações:

GOMES, A. O. *Aquilo é uma coisa de índio:* objetos, memória e etnicidade entre os Kanindé no Ceará. Recife: [s.l.], 2012.

GOMES, A. O.; VIEIRA NETO, J. P. *Museus e Memória Indígena no Ceará:* uma proposta em construção. Fortaleza: SECULT, 2009.

PALIOT, E. M. (Org.). *Na mata do sabiá:* contribuições sobre a presença indígena no Ceará. Fortaleza: Secult/ Museu do Ceará/ IMOPEC, 2009.

As três experiências de inventário participativo demonstram a potência das diferentes possibilidades de construção de patrimônios a partir dos grupos sociais diretamente envolvidos. A abordagem de inventário participativo não só abre os códigos da construção de um patrimônio, imbricado nas dinâmicas sociais locais, mas também permite sua apropriação e uso, de forma a refletir toda expressão de complexidade da vida. Inventários que, na definição do arqueólogo, historiador e museólogo francês Hugues de Varine (2012, p. 59), são:

> ao mesmo tempo um objetivo e um meio: trata-se, com certeza, de chegar a um produto, utilizando todos os meios de coleta, de registro e difusão; mas é também, e talvez principalmente, uma pedagogia que visa fazer nascer no território a imagem complexa e viva de um patrimônio comum, de múltiplos componentes e facetas, que se tornará o húmus do desenvolvimento futuro, e que será igualmente compartilhado por todos.

Dessa forma, o território é o elemento sobre o qual o inventário se debruça, porém não em seu sentido físico, métrico, material. O que se busca é uma análise social e afetiva sobre os lugares, com base no conhecimento acumulado pela vivência dos grupos sociais, portanto sem a rigidez métrica ou de ordem e linguagem gráfica utilizadas pelo poder político nos mapas (NITO; SOSTER, 2020). Ao contrário, o inventário participativo incentiva as comunidades locais a representarem seu território e elementos importantes de forma livre, sem as amarras dos limites administrativos. Desse processo, constrói-se uma representação espacial do território, onde as diversas memórias e significados se sobrepõem e/ou se contrapõem para compor um vislumbre do cenário de múltiplas camadas.

É preciso entender que as "vivências e experiências" dos grupos formadores da sociedade brasileira (que embasam os resultados dos inventários participativos) não são atemporais ou desencarnadas. Marcam sentidos e valores atribuídos aos elementos escolhidos e representados por determinados indivíduos e/ou grupos, em determinado contexto temporal, histórico, político, social, econômico etc.

Além disso, é necessário considerar o caráter educativo do ato de inventariar, onde se dialoga com duas ideias apresentadas pelo sociólogo português Boaventura de Sousa Santos (2010). A primeira delas é o interconhecimento (derivado da ecologia dos saberes), que é explicada por ele da seguinte forma:

> O conhecimento é interconhecimento, é reconhecimento, é autoconhecimento.
>
> Na ecologia de saberes, cruzam-se conhecimentos e, portanto, também ignorâncias. [...] A utopia do interconhecimento é aprender outros conhecimentos sem esquecer dos próprios (SANTOS, 2010, p. 157).

O interconhecimento se dá durante o processo educativo do inventário participativo porque sabemos mais sobre o mundo e nosso conhecimento 1. ao reconhecer a existência de uma grande pluralidade de saberes; 2. quanto mais conhecimentos diversos identificamos; 3. quando reconhecemos as fronteiras e especificidades do nosso conhecimento; e 4. quando entendemos outros conhecimentos como igualmente válidos e potentes.

A segunda ideia de Santos (2010) é a noção de "douta ignorância": todo saber é parcial, e apenas reconhecendo esse fato é possível acessar a diversidade de saberes existentes. Novos agentes adicionam outros valores e sentidos ao processo, que não precisam ser entendidos, analisáveis, comparáveis ou categorizáveis a partir de conhecimentos técnicos, científicos e/ou acadêmicos. Dessa forma, diante do novo, precisamos reconhecer a parcialidade do nosso conhecimento e, portanto, de nossas categorias analíticas, contexto em que fica clara a função da ideia de interconhecimento: a valorização dos outros conhecimentos, sem o descarte dos nossos próprios, é necessária para o "enfrentamento" do novo.

Dessa forma,

> O ato de inventariar é uma ação educativa, pois, a partir desse método, se coloca e se incentiva que os grupos sociais identifiquem, selecionem, registrem e difundam o que é mais significativo para sua história social e sua memória. Assim, trata-se de um exercício de cidadania e de engajamento social local. De forma que *o inventário participativo desloca o saber e o poder decisório antes restrito a pesquisadores, intelectuais e agentes do Estado*, e fomenta a difusão da informação conceitual e processual em um processo de patrimonialização dialógico e acessível àqueles tradicionalmente não presentes nas políticas de patrimônio cultural (NITO; SOSTER, 2020 p. 7-8, grifo nosso).

As comunidades organizadas colaborativamente podem realizar inventários de suas referências culturais e também do significado do patrimônio oficializado sob sua visão de mundo. A documentação e a divulgação gratuita de outras camadas da sociedade contemporânea têm função de deslocamento do poder decisório. Além disso, entrelaçam importantes questões de resistência no território, como o direito à memória e a luta por existir na história. Embora até o momento o patrimônio levantado por meio dos inventários participativos não esteja organizado online, parece-nos que o ambiente digital representa grande potencial para a área. Então, cabe questionar como está a divulgação do patrimônio *lato sensu*.

2.4 PATRIMÔNIO CULTURAL NA ERA DIGITAL

Em relação à divulgação do patrimônio cultural *stricto sensu*, por se tratarem de informações produzidas no âmbito dos órgãos do poder público, elas são regulamentadas pela Lei de Acesso à Informação (LAI) (BRASIL, 2011). Essa lei dialoga diretamente com o princípio básico da Administração Pública acerca de publicidade (art. 37, da Constituição Federal de 1988), segundo o qual o poder público deve prezar pela transparência de suas atuações e decisões. A LAI indica que o acesso à informação deve ser provido via transparência passiva (após a solicitação da informação pelo cidadão) ou ativa (sem que haja a solicitação). Preferivelmente, espera-se que os órgãos atuem por meio de transparência ativa, inclusive pela facilidade, agilidade, custo e alcance possibilitados pelos portais online. Também cabe citar o art. 216-A, que define que o Sistema Nacional de Cultura deve ser regido pelos princípios da transparência e do compartilhamento das informações, além de apontar a necessidade de "democratização dos processos decisórios com participação e controle social" (BRASIL, 1988).

O projeto iPatrimônio vem envidando esforços desde 2018 para reunir essa informação governamental sobre o patrimônio cultural, que deveria estar online segundo o mencionado anteriormente. Apenas recentemente foi possível concluir os níveis estaduais: por meio de chamada de colaboração via redes sociais do projeto, obteve-se acesso às listas do Maranhão e Paraíba. A seguir, apresentamos quadro geral da transparência online (Quadro 2.1).

Quadro 2.1 Acesso online à informação sobre o patrimônio cultural

UF	Sigla	Link principal	Diagnóstico	Lista
–	UNESCO	unesco.org	Site completo com material em diversos formatos e idiomas sobre todos os bens.	2020
–	Mercosul	–	Lista junto ao site do Iphan com ficha e dossiê.	2019
–	Iphan	portal.iphan.gov.br	Site com muita informação, mas não cobre todos os bens.	2019
DF	SEC	cultura.df.gov.br	Site com informações sobre os instrumentos de proteção, algumas fotos e lista com nomes e decretos dos bens materiais e imateriais.	2019
AC	DPHC	acre.gov.br	Site reformulado. O Departamento de Patrimônio não consta na lista de entidades públicas. Lista estava disponível no antigo site.	2010
AL	Secult	cultura.al.gov.br	Site com muita informação, cobre bens materiais, imateriais e detentores de saberes.	2014
AM	SEC	–	Sem site. Lista recebida por e-mail.	2014
AP	Secult	secult.portal.ap.gov.br	Sem informação sobre patrimônio cultural. Foram reunidos os bens declarados pela Assembleia Legislativa.	2020
BA	Ipac	ipac.ba.gov.br	Sem lista. Os bens estão em sistema próprio. Acesso às fichas dos bens via cadastro.	2013
CE	Secult	secult.ce.gov.br	Sem informação sobre patrimônio cultural. Lista estava disponível no antigo site.	2009
ES	Secult	secult.es.gov.br	Disponibiliza catálogo de bens arquitetônicos.	2009
GO	Secult	cultura.go.gov.br	Sem informação sobre patrimônio cultural. Lista estava disponível no antigo site.	2012
MA	Sectur	cultura.ma.gov.br	Sem informação sobre patrimônio cultural. Lista enviada por seguidora do projeto.	2010
MG	Iepha	iepha.mg.gov.br	Sem lista. Os bens estão em sistema próprio. Acesso às fichas dos bens sem cadastro. São as mais completas, incluem coordenadas. Disponibiliza SHP estadual e municipais.	2019
MS	FCMS	fundacaodecultura.ms.gov.br	Disponibiliza listas do estado e de Campo Grande em JPG.	2011

(continua)

UF	Sigla	Link principal	Diagnóstico	Lista
MT	Secel	cultura.mt.gov.br	Sem informação sobre patrimônio cultural. Lista enviada por seguidor do projeto.	2017
PA	Secult	secult.pa.gov.br	Sem informação sobre patrimônio cultural. Lista encontrada no Moodle da Universidade Federal do Pará (UFPA).	2015
PB	Iphaep	iphaep.pb.gov.br	Sem informação sobre patrimônio cultural. Lista enviada por seguidora do projeto.	2005
PE	Fundarpe	cultura.pe.gov.br	Lista em Excel com nome e cidade. Atualização de 2020 enviada via comitê ICOMOS.	2020
PI	Fundac	crcfundacpiaui. wordpress.com	Blog disponibiliza as listas.	2018
PR	CPC	patrimoniocultural. pr.gov.br	Sem lista. Os bens estão em sistema próprio. Acesso às fichas dos bens sem cadastro.	2004
RJ	Inepac	inepac.rj.gov.br	Sem lista. Os bens estão em sistema próprio. Acesso às fichas dos bens sem cadastro.	2017
RN	FJA	cultura.rn.gov.br	Disponibiliza lista com nome, município e data.	2009
RO	Secel	rondonia.ro.gov.br	Sem informação sobre patrimônio cultural. Foram reunidos os bens declarados pela Assembleia Legislativa.	2020
RR	Secultura	secult.rr.gov.br	Sem informação sobre patrimônio cultural. Foram reunidos os bens declarados pela Assembleia Legislativa.	2020
RS	Iphae	iphae.rs.gov.br	Sem lista. Os bens estão em sistema próprio. Acesso às fichas dos bens sem cadastro.	2016
SC	FCC	cultura.sc.gov.br	Sem informação sobre patrimônio cultural. Lista estava disponível no antigo site.	2011
SE	Funcap	funcap.se.gov.br	Sem informação sobre patrimônio cultural. Lista estava disponível no antigo site.	2016
SP	Condephaat	condephaat.sp. gov.br	Sem lista. Os bens estão em sistema próprio. Acesso às fichas dos bens sem cadastro.	2019
TO	Funcult	portal.to.gov.br	Apenas lista dos centros históricos tombados.	–

* A lista da UNESCO é atualizada sempre que um bem é reconhecido.

** A lista do Iphan é atualizada anualmente.

É interessante notar que seis estados (BA, MG, PR, RJ, RS, SP) disponibilizam sites que funcionam como sistemas nos quais os bens estão organizados por município e há um bom conteúdo disponível. Ao mesmo tempo, cinco estados (AC, CE, GO, SC, SE) deixaram de disponibilizar as listas ao longo dos anos do levantamento. Não foi possível encontrar as listas de quatro estados (AP, RO, RR, TO), de modo que foram reunidos os bens declarados pelas Assembleias Legislativas. Três listas (MA, MT, PB) foram encaminhadas por seguidores do projeto, uma lista (AM) foi encaminhada após solicitação ao órgão por e-mail, e a lista do Pará (PA) foi encontrada em ambiente educativo online da UFPA.

Sobre o conteúdo do material reunido, as informações se baseiam nos dossiês e levantamentos técnicos, sendo muito acadêmicas, intelectualizadas, e, majoritariamente, descrevendo a história aceita pelo discurso autorizado. Por exemplo, a maioria das igrejas barrocas é descrita como tendo sido edificada pelo senhor de terras, mas, na verdade, sabemos que ele foi o mandatário e que a mão de obra que construiu tais edificações era negra e escravizada, portanto ainda há um apagamento da escravidão.

É importante ressaltar que muitos trabalhos estão sendo realizados no ambiente acadêmico. Vários buscam explicitar essas contradições entre a história escolhida e outros aspectos silenciados; outros tantos trabalhos realizam importantes levantamentos métricos, fotográficos e históricos, contudo estão muito pulverizados, pois cada instituto de educação gerencia seu próprio repositório. Além disso, sabemos de inúmeras atividades de pesquisa e extensão que utilizam tecnologia de representação inovadora (como as muitas apresentadas neste livro). Dessa forma, seria muito útil a existência de um repositório centralizador em que se reunisse, inclusive, maquetes eletrônicas, arquivos editáveis e outros dados abertos, assim o avanço da área seria exponencial: por exemplo, não haveria duplicação de levantamentos métricos, ou eles poderiam ser complementados.

Sobre a não existência de um espaço organizado com os inventários participativos já realizados, gostaríamos de colocar algumas questões em discussão. Como divulgar os bens levantados por meio de inventários participativos? Quem os inseriria na plataforma? Seriam georreferenciados? Se sim, como contornar possíveis dificuldades com o uso de ferramentas próprias pela população em geral? Como tratar os direitos autorais desses trabalhos colaborativos ou o dos que seriam gerados a partir dos dados abertos?

E o *open source*?

> De maneira simplificada, os programas de código aberto (*open source*) permitem que desenvolvedores copiem o código, sugiram correções e aprimoramentos; e exigem que o produto da cópia seja disponibilizado também como código aberto. Em contrapartida, programas proprietários (desenvolvidos e distribuídos por empresas) geralmente possuem código fechado e, às vezes, são distribuídos de maneira gratuita (NITO; SOSTER, 2020, p. 4).

Nesse sentido, o que denominamos *open heritage* perpassa ações digitais coletivas e colaborativas que envolvem tanto o acesso à informação do patrimônio *stricto sensu* quanto a documentação e disseminação de referências culturais ainda marginalizadas pelas listas oficiais (*lato sensu*), a fim de garantir o direito à memória. Mas qual poderia ser o alcance dessa informação digital?

2.5 ACESSO À INTERNET NO BRASIL

Há, ainda, um último item a ser analisado dentro dessa discussão sobre a relação ideal que podemos ter entre sociedade e patrimônio por meio da tecnologia digital. Considerando um cenário hipotético em que as informações sobre o patrimônio *stricto sensu* estivessem disponíveis online e o levantamento de novos bens incluísse a participação cidadã por meio de inventários participativos das referências culturais dos diversos grupos formadores, a sociedade como um todo teria acesso a esses processos digitais? Existem condições favoráveis de dispositivos e internet em todas as classes sociais brasileiras?

Segundo o Centro Regional de Estudos para o Desenvolvimento da Sociedade da Informação (CETIC.BR, 2020a), 97% da população brasileira tem acesso à internet via telefone celular, contudo é preciso questionar a qualidade desse acesso. De acordo com o levantamento (CETIC.BR, 2020a), o telefone celular é o único dispositivo de acesso para 58% da população geral. Os índices são ainda mais altos na população rural (79%) e entre a população com renda familiar de até quatro salários mínimos (85%). A principal atividade realizada via Internet é a comunicação por chamadas de voz ou vídeo (73%), sendo que apenas 1/3 da população trabalha de maneira remota (CETIC.BR, 2020a, p. 15), inclusive porque essa atividade demanda melhor qualidade e velocidade de conexão.

Os gráficos a seguir demonstram parte da desigualdade de acesso ao ambiente digital no Brasil.

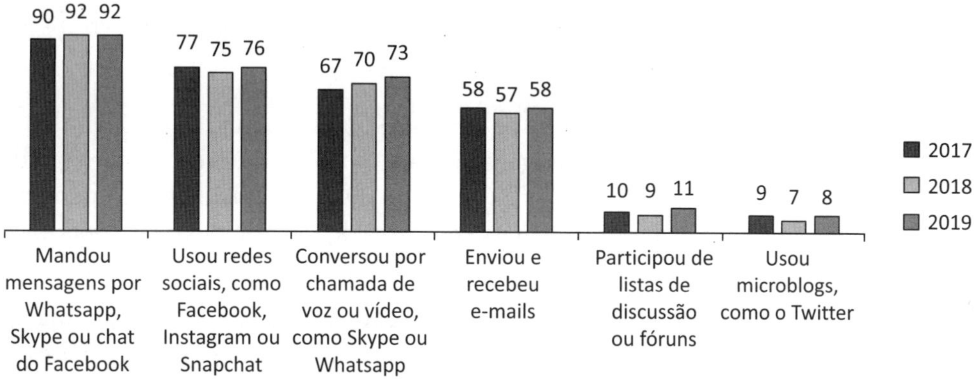

Gráfico 2.1 Usuários de Internet, por atividades realizadas – comunicação (% do total de usuários da Internet).

Fonte: CETIC.BR (2020b, p. 16).

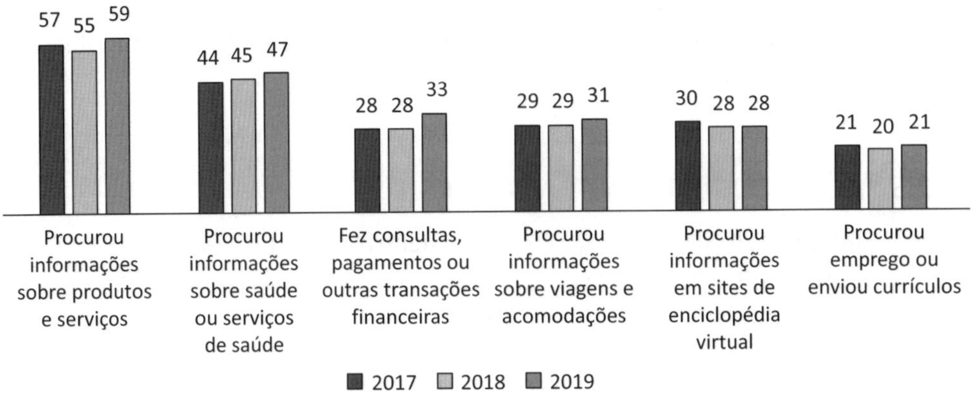

Gráfico 2.2 Usuários de Internet por atividades realizadas – busca por informação (% do total de usuários da internet).

Fonte: CETIC.BR (2020b, p. 17).

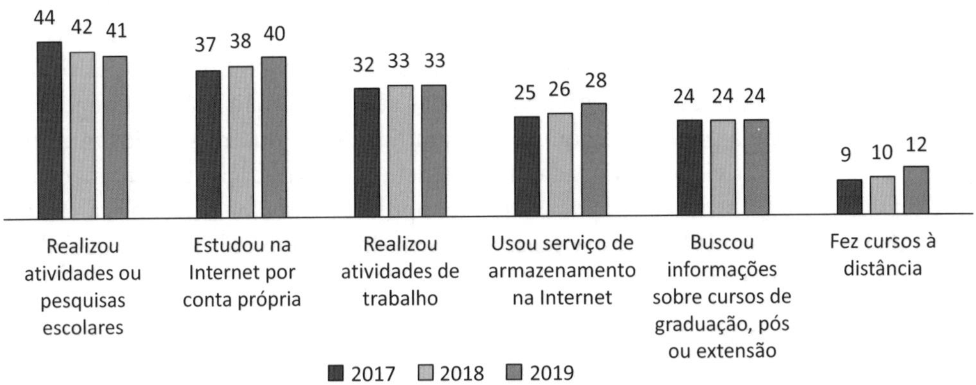

Gráfico 2.3 Usuários de Internet por atividades realizadas – educação e trabalho (% do total de usuários da Internet).

Fonte: CETIC.BR (2020b, p. 18).

Em relação aos usos, entre 2017 e 2019, cerca de 90% da população brasileira utilizou redes sociais para envio de mensagens (WhatsApp, Skype e Facebook). Segundo a jornalista Patrícia Mello (SCHWARCZ; MELLO, 2020), o Brasil é o segundo país com o maior número de usuários de WhatsApp: cerca de 130 milhões de pessoas (64% da população nacional).

Já o uso para educação e trabalho é muito inferior: menos de 60% da população buscou produtos e serviços, e apenas cerca de 40% realizaram pesquisas escolares. E entre os 40% de brasileiros que estudaram online, 60% possuem renda familiar acima de 20 salários mínimos (SM) e apenas 27% possuem renda de até 4 SM. Entre os que trabalharam pela internet, os indicadores são de 66% com renda acima de 20 SM e apenas 18% até 4 SM. A maior parte da população que utilizou a Internet para educação e trabalho possui banda larga fixa nos domicílios e computador conectado (além do celular), conforme gráfico a seguir.

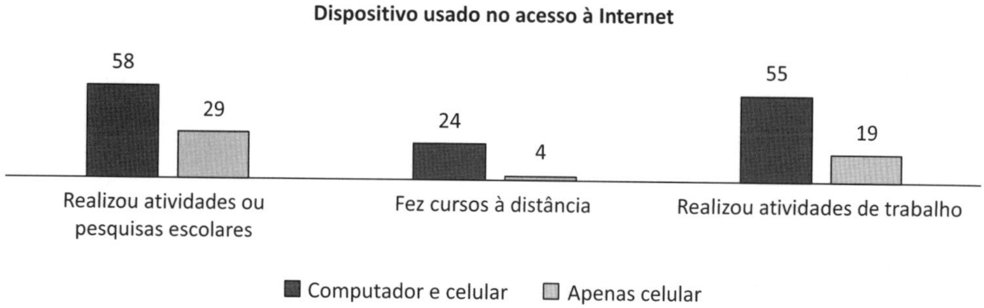

Gráfico 2.4 Usuários de Internet por atividades realizadas – educação e trabalho (% do total de usuários da Internet).

Fonte: CETIC.BR (2020b, p. 19).

Em 2019, apenas 39% dos domicílios possuíam computador, uma distribuição bastante desigual. Nas classes A (mais de 20 SM) e B (10 a 20 SM), 95% e 85% dos domicílios, respectivamente. Entre as classes C (4 a 10 SM) e D (até 4 SM), o percentual reduz drasticamente: 44% e 14%, respectivamente (CETIC.BR, 2020b).

O índice geral de 97% de brasileiros conectados à internet camufla grandes desigualdades e muitas especificidades. As atividades culturais mais realizadas são: assistir a vídeos (74%), em sua maioria acessados via aplicativos de mensagens, e ouvir música (72%), mais por streaming do que por download. O conteúdo postado nas redes sociais tem caráter pessoal (CETIC.BR, 2020b). Apenas 56% dos usuários leram jornais, revistas ou notícias (CETIC.BR, 2020b), o que ajuda a explicar o aumento de *fake news* e desinformação. Pela análise dos dados, presume-se que a maior parte da população acessa a internet via pacote de dados do celular, que não tarifa o uso de redes sociais e aplicativos de mensagens instantâneas.

O levantamento CETIC.BR do ano de 2019 (2020a, p. 24) conclui que "[...] Além de fatores relacionados à classe, renda familiar e grau de instrução dos indivíduos, o tipo de dispositivo usado e a qualidade do acesso à rede parecem adicionar outra camada às desigualdades digitais e potenciais de uso da Internet no Brasil", ou seja, mesmo que as informações estejam online, não chegam à maioria da população. O conhecimento, em geral, ainda é elitizado financeiramente.

Diante do quadro de inovação digital mundial, as possibilidades para o futuro do patrimônio cultural são diversas. A partir das conexões virtuais, é possível combinar diferentes compreensões e valores atribuídos aos patrimônios, incluindo categorias e informações produzidas por diferentes atores da sociedade e pela integração de diversas técnicas. Seria possível, inclusive, a criação de uma plataforma pública online, que poderia ser atualizada em tempo real com dados do espaço público, na qual todos os cidadãos pudessem acompanhar e participar da implementação de uma política de preservação, contudo vários fatores interferem nessa possibilidade, porque o digital é um ambiente social e, como tal, reproduz as desigualdades que já conhecemos e vivenciamos no ambiente físico. Como mostram os dados de acesso à internet no Brasil, as formas de engajar pessoas por meio de tecnologias digitais estão muito aquém de uma panaceia para os males atuais. Para criar um processo participativo e democrático, além de um ambiente de respeito a identidades, memórias e multiplicidades culturais, é preciso, antes, que se tratem as injustiças sociais tão imbricadas na sociedade brasileira.

2.6 CONSIDERAÇÕES FINAIS

As ações referentes ao patrimônio cultural no Brasil não realizam apenas um deslizamento semântico – de um bem do *cotidiano* para um bem que é *patrimônio*. A distinção dos bens "patrimoniáveis" é um processo sensível, como dito por Marcia Sant'Anna (2015), que explicita razões e orquestra tensões, conflitos, demandas e disputas. Conflitos, disputas e desigualdades que são replicados no ambiente digital.

Se não houvesse políticas públicas de patrimônio e de cultura no Brasil, ainda haveria patrimônio e cultura, porque a sociedade é potente, vigorosa, diversa e criativa, no entanto, o discurso autorizado do patrimônio (SMITH, 2006) e a globalização homogeneizante jamais seriam questionados. Os interesses perversos do mercado imobiliário construiriam novas camadas urbanas sobre todas as edificações históricas. A ganância do agronegócio e os poluentes do desenvolvimento industrial consumiriam as paisagens naturais. Preconceitos e intolerâncias oprimiriam toda expressão popular de cultura destoante do modo de vida moderno-ocidental-urbano.

Retomando a questão inicial deste capítulo: qual relação se pode e se quer construir entre sociedade e patrimônio por meio da tecnologia digital? A relação que se quer é pautada pela apropriação do conceito amplo de "patrimônio": aquele que entende o indivíduo, sua história e seu cotidiano como centro de interesse, indo para além do discurso autorizado pelo Estado, que salvaguarda bens de estética e etnia específicas. A relação que se pode construir esbarra na enorme desigualdade econômica, em um Estado cuja política de bem-estar social é inexistente e não provê condições de acesso nem mesmo às necessidades básicas humanas (alimentação, abrigo, saúde, educação, lazer etc.). A apropriação do ambiente digital para acesso e produção de informação pela sociedade como um todo nem sequer entra nos cálculos malfeitos.

REFERÊNCIAS

BRASIL. Presidência da República. *Constituição da República Federativa do Brasil de 1988*. Brasília: Presidência da República, 5 out. 1988.

BRASIL. Presidência da República. Decreto-Lei nº 25. *Organiza a proteção do patrimônio histórico e artístico nacional*. Rio de Janeiro: Presidência da República, 30 de nov. de 1937.

BRASIL. Presidência da República. Lei nº 12.527. *Regula o acesso a informações [...].* Brasília: Presidência da República, 18 de nov. de 2011.

CASIMIRO, G. Patrimônio Open Source e narrativas urbanas digitais: Black Monuments e Memória da Amnésia. In: Conferência Internacional Ressensibilizando Cidades: Ambiências urbanas e sentidos, 2019, Rio de Janeiro. *Anais...* Rio de Janeiro: FAU/UFRJ, 2019.

CETIC.BR. Centro Regional de Estudos para o Desenvolvimento da Sociedade da Informação. *TIC Domicílios 2019*: Pesquisa sobre o uso das Tecnologias de Informação e Comunicação nos domicílios brasileiros. [*S. l.*]: CETIC.BR, 2020a. Disponível em: https://cetic.br/media/docs/publicacoes/2/20201123121817/tic_dom_2019_livro_eletronico.pdf. Acesso em: 20 mar. 2021.

CETIC.BR. Centro Regional de Estudos para o Desenvolvimento da Sociedade da Informação. *TIC Domicílios 2019*: Principais resultados. [*S. l.*]: CETIC.BR, 2020b. Disponível em: https://cetic.br/media/analises/tic_domicilios_2019_coletiva_imprensa.pdf. Acesso em: 20 mar. 2021.

FONSECA, M. C. L. *O Patrimônio em processo:* Trajetória da política federal de preservação no Brasil. Rio de Janeiro: UFRJ / IPHAN, 1997.

IPHAN. *Educação Patrimonial*: inventários participativos. Manual de Aplicação. Brasília, DF: IPHAN, 2016. Disponível em: encurtador.com.br/oKMPW. Acesso em: 21 mar. 2021.

IPHAN. Portaria nº 137. *Estabelece diretrizes de Educação Patrimonial no âmbito do Iphan e das Casas do Patrimônio.* Brasília: IPHAN, 28 de abr. de 2016

MENESES, U.T.B. O campo do Patrimônio Cultural: uma revisão de premissas. In: FÓRUM NACIONAL DO PATRIMÔNIO CULTURAL, 1., 2012, Brasília. *Anais...*

NASCIMENTO, F. B.; SCIFONI, S. O tombamento de Iguape como patrimônio nacional: novas práticas e políticas de preservação. *PARC – Pesquisa em Arquitetura e Construção,* Campinas, SP, v. 6, n. 1, p. 26-38, 2015.

NITO, M. K.; SCIFONI, S. Ativismo urbano e patrimônio cultural. *arq.urb,* São Paulo, n. 23, p. 82-94, 2018.

NITO, M. K.; SOSTER, S. S. PATRIMÔNIO DE CÓDIGO ABERTO: uso da tecnologia no acesso à informação e construção de processos participativos. *In*: SIMPÓSIO CIENTÍFICO DO ICOMOS BRASIL, 4., 2020, [*s. l.*]. *Anais* [...] [*s. l.*], 2020. [online].

RAMPIM, S.; BAZZANELLA, A.; BAETA LEAL, C. F.; SCIFONI, S.; NITO, M. K.; SOSTER, S. S.; MUNIZ, T. S. A. Descolonizar o patrimônio: educação patrimonial, inventário participativo e múltiplas narrativas. *In*: ICOMOS/IEDS (org.) *Patrimônio e crise.* Belo Horizonte: ICOMOS/IEDS, [no prelo].

REPEP. *Princípios da Educação Patrimonial.* São Paulo: REPEP, s.d. Disponível em: https://bit.ly/principiosREPEP. Acesso em: 23 jul. 2021.

SANT'ANNA, M. Preservação como prática: sujeitos, objetos, concepções e instrumentos. *In*: REZENDE, M. B.; GRIECO, B.; TEIXEIRA, L.; THOMPSON, A. (org.).

Dicionário Iphan de Patrimônio Cultural. Rio de Janeiro, Brasília: IPHAN/DAF/Copedoc, 2015.

SANTOS, B. S. *A gramática do tempo:* Para uma nova cultural política. São Paulo: Cortez, 2010.

SCIFONI, S. Interpretar qual patrimônio? A experiência do inventário participativo do Minhocão, São Paulo. *In*: SIMPÓSIO CIENTÍFICO 2019 DO ICOMOS/BRASIL, 3., 2019, Belo Horizonte. Anais [...]. Belo Horizonte: UFMG, 2019. [online].

SCHWARCZ, Lilian; MELLO, Patrícia Campos. *Lili entrevista:* Patrícia Campos Mello. 2020. [online]. Disponível em: www.youtube.com/watch?v=9XoJ4k8pCc8. Acesso em: 22 Out. 2020.

SMITH, L. *Uses of Heritage.* Nova York: Routledge, 2006.

VARINE, H. M. *As raízes do futuro*: o patrimônio a serviço do desenvolvimento local. Porto Alegre: Medianiz, 2012.

CAPÍTULO 3

Soluções inteligentes aplicadas ao processo de intervenção em centros históricos: propondo um modelo teórico-conceitual para o *heritage city information modeling* (HCIM)

Carina Folena Cardoso Paes

Pedro Henrique Gonçalves

Paula Neris dos Santos

3.1 INTRODUÇÃO

As ações que envolvem a documentação, divulgação e preservação do patrimônio na última década vêm se tornando cada vez mais complexas e multidisciplinares (DOMÍNGUEZ-RUÍZ; REY-PÉREZ; RIVERO-LAMELA, 2020). Essa circunstância agrega muitos intervenientes no processo de intervenção em contextos de interesse de preservação e, mais além, o trabalho dialógico, como pontua Suau Ibáñez (2019), constitui-se numa das principais chaves para a construção de medidas sociotécnicas em colaboração com as comunidades locais (RAZALI, 2018). Alcançar esses objetivos também significa reunir diferentes métodos e abordagens do território, vislumbrando suas multifacetadas características e especificidades.

A complexidade é inerente a esse processo, de modo que lançar mão de soluções inteligentes se torna um exercício imprescindível para que a análise do lugar se desenvolva de forma plena e possa se tornar efetiva em subsidiar intervenções sensíveis ao contexto, além de dialogar com outras problemáticas da gestão urbana que se colocam como ameaças ou oportunidades à salvaguarda do patrimônio.

A quebra de um paradigma tecnocrático para a consecução de um processo colaborativo em que a participação dos diversos interessados, técnicos, comunidades e pesquisadores seja viável, exige, tal qual argumenta Viana (2010), pensar a cidade como um sistema de código aberto, no qual se torna possível promover trocas contínuas de informação entre os vários agentes que integram o meio urbano. Hayes (2015) pontua uma questão adicional: é necessário garantir que os dados e as informações coletadas sejam provenientes de diferentes espectros sociais. Mais além, no campo técnico, Gerber e López (2014) defendem a criação de sistemas de projeto baseados em múltiplos agentes, com o intuito de permitir o reconhecimento dos contextos de intervenção.

Todo esse cenário chama a atenção para a importância de se aplicar soluções inteligentes, informatizadas e/ou parametrizadas na documentação e preservação. Essa ação já vem sendo amplamente conduzida em nível da escala micro em objetos pontuais ou edificações. O maior exemplo dessa iniciativa é o que se conhece como *Heritage Building Information Modeling* (HBIM), que, em linhas gerais, pode ser definido como o arcabouço tecnológico para a modelagem e gerenciamento de informações aplicado à documentação, gestão e preservação do patrimônio arquitetônico, no entanto a lacuna que aqui se pontua é a necessidade de transitar esse conceito para a abordagem dos conjuntos urbanos e dos contextos de preservação em nível do bairro e de suas relações com a cidade em suas problemáticas mais amplas.

Nesse sentido, o que aqui se propõe é a ideia de *Heritage City Information Modeling* (HCIM), introduzindo preceitos básicos em relação à modelagem e ao gerenciamento de informações no processo de análise, gestão e preservação do patrimônio na escala urbano-paisagística.

Essa ação não é de todo inédita, uma vez que as intenções de informatização e de aplicação de recursos tecnológicos na leitura, diagnóstico e proposição no patrimônio cultural na escala urbana já se esboçam num conceito mais amplo e temporalmente estruturado: o *Heritage Information System* (HIS), portanto a abordagem definida para este capítulo contempla um amplo estado da arte, apresentando o que se dispõe, na atualidade, de proposição do HIS na dimensão urbana. O intuito é destacar quais são os principais temas que compõem esses sistemas de informação e quais são as lacunas que eles apresentam e que podem ser trabalhadas na dimensão do HCIM.

O que se identifica a partir da revisão teórica do HIS, em sentido mais amplo, é que sua vinculação restrita à dimensão dos bens culturais e sua interface pontual com outras temáticas relacionadas à preservação ainda não se traduzem em iniciativas que contemplem holisticamente a realidade complexa, multitemática e dialética que o patrimônio possui em relação a outras problemáticas do ordenamento urbano e territorial. Nesse sentido, o que se pretende com a proposição do HCIM é transitar os sistemas de informação do patrimônio (na escala urbano-paisagística) de intenções de documentação e divulgação para o monitoramento, análises multitemáticas e simulações de cenários a partir de diferentes variáveis – como suporte à tomada de decisão, seja no planejamento urbano, seja nas intervenções em contextos de especial interesse de preservação.

A partir dessa perspectiva, entende-se o HCIM como um paradigma em diálogo com o HIS, mas inerente a uma realidade de *smart city*, por isso a intenção é compor um modelo teórico-conceitual em que se apresentem as potencialidades que o *City Information Modeling* (CIM) pode trazer para a tematização do patrimônio, assim como instrumentalizar o leitor em relação a como compor um modelo teórico-conceitual do HCIM a partir, até mesmo, das experiências já constituídas a partir do HIS na dimensão urbana.

3.2 A DIMENSÃO URBANA NO HIS

Diferentemente da ideia de HCIM, que ainda não se encontra sistematizada em literatura específica, a noção de HIS já possui um lastro conceitual e operacional consolidado, especialmente a partir dos anos 2000. Em revisão bibliográfica sistemática sobre o tema, ao selecionar em bases indexadoras os trabalhos que trazem em seus títulos a referida expressão - compreendendo que estes abordam o conceito em maior profundidade –, é possível visualizar propostas de HIS discutidas em meio científico desde 1993, sendo o primeiro registro levantado a criação de um sistema de informação para o Patrimônio Cultural Nacional da Romênia ao final da década de 1970. Esse sistema foi implementado em 1982, com o objetivo de sistematizar um inventário geral de objetos de valor nacional para o país, trabalhando propósitos de documentação, pesquisa e proteção (GEBER. OBERLANDER-TARNOVEANU, 1993).

O sistema envolvia um amplo inventário temático que compreendia a Arqueologia, Artes, História, Etnografia, registros documentais, livros raros, entre outros tantos objetos pertencentes a diversos períodos históricos (GEBER; OBERLANDER-TARNOVEANU, 1993, p. 127). Esse primeiro exemplo já sinaliza que a noção de HIS é bem mais ampla do que o que se compreenderia como a gestão do patrimônio edificado ou urbano: ela envolve todas as manifestações culturais em nível material e, quiçá, imaterial. Nesse sentido, pode-se compreender que, dentro da ideia de HIS, estão ferramentais como o próprio HBIM e, até mesmo, uma proposta de HCIM.

A contribuição do HIS para a preservação e gestão de sítios históricos no Brasil foi preliminarmente abordada por Arruda e Amorim (2009). A definição de HIS contemplada neste capítulo é a de um sistema de informações culturais gerado por dados referentes a contextos arquitetônicos e urbanísticos que, sendo coletados a partir da tecnologia do Geographic Information System (GIS), permitem referenciar a posição geográfica de monumentos e sítios históricos (ARRUDA; AMORIM, 2009).

Em Arruda e Amorim (2009, p. 192), o que se vislumbra na consecução do HIS é aplicar tecnologias digitais

> [...] na representação, visualização urbana e arquitetônica de sítios históricos, para fins de documentação do patrimônio construído, para finalidades diversas como conservação, preservação, gestão, formulação de políticas públicas e desenvolvimento cultural sustentável.

Ainda que a noção híbrida de sustentabilidade e cultura sugira que o HIS possa operar em interface com outras políticas setoriais de planejamento urbano nos contextos de interesse de preservação, é interessante pontuar que, em todas as ações que, de certo modo, tangenciam o conceito, estão implícitos objetivos mais relacionados à documentação, representação e visualização de sítios históricos, possibilitando também análise por meio de ferramentas GIS, como bem pontuam Arruda e Amorim (2009). Como ainda definem os autores, essas são ações importantes para o fomento à identidade, à memória e também à história nas áreas reconhecidas por seu valor cultural, conformando bases de grande potencial de comunicação para o turismo cultural e ações educativas e sensibilizadoras de divulgação do patrimônio (ARRUDA; AMORIM, 2009).

Arruda e Amorim, em outra publicação (2010), propõem um modelo conceitual para o HIS aplicado ao planejamento e gestão de intervenções urbanas. Mais do que permitir o mapeamento e o georreferenciamento de monumentos e sítios históricos, a tecnologia GIS também possibilita extrair dados concernentes ao contexto arquitetônico e urbanístico em que exemplares ou sítios históricos se situam (ARRUDA; AMORIM, 2010). Lançando mão desses recursos tecnológicos, o HIS pode se tornar um instrumento útil tanto à visualização de dados multimídia, que permitem a realização de análises espaciais, quanto à simulação de projetos de conservação urbana para a reabilitação, restauração, renovação, revitalização ou dotação de infraestrutura em conjuntos edilícios de sítios históricos (ARRUDA; AMORIM, 2010). O avanço nessa concepção já retira o HIS do caráter estritamente representacional e o pontua como meio apropriado para estudos e processos de intervenção urbana que respondam à complexidade de se tangenciar as áreas de especial interesse de preservação na atualidade. Como mencionam Arruda e Amorim (2010, p. 399):

> A complexidade das tarefas próprias à conservação urbana leva gestores e planejadores a buscar os sistemas de informações para gerenciar os monumentos, as intervenções sobre estes, e o seu acervo documental, considerando dados de natureza histórica, arqueológica, ambiental, arquitetônica, urbanística, econômica, social e legal, a fim de, através da construção de uma base de dados consistente, promoverem suas ações de maneira eficiente e eficaz.

Trabalhar com uma base de dados que se mostra multidisciplinar é uma tarefa que exige uma abordagem multimeios. Arruda e Amorim (2010, p. 399) exploram alguns recursos disponíveis para o processo multitemático de documentação, citando, dentre tantos instrumentos, "a fotogrametria digital, o 3D Laser Scanning, as tecnologias CAD, a modelagem geométrica tridimensional, a topografia automatizada, a modelagem digital de terreno, a cartografia digital, os bancos de dados espaciais e os GIS". É interessante perceber que a multiplicidade de métodos de documentação não só se associa à abordagem interdisciplinar do patrimônio, que se vale de dados de diferentes naturezas, como também à abrangência dos recursos representacionais. Ao se pensar, por exemplo, na representação de um centro histórico no universo virtual, poderíamos compreender que a tecnologia GIS auxilia no georreferenciamento dos elementos no espaço; já a conformação do terreno na paisagem física pode ser extraída da modelagem digital, e os objetos arquitetônicos podem, por sua vez, ser representados em detalhes por meio da fotogrametria e das estratégias de escaneamento 3D, para mencionar algumas possibilidades.

Mesmo que em Arruda e Amorim (2010) se destaquem as potencialidades do HIS como um instrumento analítico e propositivo, o que se observa nos trabalhos que tangenciam essa temática é que os sistemas de informação relacionados ao patrimônio ainda se detêm, em muito, na instância da documentação, contudo há uma razão para essa circunstância: no processo de intervenção em sítios históricos "a documentação arquitetônica é a primeira das atividades a ser realizada" (ARRUDA; AMORIM, 2010). Como pontua Hafez (2019), a permanência sustentável de sítios históricos depende diretamente da quantidade, qualidade e gerenciamento dos dados disponíveis sobre o bem ou contexto. Essa ação ainda exige que as informações sejam apropriadamente coletadas, registradas e documentadas para auxiliar na composição de um inventário preciso (HAFEZ, 2019).

Processualmente, há também que se reconhecer os órgãos responsáveis pela condução da política patrimonial num determinado contexto urbano (ARRUDA; AMORIM, 2010). Nesse sentido, é importante compreender os níveis de proteção do acervo, as instâncias institucionais que se relacionam aos estatutos protetivos e normativas que incidem sobre esses bens.

Vale mencionar que, quanto aos objetivos de documentação, o Instituto do Patrimônio Histórico e Artístico Nacional (Iphan) vem desenvolvendo, desde os anos 2000, um *Inventário Nacional de Bens Imóveis: Sítios Urbanos Tombados* (INBI-SU). Essa base é alimentada por levantamentos de três naturezas distintas: pesquisa histórica, levantamentos físico-arquitetônicos e entrevistas de cunho socioeconômico. Como resultado desses procedimentos, tem-se uma leitura multifacetada dos meios urbanos que envolve a dimensão urbanística, os fatos históricos, a identificação morfológica e tipológica, bem como os dados socioeconômicos e afetivos (ARRUDA; AMORIM, 2010), demonstrando a complexidade de temas que compõem um inventário para suporte à política de preservação.

Cabe ressaltar que, para além de a documentação conformar uma etapa prioritária no processo de inventário e intervenção em contextos de interesse de preservação, há uma lacuna no que tange aos protocolos estabelecidos para a estruturação e armazenamento das informações em meios digitais, como pontuam Heras *et al.* (2012). Analisando os problemas que incidem diretamente no processo de documentação do patrimônio da cidade de Cuenca, no Equador, os autores sintetizam algumas questões recorrentes: a falta de um protocolo de coleta de dados, que traz como consequência a heterogeneidade e a incompatibilidade de informações levantadas; a falta de sistemas abertos de comunicação e acesso aos dados sistematizados entre as agências envolvidas no processo de preservação (que pode resultar, inclusive, na alocação ineficiente de recursos para a proteção dos bens); o uso de diferentes softwares, o que dificulta a acessibilidade e integração das informações para os intervenientes da política de preservação; a ausência de recursos para assegurar, arquivar e atualizar sistematicamente as informações, além de problemas de interoperabilidade entre sistemas (HERAS *et al.*, 2012).

Vale pontuar que, nesse sentido, Heras *et al.* (2012) promovem uma diferenciação entre os contextos de preservação em países desenvolvidos, emergentes e em desenvolvimento. Para os autores, as problemáticas apresentadas anteriormente se associam a contextos de países com realidades socioeconômicas mais desafiadoras. Quando essa primeira barreira é superada, as propostas de HIS podem se relacionar a objetivos mais multifacetados e permitir um maior engajamento dos intervenientes no processo de preservação ou intervenção em sítios históricos.

Esse é o caso, por exemplo, do *Geographical Information System for the Cultural Heritage and Protected Landscape of Regione Toscana*, na Itália. Nessa iniciativa, a documentação se relaciona a uma temática específica: as restrições normativas e legais para a preservação. Nesse sentido, o intuito mais amplo da plataforma foi possibilitar o acesso a mapas e arquivos digitais que representassem, de modo objetivo, as restrições de ocupação e intervenção no território para salvaguarda da paisagem, arquitetura e arqueologia (COSTANTINI *et al.*, 2012).

Desse modo, as informações que alimentam a base de dados do sistema partem das agências de preservação e se direcionam, como público-alvo, a municipalidades e órgãos de planejamento urbano e regional, bem como a profissionais envolvidos em processos de intervenção na região. Os primeiros se valem dos dados para planejar o ordenamento territorial em termos de uso e ocupação do solo. Já os engenheiros, arquitetos e demais profissionais liberais fazem uso da plataforma para se informarem, de antemão, das limitações que se aplicam às suas áreas de intervenção (COSTANTINI *et al.*, 2012).

O exemplo italiano ilustra a aplicação do HIS com objetivos de informação e de amparo à tomada de decisão em respeito às medidas protetivas. Mas há outras intersetorialidades possíveis.

Trabalhar as questões patrimoniais na contemporaneidade é um exercício que pressupõe o diálogo com várias áreas transversais, como a educação e o meio ambiente. A documentação, conforme visto, conforma uma ação estratégica no reconhecimento, valorização e compreensão de práticas culturais, numa dimensão pedagógica, contudo talvez estejam na esfera ambiental os maiores desafios compartilhados entre a política de preservação e a que se dedica ao desenvolvimento de cidades e sociedades.

É interessante perceber, nesse sentido, que o conceito de conservação aplicado à cultura é muito similar ao que se destina ao meio ambiente: conservação pode ser entendida como o processo de identificação, registro e análise em prol da proteção e gestão do patrimônio cultural de um bem, região, comunidade ou sociedade (VINOD; MAGESH; THRIVIKRAMJI, 2013). Os aspectos que se colocam como barreiras ao alcance da conservação também são partilhados entre as instâncias ambientais e culturais, especialmente diante de demandas cada vez maiores por terra e recursos naturais (VINOD; MAGESH; THRIVIKRAMJI, 2013). É nesse âmbito que o ordenamento e gestão do território urbano e rural se colocam como pontos de partida essenciais para a salvaguarda do patrimônio e do meio ambiente, e é nessa perspectiva, também, que se faz interessante a proposição do modelo teórico-conceitual do HCIM.

Vale notar que, quando se transita das finalidades de documentação para a aferição de impactos e para o acompanhamento das circunstâncias que se desenvolvem junto aos elementos a se resguardar, os sistemas de informação passam a ter como enfoque objetivos de monitoramento, como bem pontuam Vinod, Magesh e Thrivikramji (2013). De fato, após o processo de documentação, as centrais de dados acerca do patrimônio devem ser atualizadas constantemente, de modo a avaliar as situações correntes, planejar ações de manutenção, definir prioridades de ação, bem como recursos e demandas para o desenvolvimento de políticas (HAFEZ, 2019). De modo analógico, essas ações se davam por base nas observações desenvolvidas *in loco*, o que incluía coleta de dados, visitas e inspeções periódicas, e análises multitemáticas de riscos. Esses procedimentos, além de consumirem muitos recursos, tornavam o processo moroso e, muitas vezes, ineficiente em conter as principais ameaças (VINOD; MAGESH; THRIVIKRAMJI, 2013).

Essa circunstância tem se transformado desde os anos 1990 com o uso de sensoriamento remoto por imagens de satélite integrado ao georreferenciamento e processamento em GIS. O que esses recursos permitem identificar de imediato é como o solo tem sido ocupado e como os índices de ocupação e supressão de entes se dão no tempo e no espaço (VINOD; MAGESH; THRIVIKRAMJI, 2013). Mais recentemente, as tecnologias de escaneamento, algumas das quais utilizando drones, também têm se mostrado promissoras para efeito de monitoramento (VINOD; MAGESH; THRIVIKRAMJI, 2013).

É interessante perceber que essas ações de monitoramento são importantes para coletar, armazenar, analisar e visualizar dados espaciais – estes podem ser utilizados a serviço de orientar ações de ordenamento territorial e também promover intervenções estratégicas em termos de desenvolvimento, como no planejamento turístico (DAIMAN; GUPTA, 2015).

Nesse caso, por exemplo, uma iniciativa desenvolvida no distrito de Bundi, em Rajastão, na Índia, merece menção. A partir de sensoriamento remoto e mapeamento em GIS, foi possível determinar as mais importantes e necessárias localidades para o desenvolvimento da atividade turística, os lugares históricos e turísticos, as mais adequadas modalidades de hospedagem, os melhores planos de visitação e guia turístico, e as menores distâncias compreendidas entre localidades selecionadas na plataforma (DAIMAN; GUPTA, 2015).

O estudo indiano compreende diversos objetivos e públicos-alvo. Por meio da estratificação de informações proposta, torna-se possível melhor planejar as atividades turísticas e o mercado a elas relacionado no território, municiando, inclusive, as comunidades locais de informações úteis à tomada de decisão e proposição de negócios no ramo do turismo e entretenimento. Com o arsenal de informações dispostas, os usuários da plataforma também podem propor planos turísticos com o melhor custo-benefício e abrangência, proporcionando aos turistas uma economia de tempo nas buscas e agendamento de serviços (DAIMAN; GUPTA, 2015).

O caso relatado por Daiman e Gupta (2015) ilustra o potencial de engajamento das comunidades envolvidas nos contextos de preservação por meio de sistemas de informação para o patrimônio. Razali (2018) desenvolveu uma frente de suma importância na política de preservação contemporânea se valendo da tecnologia: o engajamento da população no entendimento e na tomada de decisão sobre o que e como preservar.

Quando se aborda a definição de patrimônio na contemporaneidade, a dimensão social da preservação se coloca como primordial (SANT'ANNA, 1995), o que envolve as relações de reconhecimento e pertencimento das comunidades aos contextos preservados. Nesse sentido, o viés técnico se alia e endossa o social, formando o binômio de ações sociotécnicas (RAZALI, 2018). Estas são importantes, ainda mais quando se leva em consideração que, em muitos casos, o patrimônio não é suficientemente conhecido ou apreciado pelas comunidades locais devido à falta de iniciativas digitais apropriadas para promover um maior conhecimento da história e de seus territórios (PÉREZ-GUILARTE *et al.*, 2020).

A ação proposta por Razali (2018) se pauta no conceito de um e-museu comunitário em que diferentes usuários podem acrescentar suas contribuições, como modelos digitais de artefatos, conhecimentos acerca de determinados contextos ou bens, experiências já constituídas em termos de preservação, para mencionar algumas possibilidades. Todos esses saberes, ainda segundo Razali (2018), contribuem para solucionar questões econômicas e sociais, e sustentar os processos de preservação daquilo que genuinamente se reconhece por herança cultural.

A importância de uma plataforma como essa reside, inclusive, em documentar artefatos que não estão nos acervos de instituições culturais e que podem ser partilhados com a sociedade (RAZALI, 2018) sem a perda da posse originária, como bens, documentos, fotos, entre tantos outros elementos. Para além de constituir um sistema colaborativo que possibilita o descortinar da história de bens e lugares, a plataforma proposta por Razali (2018) ainda permite extrair os interesses da comunidade e de especialistas acerca do acervo disponibilizado.

Vale notar que, em alguns casos, o processo colaborativo permite compor o histórico dos contextos de preservação a partir de artefatos e documentos que estão fora dos acervos oficiais. Em outros, os sistemas de informação favorecem um percurso inverso: possibilitar à população a compreensão de uma relação histórica perdida na instância da paisagem pela supressão ou extenso distanciamento entre bens.

Nos grandes centros, em que há a supressão de exemplares pela ação do mercado imobiliário, ou em contextos como o relatado por Domínguez-Ruíz, Rey-Pérez e Rivero-Lamela (2020), em que há a necessidade de documentação e divulgação de bens de interesse de preservação em zonas rurais, pré-industriais ou de ocupação rarefeita, o HIS é estratégico para desenvolver a identificação individual e sistêmica desse conjunto de elementos aparentemente dissociados. Nesse sentido, os sistemas de informação trazem como potencial a conferência de valor e visibilidade aos laços históricos de constituição do território há longa data perdidos, reativando esses lugares com a participação da população (DOMÍNGUEZ-RUÍZ; REY-PÉREZ; RIVERO-LAMELA, 2020).

O que podemos sintetizar da revisão de literatura desenvolvida até aqui é que os sistemas de informação relacionados ao patrimônio requerem o gerenciamento de dados sobre os contextos ou elementos de interesse de preservação. A forma de gestão e apresentação da informação aos vários intervenientes das políticas patrimoniais no HIS possibilita à sociedade compreender significados, valores de preservação, estimular o interesse das pessoas pelos lugares preservados, ampliar a abrangência do público que a eles recorre, envolver e garantir o engajamento da população nos processos de conservação, renovação e restauração de contextos históricos alçados à condição de patrimônio coletivo (HAFEZ, 2019).

Tematizando os sistemas de informação somente pela perspectiva da manutenção e preservação dos bens edificados, essas plataformas, tal qual menciona Hafez (2019), já possuem um papel primordial em prover os subsídios necessários à identificação das áreas prioritárias para intervenção e seu respectivo grau: se o que se requer é uma renovação, uma restauração, uma manutenção ou uma ação de reversão de uso, contudo o que o processo de revisão bibliográfica sobre o HIS mostra é que, para além do compromisso de preservação em si, há muitos sistemas que já envolvem a associação do patrimônio a outras problemáticas a ele concernentes ou relacionadas, como a incursão do mercado imobiliário na forma de novos projetos em áreas preservadas, objetivos de regeneração ambiental, viabilização de projetos turísticos e econômicos em trabalho colaborativo com a população, reconhecimento social do patrimônio, para mencionar alguns dos exemplos relatados.

Ocorre que, nos casos explorados, esses temas, até mesmo pela complexidade que alcançam, são trabalhados setorialmente em sistemas específicos. Em outras palavras, não se observou a tematização de um sistema HIS que abordasse globalmente essas problemáticas - que são recorrentes e, em certa medida, simultâneas - na condução da política patrimonial nos grandes centros. É pensando no potencial de abordagem holística dessas questões que se faz necessário propor o modelo teórico-conceitual do HCIM.

3.3 HCIM COMO UM MODELO TEÓRICO-CONCEITUAL NO CONTEXTO DAS *SMART CITIES*

A proposição do HCIM vem na esteira das reflexões de vários autores na contemporaneidade que argumentam sobre a ampliação da tematização das políticas de preservação do patrimônio em relação a outros desafios de gestão do território urbano. Domínguez-Ruíz, Rey-Pérez e Rivero-Lamela (2020) vão mais além e afirmam que a ciência moderna passa por um importante momento de quebra de paradigmas no qual os diferentes agentes e as múltiplas disciplinas não só se colocam como fundamentos imprescindíveis ao desenvolvimento humano, numa era de complexas relações sociais e entre entes, como também se desdobram e renovam o entendimento do que é a gestão e a preservação do patrimônio cultural.

Esse novo enfoque é o que também repercute na grande quantidade e diversidade de informações que fazem com que a implantação de uma ferramenta unificada seja válida não só para promover um melhor entendimento das dimensões concernentes ao patrimônio cultural, como também para contribuir com mais efetividade nos processos de preservação e proteção dos bens (DOMÍNGUEZ-RUÍZ; REY-PÉREZ; RIVERO-LAMELA, 2020).

A diversidade de procedimentos que é empregada nos processos de documentação e a variedade de informações que hoje está disposta na gestão e ordenamento do território urbano podem trazer alguns desafios para o processo de composição de uma plataforma única. Para os minimizar, Domínguez-Ruíz, Rey-Pérez e Rivero-Lamela (2020) argumentam que a melhor estratégia é partir da geolocalização dos bens ou contextos mais amplos de preservação, num sistema de informação geográfica, para a eles anexar a informação que lhes concerne e incorporar a perspectiva de outras temáticas ou agentes que incidem sobre essas áreas, nessa mesma base.

Pensar em modos de efetivar essa incorporação de novas camadas de informação para promover diagnósticos, avaliações, proposições e gestões multitemáticas e interdisciplinares do patrimônio é uma ação que exige a aplicação de soluções inteligentes, de maneira a garantir sua viabilidade. Esse ponto leva a pensar nas relações que o conceito de *smart city* pode abarcar com a condução da política de preservação.

As *smart cities* podem ser definidas como os meios urbanos em que o uso das tecnologias de informação e comunicação (TIC) é aplicado de modo a melhorar a qualidade, o desempenho e a eficiência dos serviços urbanos, com especial atenção para a matriz energética, transportes e deslocamentos. O objetivo principal da adoção do conceito de *smart city* num sistema urbano é propiciar monitoramento e gestão inteligentes, visando orientar a redução do consumo, dos desperdícios e também dos custos operacionais.

Anuar e Othman (2020) chamam a atenção para a necessidade de se aplicar soluções inteligentes, como a Internet das Coisas (*Internet of Things* – IoT), no campo do patrimônio cultural. A digitalização, que pode ser entendida como a criação de artefatos digitais a partir de seus atributos físicos em representações em dispositivos eletrônicos, já não configura um procedimento excepcional. Para os autores, é preciso reconhecer a fragilidade e a vulnerabilidade do patrimônio cultural devidas ao risco de sua destruição em guerras, desastres naturais, mudanças climáticas, poluição, para mencionar algumas ameaças recorrentes. Ainda segundo eles, a digitalização é um recurso que confere a segurança do registro dos bens, passíveis de acesso e consulta em casos de adversidades ou sinistros.

Quando se abordam movimentos de virtualização e de dotação de soluções inteligentes, portanto, coloca-se a um passo além da digitalização, que poderia ser entendida como a numerização de uma realidade objetiva em meio digital (LEMOS, 1997). Vale pensar, nesse sentido, que o processo de virtualização é aquele que transita do "aqui-agora" para o "aqui-além". Dessa forma, o digital pode ser compreendido como a representação do real, contudo o virtual é o real possível (LEMOS, 1997). Nesse sentido, a grande oportunidade que se abre a partir da dotação de recursos de inteligência à prática de gestão e preservação do patrimônio é vislumbrar diferentes circunstâncias em meio virtual: a atual, horizontes numa realidade estacionária, horizontes numa realidade de transformação, impactos possíveis decorrentes de ações prováveis – todos esses cenários passíveis de materialização no universo informacional por meio das simulações. Esse processo ilustra uma circunstância de "espaços recombinantes", em que os ambientes físicos coexistem com os virtuais (FIRMINO, 2005), sendo a virtualização o recurso que permite antever questões que podem ser prevenidas ou estimuladas na realidade objetiva.

É nesse contexto que os estudos relacionados à gestão, divulgação e preservação do patrimônio na atualidade vêm se relacionando a processos de gamificação, à incorporação da Internet das Coisas na coleta e análise de dados, ao uso da realidade virtual, realidade aumentada ou mista, para mencionar alguns temas (ANUAR; OTHMAN, 2020). Paralelamente, ainda há que se considerar que, à parte de todas as oportunidades de dotação de soluções inteligentes ao processo de valorização e salvaguarda do patrimônio, num sentido mais amplo, ainda há as complexidades inerentes a essa ação em si, dada a heterogeneidade de cenários, técnicas, metodologias e ferramentas utilizadas pelos mais diversos intervenientes (CASTÁN, 2020).

É por essa razão que vários autores – que vêm discutindo a formulação de plataformas para a gestão de informação e auxílio na tomada de decisão nas ações relacionadas ao patrimônio – defendem a criação de um sistema de informação único e bem estabelecido em que se possa acessar toda sorte de dados acerca dos contextos reconhecidos como patrimônio, bem como informações provenientes de temas que se relacionam e interferem diretamente em sua fruição e preservação (ANUAR; OTHMAN, 2020; CASTÁN, 2020; DOMÍNGUEZ-RUÍZ; REY-PÉREZ; RIVERO-LAMELA, 2020). É essa mesma motivação que relaciona o conceito de *smart city* ao que se propõe em termos de HCIM.

Tal qual o HCIM pode assumir objetivos diversos, dadas as várias interfaces temáticas entre o planejamento urbano e a gestão patrimonial, a ideia de *smart city* também se aplica a diferentes temáticas. Em Rashed e Mahmoud (2017), apreende-se que, para quaisquer que sejam os objetivos finais da adoção de soluções inteligentes nos meios urbanos, é importante que se entenda a natureza dos problemas que se relacionam a esses objetivos, bem como suas dimensões. Em outras palavras, cabe perguntar: o que está envolvido na consecução dos objetivos estabelecidos para aplicação dessas soluções inteligentes? É ao se nominar essas dimensões e suas respectivas variáveis que se pode lançar essas informações em interoperabilidade e sinergia, criando-se, portanto, uma gestão eficiente e inteligente desses dados.

Essa estrutura depreendida de Rashed e Mahmoud (2017) sugere que o primeiro passo para a proposição do HCIM na política de gestão e preservação do patrimônio é estruturar seu modelo teórico-conceitual. Esse método de proposição se organiza a partir de três etapas: a) definição do *constructo* – conceito inventado ou adotado; b) identificação das dimensões associadas a esse conceito; e c) elenco das variáveis que determinam a identificação do objeto para o qual o conceito é criado (ANDRADE; POLO, 2018).

Freitas (1994) argumenta que um *constructo* é um conceito inventado e adotado intencionalmente mediante um propósito científico. O *constructo* aqui proposto é a ideia de HCIM, de modo que avançar em sua conceituação envolve tanto revisar o conceito e os recursos que se associam ao que se chama de paradigma CIM (AMORIM, 2015) quanto atribuir a este as especificidades da questão patrimonial.

3.4 *CITY INFORMATION MODELING*: O PARADIGMA CIM

O CIM é uma faceta análoga ao BIM, e, por esse motivo, propõe-se o HCIM como uma abordagem urbana do que já se estrutura em termos de HBIM. Para Karwowski *et al.* (2021), o CIM é composto por: uma base de dados geográfica (DB), um sistema de informação geográfica (GIS), um software NURBS CAD, uma interface de programação visual (VPI) incluindo um módulo de cálculo de indicadores urbanos. Para Xu *et al.* (2014), esse método nasce a partir do uso de ferramentas de modelagem tridimensional em conjunto com softwares que envolvem sistemas de informação geográfica, o que culmina na criação de modelos paramétricos para facilitar o processo de tomada de decisão.

Na atualidade, existe uma vasta gama de metodologias com foco no ambiente urbano. Muitas delas envolvem a produção de modelos digitais 3D, incluindo diferentes tipos de dados e informações do GIS, com o objetivo de obter uma visão sistemática do funcionamento do meio urbano.

Desse modo, o CIM é um conceito que trata da geração de dados espaciais do ambiente urbano, de forma global e interdisciplinar, por meio da aplicação e visualização de informações usadas para planejar e gerenciar a cidade (THOMPSON *et al.*, 2016). Yosino (2020) aponta que a modelagem CIM surge como resposta à necessidade de análise de uma grande quantidade de dados sobre o meio urbano, que são gerados diariamente, apresentando-se como ferramenta estratégica para a gestão e visualização das informações pertinentes à cidade. Dessa forma, o CIM contribui para o alcance de uma gestão urbana integrada, informativa e disponível para todos os usuários do meio.

Entendendo que o BIM é uma expressão digital de uma edificação, contendo suas características funcionais para a análise, gestão, execução e manutenção, a integração desse conceito às cidades opera em similaridade. As representações digitais tridimensionais dos meios urbanos podem reduzir o custo de aquisição de informações e romper com as limitações de gestão dos dados que são gerados a partir das dinâmicas urbanas.

Na atualidade, as definições de BIM e CIM são baseadas em conjuntos de dados estáticos, descrevendo informações geográficas e geométricas tridimensionais sobre o estado atual da infraestrutura e um cenário futuro prospectivo (SCHAUFLER; SCHWIMMER, 2020). Por essa razão, é importante pensar no CIM aplicado aos contextos de interesse de preservação e na sua interface com outras dinâmicas urbanas que podem impactar o processo de salvaguarda de bens e contextos.

A definição de um *constructo*, assim como a do HCIM, deve se basear, em grande parte, na revisão de literatura sobre o tema que se pretende conceituar (FERNANDES, SILVA, TURRIONI, 2010). Até este momento, o que se observa a partir da revisão teórica do paradigma CIM é que este formula uma dimensão operacional do que se vislumbra como um modelo teórico-conceitual do HCIM. Trabalhar, no entanto, a perspectiva patrimonial como qualificadora da abordagem do CIM leva à recuperação de alguns dos valores, reflexões e estratégias que se estabelecem nas estratégias de consecução do HIS na dimensão urbana.

Ao passo que a correta e eficiente gestão dos dados é o que alimenta a base dos sistemas de simulação próprios do CIM, pode se inferir que a boa consecução do HCIM depende do suporte igualmente qualificado de um HIS. Em outras palavras, um sistema de informação do patrimônio unificado e bem estruturado é a base primeira para se desenvolver o HCIM. Nesse sentido, o CIM aplicado à gestão e ao suporte na tomada de decisão nas intervenções em contextos de interesse de preservação é o coroamento do processo que permite antever, a partir de diagnósticos multitemáticos, impactos diversos que podem se desenvolver sobre o patrimônio, como os provenientes de mudanças climáticas, crescimento demográfico, presença ou supressão de vegetação, atuação do mercado imobiliário, para mencionar alguns aspectos.

A importância de se constituir um bom HIS para desenvolver o HCIM reside no fato de que quanto mais integradas forem as informações dentro do modelo CIM, maior a probabilidade do planejamento ser assertivo e eficiente, pois o sistema será capaz de simular diferentes cenários, possibilitando sua compreensão pelos diversos intervenientes. Schaufler e Schwimmer (2020) afirmam que se os dados urbanos forem coletados de várias fontes e usados para fazer um planejamento baseado em evidências, as cidades poderão se beneficiar da integração de diferentes tipos de serviços públicos dentro de uma mesmo modelo CIM, que pode comportar desde o monitoramento de lixeiras públicas até uma rota otimizada para a eliminação de resíduos ou até o levantamento dos fluxos de tráfego em tempo real.

É importante destacar que a implantação de um CIM pode ser um dos caminhos para uma cidade alcançar o status de *smart city*, uma vez que o CIM, em última instância, busca a eficácia global de todos os sistemas de infraestrutura urbana e, consequentemente, dos serviços e atividades dependentes deles. Em outras palavras, o CIM conforma alguns dos sistemas e TIC que caracterizam uma *smart city* e que são fundamentais para atingir a eficiência e eficácia de todos os sistemas urbanos em benefício da qualidade de vida dos seus cidadãos (AMORIM, 2015).

O alcance do paradigma CIM só foi possível devido à evolução tecnológica e principalmente à evolução computacional. Anteriormente a esse processo, como já ilustrado nos procedimentos relativos ao inventário dos bens de interesse de preservação, as informações para retroalimentar o planejamento urbano eram obtidas de forma manual ou por análises socioeconômicas. Hoje é possível modelar os dados e parametrizar a cidade, possibilitando diversas tipologias de análises, construções de mapas interativos, simulações, entre tantos aspectos que facilitam a tomada de decisão dos gestores e administradores do espaço público.

Para que ferramentas baseadas em CIM sejam uma realidade, contudo, é necessário não apenas o acesso aos conjuntos de dados urbanos como também o investimento de tempo e esforços para criar formas de armazenar, decodificar e manipular esses dados, de modo que as edificações tenham informações cruzadas com os elementos do seu entorno para tornar possível a reprodução do movimento natural da cidade (YOSINO, 2020). Todas essas informações reforçam ainda mais a importância que a gestão da informação, na forma de consecução do HIS, possui ao se tematizar o CIM na perspectiva da salvaguarda do patrimônio.

É a partir da informatização das cidades que é possível criar modelos mais próximos à realidade, auxiliando no gerenciamento fidedigno dos meios urbanos. Já as ferramentas tecnológicas baseadas no conceito CIM podem ser compreendidas como imprescindíveis para fornecer suporte a uma gestão urbana integrada e completa, uma vez que promovem a ascensão do planejamento urbano a um novo patamar de detalhamento, de maneira a oportunizar o cruzamento de diversos conjuntos de dados urbanos, possibilitando o entendimento mais aprofundado sobre o funcionamento das cidades. É essa visão ampliada das dinâmicas urbanas que permite a tomada de decisão com maior assertividade na transformação dos contextos urbanos mediante um menor impacto, o que é fundamental no caso de intervenções em áreas de especial interesse de preservação.

3.5 O HIS NA GÊNESE DO HCIM: SISTEMATIZANDO O PROCESSO PARA A DEFINIÇÃO DE DIMENSÕES E VARIÁVEIS

Como mencionado anteriormente, definir um modelo teórico-conceitual é uma ação que, para além de trabalhar os aspectos concernentes à elaboração de um *constructo*, exige também identificar as dimensões que se associam a um conceito, bem como elencar as variáveis que possam o municiar (ANDRADE; POLO, 2018). O HCIM como *constructo* pode ser compreendido como um sistema de modelagem informacional que incide sobre áreas de especial interesse de preservação e que tem como objetivo, por meio de um processo informatizado e parametrizado, permitir a assertiva tomada de decisão nesses contextos urbanos, amparada por ações de monitoramento e simulação.

A intenção primeira de composição do HCIM é criar uma plataforma multidimensional que parta, conforme sugere Domínguez-Ruíz, Rey-Pérez e Rivero-Lamela(2020), da geolocalização e do amplo arsenal de informações sobre contextos de interesse de preservação, para incorporar dados estacionários ou dinâmicos de diferentes temáticas urbanas concernentes, complementares ou impactantes nas ações de salvaguarda do patrimônio a essa base prioritária. Nesse sentido, múltiplas podem ser as dimensões e variáveis agregadas a um modelo HCIM, que devem ser definidas a partir de um olhar particularizado sobre cada contexto.

O objetivo deste tópico é instrumentalizar o leitor interessado em desenvolver o HCIM em relação a como estruturar o sistema de informação a servir de base para a composição das modelagens e simulações em ambiente virtual. Para tanto, a primeira questão a ser respondida pelos agentes que propõem o HCIM é como firmar os objetivos dessa ação. É a partir disso que se pode compreender quais são as dimensões de trabalho, os intervenientes e as atividades que usualmente se envolvem na problemática elencada.

A importância de buscar responder a essa questão reside em possibilitar o detalhamento de suas variáveis e, portanto, em última instância, dos dados que serão coletados e sistematizados via HIS e que serão utilizados nos processos de monitoramento e simulação na constituição do HCIM, de acordo com os objetivos estabelecidos. Esses são procedimentos que permitem acessar a síntese de um processo de composição de um modelo teórico-conceitual, compreendida como a transição das variáveis teóricas, ou seja, o que caracteriza os processos e dimensões enunciadas, para o nível das variáveis empíricas, que são, por sua vez, os indicadores que permitem identificar as variáveis teóricas na prática (FREITAS, 1994).

Gerar esse protocolo de dimensões e variáveis e, mais além, saber como sistematizar essas informações de modo a possibilitar a consecução do HCIM é um exercício que pode ser ilustrado por algumas experiências já constituídas em termos de HIS.

Vale mencionar que pensar um sistema único e multidisciplinar para o patrimônio é uma ação que deve focalizar um público-alvo igualmente diverso que contemple pesquisadores, turistas, comunidades e os diversos intervenientes que atuam na política de preservação. Para tanto, independentemente de quais são as bases e softwares que operam na coleta, armazenagem e processamento das informações, a interface final para acesso dos usuários deve se dar por meio de um aplicativo de fácil acesso e navegabilidade na internet e também pelos dispositivos móveis (ANUAR; OTHMAN, 2020).

Esse contexto exige o que Arruda e Amorim (2010, p. 400) definem como o estabelecimento de uma "linguagem comum para o compartilhamento e a reutilização do conhecimento durante o desenvolvimento do HIS, pelos diversos órgãos ligados ao patrimônio". Quando se aborda a modelagem conceitual com o objetivo de criar um sistema informatizado para a documentação, gestão e preservação do patrimônio, faz-se necessário estudar a ontologia que, no campo da Inteligência Artificial, pode ser entendida como a "especificação explícita de uma conceituação" (ARRUDA; AMORIM, 2010, p. 400). Para tanto, na intenção de modelagem conceitual do HIS, os autores definem um vocabulário de representação dos conceitos e dos domínios de aplicação.

A definição e descrição de um domínio pode ser entendida como uma das etapas da construção de ontologias na modelagem conceitual. Mas, para além dessa etapa, há também a construção de terminologias nas quais os substantivos se vinculam aos termos e os verbos, a relações. Os termos, ou seja, os substantivos, são passíveis de reunião naquilo que se atribui a alcunha de classe: uma coleção de elementos que partilham propriedades (ARRUDA; AMORIM, 2010). Esse raciocínio abstrato ganha maior definição quando os autores apresentam o HIS Bahia, referente ao sítio histórico de Cachoeira, para o qual a concepção formal do estudo ontológico foi apresentada tanto de modo referente à identificação dos termos e suas relações no domínio quanto à sua respectiva hierarquização em superclasses, classes e subclasses. A seguir, apresentamos o Quadro 3.1, sistematizando os produtos extraídos de Arruda e Amorim (2010, p. 401) com o objetivo de exemplificar a construção do raciocínio ontológico aplicado ao HIS.

Quadro 3.1 Sistematização da abordagem ontológica para o HIS segundo Arruda e Amorim (2010)

Superclasses	Classes	Subclasses	Termo (substantivo)	Relação (verbo)	Termo (substantivo)
Patrimônio Cultural	Monumentos Sítios históricos	–			
Órgãos públicos	Federais Estaduais Municipais	–	Órgãos públicos	Atua em	Monumentos e sítios históricos
Documentação			Documentação	Registra em forma de	Inventário e dados gráficos
	Inventários	Levantamento físico-arquitetônico Pesquisa histórica Dados socioeconômicos	Inventário	Adquire dados a partir de	Levantamento físico-arquitetônico Pesquisa histórica Dados socioeconômicos
	Dados gráficos	Mapas e croquis Fotografias e ortofotos Modelos geométricos	Dados gráficos	Representa o patrimônio por meio de	Mapas e croquis Fotografias e ortofotos Modelos geométricos

Fonte: adaptado de Arruda e Amorim (2010, p. 401).

O que podemos depreender do esquema elaborado por Arruda e Amorim (2010) é que, antes da operacionalização de um sistema informacional com determinada intencionalidade no campo do patrimônio, faz-se necessário descortinar processualmente e em entes específicos o que compõe o domínio abordado. A categoria, a natureza dos entes, as ações, as relações que mantêm entre si, a especificação do que compõe cada uma das classes envolvidas no processo, todas essas são questões primordiais à elaboração de um modelo conceitual com vistas a ser transitado ao universo informacional.

O que é interessante também apreender do Quadro 3.1 é que a dimensão de constituição dessa proposta de sistematização de informações dá-se na perspectiva da documentação. Nesse caso, tanto os procedimentos quanto as variáveis que deles se desdobram se associam ao objetivo de inventariar e documentar o patrimônio. No caso da composição de um HIS para abordagem holística no HCIM, as dimensões podem ser de naturezas multifacetadas ou se pode, inclusive, interrelacionar temas para a composição dos cenários de simulação.

Por exemplo, se o objetivo de uma política pública é promover a conservação integrada da paisagem cultural e natural, essa intencionalidade poderá se desdobrar na definição do "patrimônio natural" como uma das subclasses na abordagem ontológica. Adicionalmente, tendo como referência ainda o mesmo exemplo, na definição das subclasses dos órgãos públicos relacionados, poderiam ser relacionadas tanto as divisões de patrimônio como as instâncias normativas e fiscalizadoras do meio ambiente.

A nova temática relacionada também se desdobraria nos termos do que compõe o inventário. Um exemplo é o trabalho desenvolvido por Rey-Pérez e Domínguez-Ruíz (2020), dedicado a desenvolver um sistema de informação geográfica para o desenvolvimento sustentável de um sítio histórico em meio rural. No protocolo de coleta de dados, que consta na metodologia de inventário descrita pelas autoras, é possível observar que, na dimensão cultural, dispõem-se como variáveis de catalogação e análise as unidades de paisagem, os bens de interesse cultural, arquiteturas vernaculares, normativas de proteção, patrimônio arqueológico e etnográfico. Já na dimensão relacionada ao meio ambiente, são identificadas como variáveis a infraestrutura da paisagem antrópica, geologia, geomorfologia, hidrologia, relevo, estudos ambientais, hidrografia, uso do solo, flora, fauna, para mencionar alguns aspectos (REY-PÉREZ; DOMÍNGUEZ-RUÍZ, 2020).

Quanto mais multifacetadas forem as dimensões de análise no HCIM, maior deverá ser o rigor na conformação do protocolo que municia o sistema de informações que servirá de base para as ações de simulação e monitoramento. Nesse sentido, Heras *et al.* (2012) ressaltam a importância de se estabelecer, de forma clara, algumas perguntas orientadoras ao processo de coleta, sistematização e uso de dados, constituídas de "quem", "o que" e "como". São essas questões as direcionadoras do modelo conceitual de HIS proposto pelos autores e aplicado à cidade de Cuenca.

Heras *et al.* (2012) constituem um percurso muito similar ao de Arruda e Amorim (2010), iniciando o processo de concepção do sistema a partir dos intervenientes. Para os autores, a concepção de uma ferramenta de gestão informacional para o patrimônio deve se pautar em dois princípios, que sinalizam um duplo percurso na relação dos proponentes com os usuários: a) a consulta dos intervenientes para levantar os seus interesses e demandas e b) a apresentação das potencialidades inerentes ao uso de uma plataforma de gestão de informações para fins de preservação (HERAS *et al.*, 2012).

Com base nessas considerações, Heras *et al.* (2012) desenvolvem um protocolo para o inventário das demandas e requerimentos que partem dos intervenientes. Como o enfoque se dá ainda no nível da documentação, o que se percebe é que no processo de inventário já há um direcionamento das questões com relação não só a quem são os intervenientes, qualificando-os, como também às competências que tais intervenientes possuem na política de preservação quanto à gestão informacional e acesso a dados. Como o sistema proposto se alia a um contexto urbano específico, os autores já assumem a necessidade de se trabalhar com ferramentas de georreferenciamento, como o GIS, antecipando também a partir de que meios e com que níveis de habilitações na plataforma os usuários a acessarão.

Quadro 3.2 Protocolo para o inventário das demandas e requerimentos dos intervenientes na política de preservação

Intervenientes	Competências ou perfil dos usuários	Principais atribuições	Habilitações em GIS	Acesso
Agências diretamente envolvidas na proteção do patrimônio cultural (Ex.: municipalidade, institutos estaduais ou federais etc.)	Arquitetos, engenheiros civis, restauradores, arqueólogos, historiadores etc.)	Acrescentar, visualizar, pesquisar, extrair e gerenciar informações	Domínio avançado de GIS	Softwares GIS no desktop e na web
Cidadãos	Diferentes espectros	Visualizar, pesquisar, extrair informações; contribuir na atualização de informações para monitoramento e manutenção	Nenhuma expertise em GIS	GIS por meio da intranet e com acesso restrito
Turistas	Diferentes espectros	Visualizar, pesquisar, extrair informações e acrescentar opiniões	Nenhuma expertise em GIS	GIS por meio da intranet e com acesso restrito
Pesquisadores	Arquitetos, engenheiros civis, restauradores, arqueólogos, historiadores, especialistas em GIS etc.)	Visualizar, pesquisar e extrair informações; divulgar ações e descobertas de pesquisa relacionadas ao patrimônio	Domínio avançado de GIS	GIS por meio da intranet e com acesso restrito

Fonte: adaptado de Heras *et al.* (2012, p. 54).

Apesar de sintético, o Quadro 3.2 permite observar que a iniciativa de construir um sistema informatizado relacionado ao patrimônio, ou quaisquer outras temáticas na dinâmica do planejamento urbano e regional, envolve definir quem são os maiores interessados e implicados no processo o qual se deseja informatizar, os objetivos e interesses que são sinalizados nessa dinâmica e que, mais além, desdobram-se nas atribuições que possuem no sistema. Adicionalmente, as ferramentas e limitações de operação e acesso por parte dos usuários também devem ser vislumbradas para que eles possam deter os meios de consecução de seus objetivos por meio da plataforma criada.

Esse entendimento suscita diversas inferências, sendo a primeira delas compreender a importância de se organizar o processo de concepção do sistema informacional, nos termos do que se apreende nos Quadros 3.1 e 3.2, de modo a antecipar demandas de formação e instrumentalização para capacitar, eventualmente, os intervenientes. O segundo ponto a ser ressaltado diz respeito à premissa, da qual partem Heras *et al.* (2012), de que é preciso apresentar, aos intervenientes, as vantagens promovidas por uma plataforma de gestão informacional do patrimônio. Em outras palavras, trata-se de elucidar aos interlocutores o quanto a ferramenta HIS pode ser útil na consecução dos objetivos e expectativas lançados por cada um de seus usuários.

Essa reflexão traz dois desdobramentos que são abordados por Heras *et al.* (2012): o primeiro deles é que o processo de concepção de quaisquer sistemas informatizados relacionados à política de preservação deve ser tomado aos moldes do projeto de um produto. O segundo desdobramento é assegurar que, na criação e apresentação da plataforma, esteja suficientemente claro o encadeamento das ações na gestão da informação, em que, fundamentalmente, entram os qualificadores "quem", "o que" e "como". Nesse sentido, é preciso definir "quem" provê, gerencia e manuseia "quais informações" e "de que modo". Pode-se também contribuir para o método exposto por Heras *et al.* (2012), acrescentando a questão "quando", que não se limita a uma determinação temporal, mas que, no encadeamento das ações, pode sinalizar em que momento a intervenção de cada usuário adentra o processo, gerando inputs para outras ações.

A questão temporal pode não ser imprescindível quando a tematização do HIS se desenvolve somente para fins de documentação; mas, ao se pensar em processos interventivos, que podem ser focalizados no modelo HCIM, a informação, servindo à tomada de decisão, pressupõe o acionamento dos intervenientes aos quais ela compete. Nesse sentido, o qualificador "quando" pode agregar ao sistema muitas potencialidades para a gestão eficaz do patrimônio.

O que é interessante compreender do trabalho de Heras *et al.* (2012, p. 55) é que a arquitetura computacional do HIS é baseada em três camadas: acesso, aplicativo e gerenciamento, esta última relacionada à gestão dos dados. O acesso pressupõe perguntar "a partir de onde" cada interveniente acessará a plataforma (por meio de um computador pessoal, de um smartphone, da intranet etc.) e "mediante quais softwares" ou interfaces ele o fará. Nessa camada, também reside a seguinte questão "qual o nível de acesso de cada usuário às bases informacionais do sistema?"; essa é uma questão de suma importância quando se tematiza a segurança dos dados e do gerenciamento da plataforma em si.

Com relação à camada "aplicativo", ela se refere à funcionalidade dos módulos que podem ser instituídos para cada plataforma projetada. No caso específico do sistema desenvolvido para a cidade de Cuenca por Heras *et al.* (2012), houve a definição de quatro módulos: a) serviços de catálogo, que se relacionam às interfaces e à metadata do sistema; b) serviços geográficos (*geo-services*), concernentes ao gerenciamento, manutenção e interface de toda a sorte de material gráfico (entre os quais estão imagens, mapas e planos), que requerem georreferenciamento ou vinculação de dados geográficos, bem como recursos para sua correta extração e consulta por meio da plataforma; c) serviços de análise, que constituem uma das camadas mais importantes ao suporte do processo interventivo, uma vez que agregam recursos de inteligência artificial para a avaliação e derivação de soluções lógicas a partir dos dados armazenados; e d) serviços de controle de acesso, que dizem respeito à cessão de direitos de acesso mediante a qualificação dos usuários que o requerem.

A terceira camada, constituída por gerenciamento informacional, envolve as bases de dados internas e externas, pautando-se, especialmente, na confiabilidade das informações prestadas ao sistema (HERAS *et al.*, 2012). O que caracteriza esses qualificadores "internos" e "externos" diz respeito, respectivamente, a quando os dados são introduzidos pelos próprios gerenciadores com base nos acervos institucionais e a quando são acrescentados por usuários externos a partir de plataformas indexadas em operabilidade com o sistema (HERAS *et al.*, 2012), cuja definição é imprescindível para a confiabilidade.

Nesse sentido, o sistema informacional concebido por Heras *et al.* (2012) é um caso que ilustra como operacionalizar por meio da tecnologia, na prática, algo mencionado ao início deste capítulo: garantir que os dados sejam os mais variados e provenientes de diferentes estratos sociais. Para tanto, se o HCIM é pensado como uma plataforma colaborativa e na qual a atualização dos dados pode contar com o esforço e engajamento de diferentes intervenientes, as preocupações pontuadas pelo protocolo de Heras *et al.* (2012), em termos de navegabilidade, acessibilidade e confiabilidade, são elementos essenciais a serem considerados na composição da plataforma de dados que subsidiará o processo de modelagem e simulação no HCIM.

3.6 CONSIDERAÇÕES FINAIS

O objetivo deste capítulo foi introduzir um tema pouco explorado no campo da gestão do patrimônio na contemporaneidade: a incorporação do paradigma CIM na perspectiva dos contextos de especial interesse de preservação. Com um caráter reflexivo e exploratório, não se pretendeu, ao longo deste texto, formular o HCIM a partir de uma definição e procedimentos fechados. A ideia foi partir das referências já construídas, em termos de sistemas de informação de patrimônio na dimensão urbana, para se vislumbrar caminhos de operacionalização do HCIM mediante procedimentos e estratégias que possam auxiliar em sua proposição.

Reconhece-se que o momento é propício para se introduzir esse paradigma: não só este se relaciona à temática mais ampla dos meios urbanos inteligentes como também o faz numa circunstância em que há um grande debate acerca das *smart cities*, que já saem das pautas utópicas para processos de materialização nos grandes centros. Mais além, também já se vislumbra, por meio da revisão de literatura realizada, que os trabalhos publicados a partir de 2020 dedicados a tematizar, direta ou indiretamente, a Indústria 4.0 e os processos de informatização do patrimônio trazem as soluções inteligentes como uma demanda imprescindível ao tema nesta nova década.

Mesmo que o panorama técnico-científico se mostre favorável à veiculação da ideia de HCIM, o que também se depreendeu do aporte teórico que direcionou este trabalho, o HCIM não é uma ideia concorrente ou sobrepujante ao que se compreende como HIS. Pelo contrário, os sistemas de informação do patrimônio e o processo de modelagem e simulação vinculado ao HCIM são complementares e, pode-se até dizer, indissociáveis na perspectiva atual de valorização e salvaguarda das cidades na Era da Informação e no contexto das *smart cities*.

Nesse sentido, o HCIM se relaciona à ciência de complexidade que também o origina: não há como diferenciar parte do todo (MORIN, 1996). A ideia de HCIM não está completamente contida nem pode se dissociar do HIS. Ao mesmo tempo, este se coloca como um sistema muito mais amplo do que a abordagem urbana especializada no HCIM, mas é, simultaneamente, parte introdutória e fundamental de sua composição. Nesse sentido, o HCIM é uma resposta às problemáticas da preservação na sociedade contemporânea, que exige, como bem afirma Morin (1996), estudos de base cada vez mais poli, inter e transdisciplinar. Mas, ainda assim, aprofundar-se, ampliar e detalhar os sistemas de informação que dão suporte para os processos de digitalização e simulação são os passos primordiais para o melhor desempenho das soluções inteligentes aplicadas ao patrimônio.

REFERÊNCIAS

AMORIM, A. L. Discutindo City Information Modeling (CIM) e conceitos correlatos. *Gestão & Tecnologia de Projetos*, São Paulo, v. 10, n. 2, p. 87-99, jul./dez. 2015. DOI 10.11606/gtp.v10i2.103163.

ANDRADE, D. A.; POLO, E. F. Hospitalidade como Recurso Estratégico na Hotelaria: proposição de um modelo teórico-conceitual. *Revista Hospitalidade*, São Paulo, v. 15, n. 2, p. 17-40, 2018. Disponível em: https://www.revhosp.org/hospitalidade/article/view/775. Acesso em: 25 fev. 2019.

ANUAR, N. N.; OTHMAN, M. K. Integrating User-Centered with the Agile Software Development Methodology for a Cultural Heritage Information System. *Interaction Design and Architecture(s) Journal*, Roma, v. 1, n. 45, p. 207-225, 2020.

ARRUDA, A. K. T. de; AMORIM, A. L. de. Preservação e Gestão de Sítios Históricos: a contribuição do Heritage Information System. *In*: PROCEEDINGS OF THE CONGRESS OF THE IBEROAMERICAN SOCIETY OF DIGITAL GRAPHICS, 13., 2009, São Paulo. *Anais* [...]. São Paulo: SIGraDi, 2009. p. 192-194.

ARRUDA, A. K. T. de; AMORIM, A. L. de. Heritage information system: tecnologias digitais aplicadas ao planejamento e gestão de intervenções urbanas – um modelo conceitual. *In*: CONGRESO DE LA SOCIEDAD IBEROAMERICANA DE GRAFICA DIGITAL, 14., 2010, Bogotá. *Anais* [...]. Bogotá: SIGraDi, 2010. p. 399-402.

CASTÁN, M. Q. Methodological proposal for the creation of an Information System of the Mudejar Architectural Heritage in Aragon. *In*: AGUSTÍN-HERNÁNDEZ, L; MUNIESA, A. V.; FERNÁNDEZ-MORALES, A. (org.). *Graphical Heritage*. Zaragoza: Springer, 2020. p. 437-447.

COSTANTINI, R.; ANGELI, L.; FERRARI, R.; INNOCENTI, L.; DEL BUONO, M. Geographical information system for the cultural heritage and protected landscape of Regione Toscana. *In*: Progress in Cultural Heritage Preservation: 4th International Conference, EuroMed 2012: Limassol, Cyprus, October 29-November 3, 2012: proceedings. New York: Springer, 2012. p. 77- 81.

DAIMAN, A.; GUPTA, N. Web Enable Heritage Information System – a case study of Bundi District (Rajasthan). *SAJTH*, Sabaragamuwa, v. 8, n. 1, p. 56-62, 2018.

DOMÍNGUEZ-RUÍZ, V.; REY-PÉREZ, J.; RIVERO-LAMELA, G. Contribution to the Knowledge of Cultural Heritage via a Heritage Information System (HIS). The Case of "La Cultura del Agua" in Valverde de Burguillos, Badajoz (Spain). *Sustainability*, Basel, v. 12, n. 3, p. 1-18, 2020.

FERNANDES, M. M.; SILVA, M. B.; TURRIONI, J. B. Modelo teórico-conceitual para gestão de portfólio de projetos Seis Sigma. *Revista de Gestão e Projetos*, São Paulo, v. 1, n. 2, p. 3-25, 2010.

FIRMINO, R. J. A simbiose do espaço: cidades virtuais, arquitetura recombinante e a atualização do espaço urbano. *In*: LEMOS, A. (org). *Cibercidades II*: Ciberurbe – a cidade na sociedade da informação. Rio de Janeiro: E-Papers, 2005.

FREITAS, E. L. Alguns aspectos da linguagem científica. *Sitientibus*, Feira de Santana, n. 12, p. 101-112, 1994.

GEBER, E.; OBERLANDER-TARNOVEANU, I. The National Cultural Heritage Information System in Romania. *Visual Resources*, London, v. 9, p. 127-141, 1993.

GERBER, D.; LÓPEZ, R. S. Context-aware multi-agent systems: negotiating intensive fields. *In*: THE 2013 ASSOCIATION OF COMPUTER AIDED DESIGN OF ARCHITECTURE, 2013, Los Angeles. *Anais* [...]. Los Angeles: ACADIA, 2014. p.153-162.

HAFEZ, N. M. E. Managing Heritage through Facilities Data Management Heritage Information System. *Proceedings of Science and Technology*, Egypt, v. 2, n. 2, p. 153-166, 2019.

HAYES, A. M. *Regionalism, urbanism and regeneration*: creating vitality for American cities in the third millenium. Alexandria: Washington Alexandria Architecture Center; Blacksburg: Virginia Tech University, 2015.

HERAS, B. V.; STEENBERGHEN, T.; ZÚÑIGA, M.; CARDOSO, F.; SANTANA, Q. M.; VAN BALEN, K. An information system for heritage documentation management of Cuenca city, Ecuador. *Maskana*, Cuenca v. 3, n. 1, p. 51-61, 2012.

KARWOWSKI, W.; AHRAM, T.; ETINGER, D.; TANKOVIĆ, N.; TAIAR, R. (ed.). *Human Systems Engineering and Design III*: Advances in Intelligent Systems and Computing. [*s. l.*]: Springer, 2021. DOI 10.1007/978-3-030-58282-1

LEMOS, A. Arte eletrônica e cibercultura. *Revista Famecos*, Porto Alegre, v. 4, n. 6, p. 21-31, 1997.

MORIN, E. *O problema epistemológico da complexidade*. Lisboa: Europa-América, 1996.

PÉREZ GUILARTE, Y.; LOIS GONZÁLEZ, R. C.; ARMAS QUINTÁ, F. X.; MACÍA ARCE, X. C. Heritage Information System to promote cultural tourism and the use of digital mapping in primary and secondary schools. *In*: KATSONI, V.; SPYRIADIS, T. (org.). *Cultural and tourism innovation in the Digital Era*. Athens: Springer, 2020. p. 17-35.

RASHED, R.; MAHMOUD, R. A. Smart solutions in new cities as main actors in Regenerative Urbanism: The creation of resilient cities through circular urban metabolism and decreasing ecological footprints. Cairo: Ain Shams University, 2017.

RAZALI, S. Evaluation of "method" as IT Artifacts in Soft Design Science Research: development of community based e-museum framework towards sustainable cultural heritage information system. *In*: ROCHA, Á.; ADELI, H.; REIS, L. P., COSTANZO, S. (ed.). *Trends and Advances in Information Systems and Technologies*. [*s. l.*]: Springer, 2018. p. 915-924.

REY-PÉREZ, J.; DOMÍNGUEZ-RUÍZ, V. Multidisciplinarity, citizen participation and Geographic Information System, cross-cutting strategies for sustainable development in rural heritage. The case study of Valverde de Burguillos (Spain). *Sustainability*, Basel, v. 12, n. 22, p. 1-27, 2020.

SANT'ANNA, M. *Da cidade-monumento à cidade-documento*: a Trajetória da Norma de Preservação de Áreas Urbanas no Brasil (1937-1990). 1995. Dissertação (Mestrado em Arquitetura e Urbanismo) – Universidade Federal da Bahia, Salvador, 1995.

SCHAUFLER, C.; SCHWIMMER, E. City Information Modeling – an expedient tool for developing sustainable, responsive and resilient cities? *IOP Conference Series: Earth and Environmental Science*, [*s. l.*], v. 588, p. 1-9, 2020. DOI 10.1088/1755-1315/588/3/032005.

SUAU IBÁÑEZ, C. Circular design in everyday urbanism: towards regenerative and restorative dynamic spaces in city. *Visions of Sustainability*, London, v. 11, n. 1, p. 9-16, 2019.

THOMPSON, E. M.; GREENHALGH, P.; MULDOON-SMITH, K.; CHARLTON, J.; DOLNÍK, M. Planners in the Future City: Using City Information Modelling to Support Planners as Market Actors. *Urban Planning*, Lisboa, v. 1, n. 1, p. 79-94, 29 mar. 2016.

VIANA, D. L. Cidade Africana - Urbanismo [in]formal: uma abordagem integrada e sistémica. *In*: CONGRESSO IBÉRICO DE ESTUDOS AFRICANOS, 7., 2010, Lisboa. *Anais* [...] Lisboa: Centro de Estudos Africanos (CEA) do ISCTE: Centro de Estudos Africanos da Universidade do Porto, 2010. p. 1-17.

VINOD, T. R.; MAGESH, G.; THRIVIKRAMJI, K. P.. Heritage Conservation: Stewarding with Geographic Information System (GIS). *In*: Kerala Environment Congress, 2013, Thiruvananthapuram. *Anais* [...]. Thiruvananthapuram: Centre for Environment and Development, 2013. p. 237-244.

YOSINO, C. M. O. *Modelagem baseada no conceito City Information Modeling para estudo do sistema logístico de coleta de resíduos sólidos urbanos.* Dissertação (Mestrado em Inovação na Construção Civil) - Escola Politécnica, Universidade de São Paulo, São Paulo, 2020.

XU, X.; DING, L; LUO, H.; MA, L. From Building Information Modeling to city Information Modeling. *Journal of Information Technology in Construction*, Rotterdam, v. 19, p.292-307, 2014.

CAPÍTULO 4
BIM, HBIM e gestão da informação

Pedro Henrique Gonçalves
Monice Cristina da Silva
Vanda Alice Garcia Zanoni

4.1 VISÃO GERAL SOBRE BIM

A tecnologia *Building Information Modelling* (BIM) ou Modelagem da Informação da Construção surgiu como resposta à evolução da representação gráfica 2D em *Computer-aided design* (CAD) ou Desenho Assistido por Computador, com o intuito de atender às novas demandas na Arquitetura, Engenharia, Construção e Operação (AECO). Nos últimos anos, a ampliação e difusão do BIM vem proporcionando uma nova forma de desenvolvimento de projetos, englobando possibilidades que vão desde a fase de concepção até a fase de uso – manutenção e conservação da edificação.

Entre as inovações da tecnologia BIM, destaca-se a criação de um modelo 3D inteligente que se conecta às ações de gerenciamento da documentação, coordenação de projetos, simulações, acompanhamento e disponibilização de dados e informações do modelo gerado em todo o ciclo de vida da edificação. O BIM oferece a possibilidade de inserir as características de cada material ou sistema construtivo detalhadamente, permitindo simulações de desempenho de forma integrada, gerando relatórios de avaliação do edifício.

Pereira (2015) define a abordagem do BIM como uma das metodologias de trabalho que mais se aproximam da realidade, uma vez que ela se concentra em cada objeto, assumindo todas as suas propriedades e características que permitem identificá-lo isoladamente no modelo. Durante o processo de modelagem paramétrica executado pelo BIM, são armazenadas informações geométricas e não geométricas dentro de um único modelo.

Eastman *et al.* (2011, p. 1) apontam que os softwares que trabalham na plataforma BIM, quando implementados de forma adequada, proporcionam "a construção de modelos digitais compostos por banco de dados que agregam informações para diversas finalidades, facilitando um processo de projeto e construção mais integrados que resultam em edifícios de melhor qualidade com menor custo e duração reduzida do projeto".

> Esse novo processo parte não mais de desenhos bidimensionais, mas de modelos tridimensionais e pressupõe que todas as informações relativas à construção, nas diversas fases de seu ciclo de vida, sejam alocadas em um só modelo integrado, paramétrico, intercambiável e passível de simulação, que poderá ser utilizado desde a concepção dos projetos, durante as obras e até durante toda vida útil do espaço construído (Associação Brasileira dos Escritórios de Arquitetura, 2013, p. 6).

Uma das maiores diferenças entre um sistema convencional 2D ou 3D em CAD e um sistema de modelagem 3D em BIM diz respeito à geometria do modelo que contém parâmetros (MARTINS, 2011).

> O sistema paramétrico reconhece os materiais com todos os seus atributos e comportamentos. Essa característica do sistema BIM permite que desenvolvam estimativas de custos e façam o planejamento da construção. Também contribui para análise do modelo quando exportado para simuladores ambientais, uma vez que a propriedade dos materiais influencia nos cálculos ambientais (MARTINS, 2011, p. 43).

Durante o processo de modelagem, além dos requisitos que envolvem a parametrização, é preciso estabelecer o quão detalhado deve ser o modelo, definindo o nível de desenvolvimento do modelo e o nível de detalhamento das informações contidas nos elementos construtivos (CANUTO; MOURA; SALGADO, 2016).

Os avanços em relação ao BIM se consagram tanto no desenvolvimento de novos projetos como na gestão do patrimônio. Por se tratar de um conjunto de modelos tridimensionais em formato digital que incorpora informações em diversos níveis, o BIM pode ser classificado por meio de cinco dimensões principais (Figura 4.1), cada uma explorando um campo específico da área AECO. Dessa forma, o BIM evolui de dimensões básicas em 3D e 4D para dimensões mais avançadas em 5D, 6D e 7D.

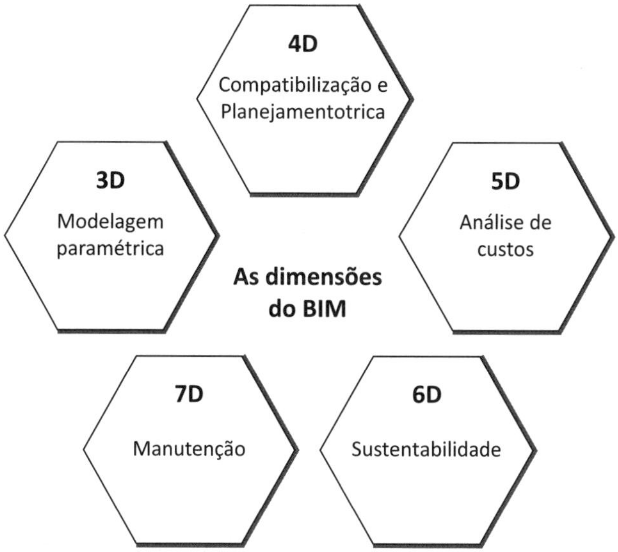

Figura 4.1 As dimensões do BIM.

Dependendo do conteúdo do banco de dados, podemos distinguir dimensões superiores da abordagem BIM. De acordo com Czmoch e Pekala (2014), a etapa da modelagem paramétrica é considerada dentro da abordagem 3D como uma extensão natural do design 2D. A dimensão 4D explora as análises de compatibilização e de planejamento com a divisão e a visualização do projeto em fases, sendo possível simular cronogramas de obras e prazos de entregas de produtos e materiais. Por sua vez, a dimensão 5D abrange a análise de custos e permite uma estimativa rápida para o orçamento dos projetos e quaisquer outras estimativas de gasto.

A dimensão 6D avalia questões de sustentabilidade, sendo possível, com a ajuda de programas específicos, analisar o consumo de energia de um edifício. Além disso, modelos preparados em ambientes BIM 6D são frequentemente usados como uma ferramenta primária para atender aos requisitos definidos pelos selos *Leadership in Energy and Environmental Design* (LEED) ou Liderança em Energia e Design Ambiental; e *Building Research Establishment Environmental Assessment Method* (BREEAM) ou Estabelecimento de Pesquisa de Edifícios Metodologia de Avaliação Ambiental. Por fim, a dimensão 7D trata da gestão do ciclo de vida da edificação e sua manutenção, uma vez que o banco de dados deve ser ampliado com informações detalhadas de cada elemento do projeto. Uma série de informações relevantes é gerada, como a tipologia dos itens, suas especificações, o momento da próxima manutenção ou substituição, o período de garantia e, ainda, o consumo de tempo. Isso permitirá a manutenção conveniente do edifício e, quando ocorrer uma falha, esta poderá ser rapidamente localizada e reparada. Dessa maneira, cada tipo de informação especificada no modelo relaciona-se a uma determinada dimensão.

Dore e Murphy (2017) indicam a aplicação do BIM como uma ferramenta de documentação e gestão para a preservação e conservação de edifícios históricos. Com isso, o conceito do BIM se estende para o *Historic Building Information Modelling* (HBIM), sendo considerado, hoje, uma tecnologia que faz parte do processo de digitalização do patrimônio cultural, com características particulares que nasceram para gerenciar modelos e dados dentro de um ambiente único.

Por esse motivo, a utilização do BIM e sua extensão HBIM têm se apresentado como uma solução do campo tecnológico, não se restringindo apenas aos processos de modelagem, mas também ao gerenciamento de informações geométricas e não geométricas relacionadas aos edifícios, nas diversas especialidades, quer sejam para os processos de novas construções, manutenções ou reabilitações, quer sejam para facilitar a conservação, restauração ou preservação do patrimônio cultural.

4.2 HBIM E A GESTÃO DA CONSERVAÇÃO DO PATRIMÔNIO

O termo HBIM, entendido de uma forma mais ampla, associa o conceito ao patrimônio em todas as suas dimensões, quer seja quanto à sua natureza material, imaterial ou digital, quer seja quanto aos períodos arquitetônicos em que foi construído – histórico, recente, moderno ou contemporâneo.

Tal termo nasceu dentro do Dublin Institute of Technology (MURPHY, M. *et al.*, 2009), e seu percurso conceitual vem sendo construído desde o final da década de 1990. Primeiramente, os sistemas em HBIM foram pensados como uma confluência da ideia de conectar os elementos dos modelos 3D aos bancos de dados externos, e o uso desses modelos tridimensionais para gerar conhecimento estruturado em relação aos processos históricos da construção e à teoria de Arquitetura. Nesse sentido, o HBIM vem se consolidando como um processo que envolve as dimensões documental, reconstrução 3D e informacional, integrando um sistema multidisciplinar e interconectado que vai além da reconstrução tridimensional de objetos inteligentes – geométricos e parametrizados.

Posteriormente, o HBIM evoluiu para uma plataforma digital, visando reunir conhecimento sobre muitas disciplinas (Arqueologia, Arquitetura, História, Restauração etc.), assim como informações obtidas por sensores (por exemplo, condições meteorológicas, movimentos, visitação) para a simulação e o monitoramento necessários à conservação preventiva. A base de dados provenientes do levantamento físico e documental da edificação *As Built* é ampliada pela aplicação das tecnologias digitais de captura de imagens em nuvens de pontos densa em 3D. Mais contemporaneamente, além da consolidação como uma ferramenta poderosa para a geração de produtos de divulgação cultural e turística, os processos em HBIM tornaram-se estratégicos para os estudos científicos e simulações sobre o modelo representativo da condição real, no âmbito do conceito de "gêmeo digital" (KORRO BAÑUELOS *et al.*, 2021; JOUAN, HALLOT, 2020; BRUMANA, IOANNIDES, PREVITALI, 2019; BRUSAPORCI, MAIEZZA, TATA, 2018).

A abordagem HBIM como sistema colaborativo para a gestão da conservação do patrimônio ainda carece de aprimoramento quanto à inserção de informações e seu compartilhamento (BRUMANA *et al.*, 2013; Dore; Murphy, 2012). Ao longo do ciclo de vida do bem histórico, e por sua natureza e especificidade, existe uma diversidade de partes interessadas e processos presentes nesse tipo de edifício. Os problemas que envolvem os fluxos de trabalho para a gestão da conservação e manutenção do patrimônio histórico destacam-se, principalmente, pela falta de clareza dos processos e pela dispersão de informações. O uso de técnicas e protocolos não padronizados e, por vezes, divergentes na coleta de dados, contribui para a dispersão de informação. Como consequência, existem incertezas quanto à confiabilidade do *As Built* e as possíveis soluções para as ações de reabilitação (KORRO BAÑUELOS *et al.*, 2021; PALOMAR *et al.*, 2018).

Palomar *et al.* (2018) acreditam que sistemas informatizados podem melhorar a gestão do patrimônio em edifícios históricos, mas devem considerar que esses edifícios foram projetados por processos tradicionais e, portanto, tais processos devem ser considerados quando abordagens mais inovadoras como o HBIM são adotadas. Nos métodos tradicionais, cada disciplina é desenvolvida separadamente em processo próprio e, às vezes, não levando em consideração as informações ou as contribuições de outras partes interessadas, o que resulta em arquivos com dados divergentes que dificultam a interoperabilidade.

Apesar de reconhecer que a metodologia não possui a capacidade de complementar todo o ciclo de vida do projeto, Tolentino (2018) evidencia a relação das tecnologias digitais com a preservação do patrimônio histórico na abordagem HBIM (Figura 4.2), destacando a relevância do suporte que o modelo pode dar aos projetos de restauro, operação e manutenção do edifício.

> Segundo Dore e Murphy (2012), o HBIM contempla um processo que envolve uma solução de engenharia reversa onde, inicialmente, os elementos arquitetônicos são mapeados usando varredura a laser ou fotogrametria. Em seguida, os dados levantados são combinados a objetos paramétricos, gerando o modelo completo. O produto final HBIM é um modelo geométrico completo, incluindo detalhes do objeto como materiais e métodos construtivos. A partir daí, cortes, detalhes, vistas ortográficas e perspectivas poderão ser gerados, baseando a análise e conservação de objetos históricos, estruturas e ambientes (TOLENTINO, 2018, p. 82).

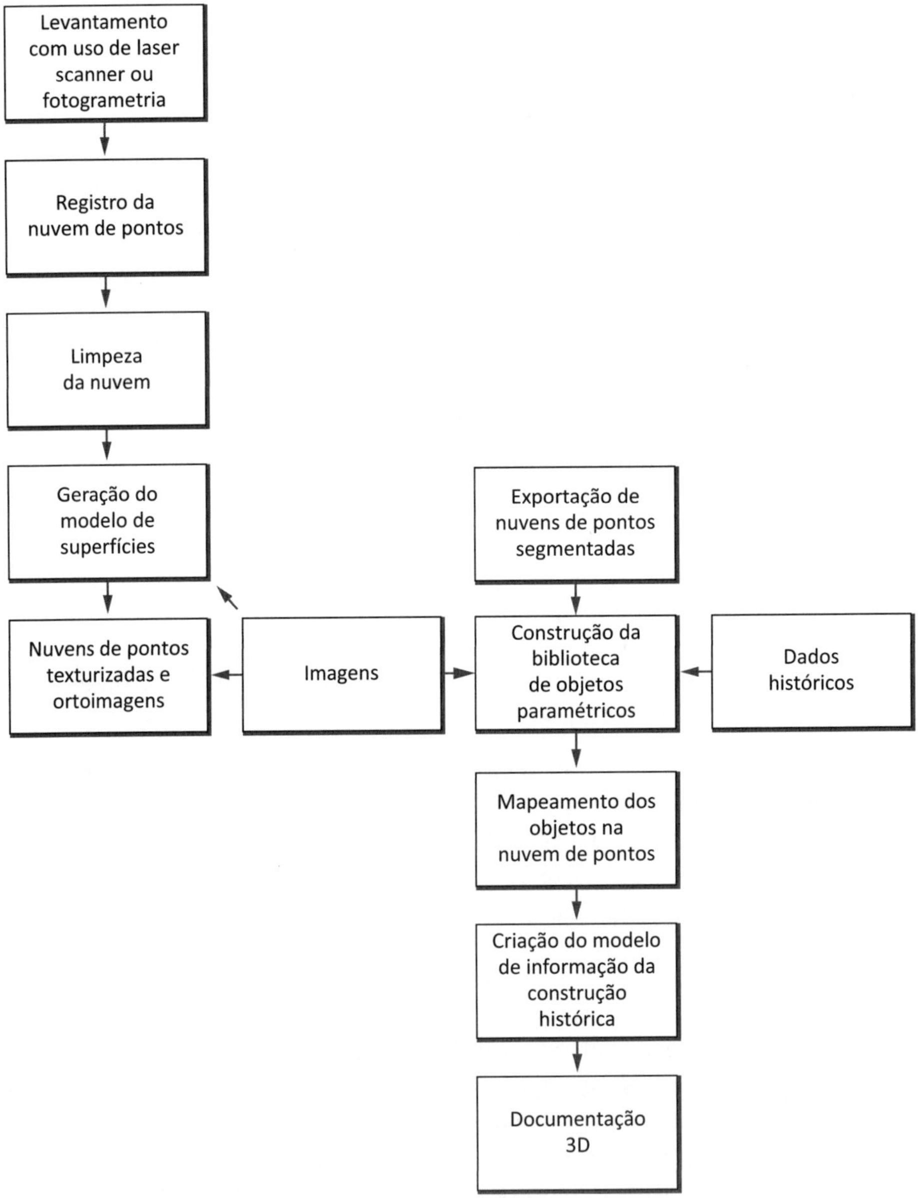

Figura 4.2 Processo de construção de um modelo no HBIM

Fonte: adaptada de Murphy *et al.* (2011 *apud* Tolentino, 2018).

A abordagem HBIM se consagrou, enfim, como uma extensão do conceito BIM aplicada diretamente às edificações históricas, visando não apenas à documentação, mas também à análise e à conservação de bens patrimoniais. A temática acerca da gestão, principalmente quando analisada dentro do contexto da história do patrimônio, encontra-se desde sempre como um dos grandes desafios a serem percorridos tanto pelos gestores das cidades quanto pela própria sociedade que a compõe.

4.2.1 GESTÃO DE RISCO

No campo da gestão de risco há diversas pesquisas sobre métodos e ferramentas para ajudar na conservação e no planejamento de decisões. De acordo com LEE *et al.* (2019), a gestão de risco pode ser definida como um processo de identificação, avaliação e análise de possíveis danos para o estabelecimento de estratégias para reduzir as ameaças no patrimônio. Visto que a gestão de risco no campo do patrimônio material é mais complexa, devido à combinação de vários fatores inerentes ao estado de conservação do bem, fazem-se necessários novos métodos e ferramentas para gerir e estabelecer estratégias visando à conservação do bem cultural.

O processo global de gestão de risco envolve etapas que se iniciam com o reconhecimento do risco, conforme estabelece a norma AS/NZS 4360:2004 (STANDARDS AUSTRALIA; STANDARDS NEW ZEALAND; 2004) (Figura 4.3). A primeira etapa do processo-padrão é definir o contexto da avaliação de risco, sendo uma descritiva e outra criativa. A etapa da identificação de risco basicamente tem a função de identificar as características deste, que muitas vezes leva ao uso de listas de verificação de riscos recorrentes em um determinado contexto. Já a etapa de análise atribui a cada risco uma classificação de significância, levando em consideração quaisquer fatores existentes que atuarão para controlar esse. Na etapa de avaliação, são analisadas as relações de prioridades e requisitos, sendo atribuído um grau de importância.

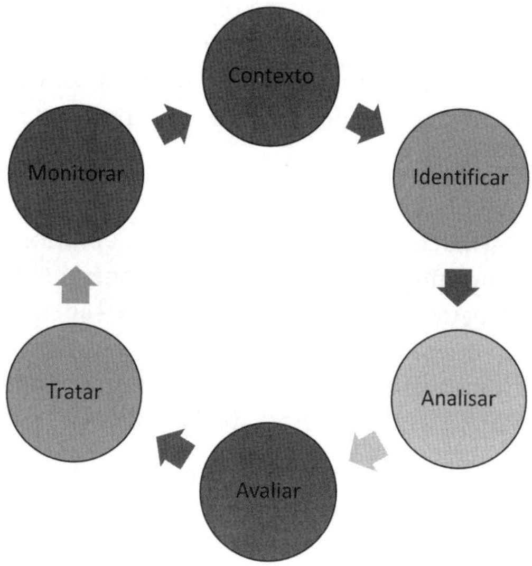

Figura 4.3 Etapas da gestão de risco.

O tratamento do risco consiste em determinar o que será feito em resposta ao que foi identificado. Quaisquer planos existentes, em vigor, devem ser complementados antes do início do processo de gerenciamento de risco, com medidas preventivas para lidar com eles e planos de contingência para recuperá-lo se porventura acontecer. Por fim, temos o monitoramento e a comunicação, nos quais os resultados dos outros cinco estágios devem ser mantidos sob revisão ao longo do tempo. Mudanças no ambiente ou simplesmente a descoberta de melhores informações podem tornar a avaliação original desatualizada.

O HBIM, entendido como um sistema de gestão, integra as informações históricas do patrimônio arquitetônico e as incorpora em um banco de dados vinculado ao modelo 3D. Ainda existem diversos limitantes para a implementação do HBIM de forma adequada, porém há a possibilidade de integrar diversos tipos de informações – como documentos históricos, dados de monitoramento, dados estruturais e estados de conservação – ao uso em obras de conservação e monitoramento, possibilitando a criação de sistemas de gestão de risco.

Um modelo de gestão de risco no campo do patrimônio, quando bem estruturado, pode oferecer vantagens sobre as abordagens tradicionais, incluindo: maior eficiência e eficácia (tempo e recursos) no arquivamento, monitoramento, inspeção, visualização e levantamento de sites e ativos; aumento da eficiência na consistência dos dados; melhor avaliação das condições e do desenvolvimento histórico; e aquisição mais informada, estimativa e programação de intervenções no bem histórico (CHARLTON *et al.*, 2020).

De acordo com Lee *et al.* (2019), alguns métodos criados para uso no HBIM integrado à gestão de risco apresentavam falhas, pois as informações contextuais essenciais para o gerenciamento de informações não refletiam em termos de gerenciamento de riscos. Isso ocorria porque os sistemas foram destinados ao arquivamento e à navegação de informações na web. Destaca-se que as informações contextuais são essenciais para compreender e julgar a condição de risco, a fim de recuperar e fornecer informações adequadas para gerenciamento desses em um sistema conectado ao HBIM.

A necessidade de levantamento digital eficiente é fundamental para desenvolver bancos de dados para armazenamento e recuperação de informações. Tal gestão da informação se faz importante nesse contexto, em contraponto à atual falta de informações apropriadas para a redução de riscos. Hoje sabemos que as informações (planos 2D, elevações e desenhos, fotografias, relatórios, manuais de operação e manutenção etc.) dos edifícios históricos podem ser fragmentadas e inconsistentes, o que pode levar ao uso ineficiente e ineficaz de dados.

Para que a gestão de risco tenha sucesso, será requerido um conjunto abrangente de informações de ativos bem estruturados (NICAŁ; WODYNSKI, 2016). As informações não gráficas mantidas em modelo de gestão de risco normalmente se relacionam às informações operacionais e de manutenção de um ativo, e podem incluir: seus parâmetros geométricos e regras; fabricação; material; custo; atributos de localização e desempenho; manuais, relatórios opcionais e de manutenção relacionados (EASTMAN *et al.*, 2011).

Nesse sentido, um plano de gestão de risco com foco no patrimônio histórico tem o potencial não apenas de ser um valioso documento na busca da conservação e operação dos bens patrimoniais, mas também de atuar como um registro histórico estruturado. Dessa forma, ele é capaz de potencializar uma abordagem para visualizar e gerenciar informações históricas e operacionais dos edifícios, oferecendo eficiência e eficácia na conservação, gestão de longo prazo e apresentação de ativos históricos construídos.

4.3 NÍVEL DE DESENVOLVIMENTO (*LEVEL OF DETAIL*)

O Nível de Desenvolvimento (*Level of Detail* – LOD) é uma referência que permite aos profissionais da AECO a articulação do conteúdo e a confiabilidade do modelo BIM em vários estágios do processo de projeto e construção. Ao estabelecer o LOD para processar os elementos construtivos de diferentes sistemas, define-se o grau de clareza e os diferentes estágios de desenvolvimento e uso no projeto e construção (AIA, 2013).

A Tabela 4.1 faz uma síntese das definições dos níveis de LOD de acordo com o documento resultante do BIM Fórum (2020).

Tabela 4.1 Classificação do LOD

LOD 100	O elemento do modelo pode ser representado graficamente no projeto com um símbolo ou outra representação genérica. Os elementos do LOD 100 não são representações geométricas. Os exemplos são informações anexadas a outros elementos ou símbolos do modelo que mostram a existência de um componente, mas não sua forma, tamanho ou localização precisa.
LOD 200	O elemento do modelo é representado graficamente no projeto como um sistema, objeto ou montagem genérica com quantidades, tamanho, forma, localização e orientação aproximados. Informações não gráficas também podem ser anexadas ao elemento do projeto.
LOD 300	O elemento do modelo é representado graficamente no projeto como um sistema, objeto ou montagem específico em termos de quantidade, tamanho, forma, localização e orientação. Informações não gráficas também podem ser anexadas ao elemento do modelo.
LOD 350	Neste nível os elementos incluem itens como suportes e conexões. A quantidade, tamanho, forma, localização e orientação do elemento conforme projetado podem ser medidos diretamente a partir do modelo, sem se referir a informações não modeladas, como notas ou citações de dimensão.
LOD 400	O elemento é modelado com detalhes e precisão suficientes para a fabricação do componente representado. A quantidade, tamanho, forma, localização e orientação do elemento conforme projetado podem ser medidos diretamente a partir do modelo, sem se referir a informações não modeladas, como notas ou citações de dimensão.
LOD 500	Level de verificação em campo em termos de tamanho, forma, localização, quantidade e orientação.

Fonte: BIM Forum (2020)

O HBIM pode assumir um papel essencial nos campos de documentação, preservação, restauração e processo de gestão do patrimônio edificado, conforme reconhece a literatura sobre o assunto. Visto que o processo de preservação requer um nível de conhecimento mais profundo desde a fase inicial do projeto (DELLA TORRE, 2015), a adoção do HBIM exige que os objetivos de desenvolvimento dos modelos sejam coerentes e que a precisão corresponda à complexidade do patrimônio arquitetônico (BRUMANA *et al.* 2017).

Nessa discussão, o conceito tradicional de LOD aplicado à gestão do BIM, no caso de novas construções, é baseado em um processo linear de informações com enriquecimento progressivo do modelo e das informações nas diferentes fases. Tal abordagem linear detalha progressivamente o BIM (modelo e dados), do lado geométrico e da informação, e evolui para as informações de texturização e sequências de camadas estratigráficas, não podendo ser automaticamente aplicada ao processo de gerenciamento de ações de restauração e preservação. No caso da conservação e preservação do patrimônio, a falta de informação limita a possibilidade de empreender soluções de projeto coerentes com o estado da arte e as ações de preservação. Um nível alto de desenvolvimento pode significar um atraso na definição da geometria, no reconhecimento do estado da arte e na compreensão do comportamento das estruturas. Nesse contexto, o entendimento da documentação e seu papel no HBIM tornam-se definidores da escolha do LOD a ser adotado.

4.4 DOCUMENTAÇÃO

O uso da tecnologia BIM na sua extensão HBIM para fins de registro e gestão patrimonial é reconhecido internacionalmente como um campo de investigação em crescimento não apenas em termos de tecnologia para captura de informação e construção de bibliotecas específicas, mas também para abordagem de metodologias que visam à inserção e extração de dados semânticos (SIMEONE *et al.*, 2019). O conceito HBIM está relacionado ao desenvolvimento de novos meios de documentar e utilizar os dados construtivos e históricos referentes a uma construção arquitetônica, antiga ou não, desde que reconhecido como patrimônio edificado. Com essa metodologia, o desenvolvimento de diagnósticos e análises de desempenho dos edifícios é facilitado, já que ele serve como um banco de dados em uma plataforma virtual atual e tecnológica, possibilitando simulações de intervenção e construção de banco de dados para gestão das edificações de interesse histórico.

Ao longo dos últimos anos, o conceito de HBIM tornou-se mais holístico, sendo considerado como parte do processo de digitalização do patrimônio cultural. Os autores Brumana, Ioannides e Previtali (2019) propõem uma abordagem holística para tratar a complexidade e a completude do patrimônio cultural de forma sinérgica, sob o ponto de vista do gerenciamento de modelos e dados, em um único ambiente, mas capacitado para interagir em rede, por meio de instrumentos e métodos capazes de interconectar os nós do HBIM. Esses pontos nodais são onde se encontram as informações coletadas, constituídas de dados de diferentes formatos e conteúdo, em estrutura de banco de dados.

Ao referir-se à complexidade da documentação, Maiezza e Tata (2019) consideram a quantidade vasta e heterogênea de informações necessária para a gestão do patrimônio arquitetônico, pois ela envolve dados em seus múltiplos aspectos, seja histórico-arquitetônico, construtivo ou de uso relativo às diferentes fases do ciclo de vida da construção. A documentação que fornece os dados para alimentar o sistema de gestão provém de diferentes disciplinas que trabalham separadamente e geram dados dispersos, e, por isso, as fontes de pesquisas e dados devem ser exaustivamente levantadas (PALOMAR *et al.*, 2018), inclusive a significância cultural reconhecida pelos grupos sociais que precisa ser transmitida à sociedade.

O arquivamento dos dados em um processo HBIM pode ser feito fora ou dentro do software em uso, desde que os arquivos sejam correlacionados e interconectados, incluindo o Sistema de Informação Geográfica (SIG), repositórios e acervos digitais (na esfera pública, acadêmica ou privada), acessíveis pela web. A condição espaço-temporal se faz necessária, pois o HBIM, como um centro de documentação em rede envolvendo diferentes fontes, destina-se à gestão do bem cultural ao longo de todo o seu ciclo de vida.

Os patrimônios arquitetônicos históricos são exemplares únicos, pois mesmo aqueles de igual tipologia e produzidos na mesma época guardam em si características e singularidades próprias (BRUNO; RONCELLA, 2019). Para a elaboração de projetos de conservação ou restauração, assim como planos de gestão e manutenção do patrimônio arquitetônico, faz-se necessária uma grande quantidade de informações para um conhecimento completo e exaustivo. Nesse sentido, destacam-se as especificidades e peculiaridades das edificações históricas, e sua singularidade resultante da base artesanal de construção, dos processos de modificação e transformação ocorridos ao longo do tempo e dos fenômenos de degradação e deformação próprios de seus sistemas e técnicas construtivas (BRUSAPORCI; MAIEZZA; TATA, 2018).

Contemporaneamente, a documentação da arquitetura tem sido pensada de forma mais ampla e diversa, tanto quanto à salvaguarda dos acervos em papel quanto à criação de repositórios especializados e acesso aos arquivos públicos digitais disponíveis a todas as categorias de intervenientes e interessados em geral. Apesar de haver muitas tentativas de conectar as diversas fontes de documentação, Korro Bañuelos *et al.* (2021) consideram que as barreiras existentes são significativas tanto à interoperabilidade quanto à usabilidade para grupos variados de usuários. Posto isso, é fato que, embora haja avanços na disponibilidade de informação e ferramentas, é preciso progredir em relação à interoperabilidade, divulgação e reutilização das diferentes soluções.

Redes de repositórios para compartilhamento de documentação começam a ser estruturadas em centros de pesquisa nas universidades, em organizações públicas, instituições privadas e culturais. A exemplo do International Council of Monuments and Sites (ICOMOS) ou Conselho Internacional de Monumentos e Sítios, essas instituições começaram a reunir, classificar e dar acesso aos seus conjuntos de dados que armazenam as informações sobre as intervenções no patrimônio cultural por elas administrado – documentação técnica, materiais de informação para uso público, materiais de treinamento, relatórios de pesquisa e assim por diante. Os repositórios, sejam eles universitários, privados ou públicos, devem cumprir uma série de especificações técnicas relativas à acessibilidade, aos padrões de qualidade de dados e ao alinhamento com o escopo, com documentação autêntica e cada vez mais confiável. A estratégia de gestão dessas organizações deve abranger todo o ciclo de vida dos documentos e garantir a informação devidamente preservada e disponível para reutilização (KORRO BAÑUELOS *et al.*, 2021).

Uma base de dados integrada e interativa oferece vantagens e potencial de grande interesse para a documentação do patrimônio arquitetônico quanto ao BIM por meio de uma modelagem semântica orientada a objetos, enriquecida por informações heterogêneas, permitindo a integração de todos os aspectos do processo de construção em uma única plataforma (BRUSAPORCI, MAIEZZA, TATA, 2018). Dentro da abordagem HBIM, é possível gerir e transmitir uma grande quantidade de dados entre diferentes especialistas, como arquitetos, projetistas, restauradores, engenheiros estruturais, entre outros (BRUMANA *et al.*, 2017). Dessa forma, a transmissão do alto nível de informação depende de uma geração adequada de objetos novos, específicos e complexos em termos de modelagem (aspectos morfológicos) e gestão de dados vinculados (aspecto tipológico).

Nesse sentido, a reconstrução 3D do patrimônio edificado, seu enriquecimento semântico fundamentado em uma estrutura ontológica, de vocabulários e bibliotecas de objetos, e dados sobre o estado de conservação do edifício e degradação contemplam informações necessárias para as políticas de preservação, entre elas sobre o meio ambiente, mudanças climáticas, eventos de risco, interface com os usuários especialistas ou público em geral.

Enquanto a abordagem BIM trata de projetos dos novos edifícios, sua extensão HBIM compreende os processos que envolvem os edifícios históricos, por isso as demandas para a modelagem semântica orientada aos objetos enriquecida por informações heterogêneas diferem entre si pelas necessidades específicas da documentação do patrimônio arquitetônico. A classificação semântica, portanto, ainda é um campo de pesquisa em aberto. Uma classificação rígida colide com as especificidades da arquitetura histórica devido à sua natureza por vezes exclusiva, em que cada edificação cultural guarda em si um conteúdo próprio a ser tratado, e, por vezes, único. Além disso, a definição de estratégias para a conservação do patrimônio envolve diferentes métodos de análise, utilizados pelos diversos pontos de vista multidisciplinares dos especialistas envolvidos nos processos de conservação – não existe uma única maneira que seja absolutamente correta ou definida (BRUNO; RONCELLA, 2019).

Nesse contexto, as representações baseadas em ontologia permitem uma linguagem comum e possibilitam a troca de informações e integração entre fontes heterogêneas de informação. O uso de ontologias codificadas fornece uma referência comum e compartilhada por meio da qual é possível modelar um domínio de conhecimento, definindo objetos (classes), propriedades e relacionamentos que o constituem. No campo da preservação do patrimônio, uma das ontologias de referência é o CIDOC-CRM (Conceptual Reference Model), que fornece definições e estrutura formal para representar informações usadas na documentação. Apesar de o CIDOC-CRM ter sido desenvolvido principalmente para apoiar a catalogação e documentação de museus, nos últimos anos também tem sido aplicado no ambiente HBIM para todo o campo do patrimônio arquitetônico e seu processo de conservação (BRUNO; RONCELLA, 2019).

Assim como o CIDOC-CRM é gerido pelo ICOM, são necessários esquemas de descrição de objetos para expor, compartilhar e conectar informações digitais na web, bem como fazer uso de termos preferenciais, vocabulários, tesauros e, em geral, qualquer outra ontologia (ISO 14721: 2012; ISO EN 19650). Por outro lado, o modelo arquitetônico não é o único tipo de informação relevante para fins de conservação, portanto o estabelecimento de conexões com outras fontes também é necessário, mas isso nem sempre pode ser feito dentro do HBIM. Dessa maneira, pode ser interessante exportar o conhecimento estruturado fora do BIM para ambientes semânticos como o CIDOC-CRM (KORRO BAÑUELOS *et al.*, 2021; BRUNO; RONCELLA, 2019).

A transparência e credibilidade das fontes da documentação que fundamentaram a modelagem e a criação do banco de dados tornam-se fundamentais para o nível de confiabilidade do próprio modelo 3D. Para que um modelo inclua todos os aspectos necessários à documentação como base para o projeto de restauração, gestão e manutenção do patrimônio arquitetônico, a alta definição dos dados da pesquisa é essencial, assim como as informações de vários tipos e disciplinas (construtivas, históricas etc.).

Nem sempre o levantamento realizado do edifício histórico e a documentação existente naquele espaço-tempo são suficientes para a exatidão do modelo 3D. Dessa forma, os LOD devem ser o mais próximo possível do objeto real, do ponto de vista geométrico e informacional, sem que sejam introduzidos elementos arquitetônicos, geométricos ou semânticos não condizentes com a autenticidade e fidedignidade naquilo que foi exaustivamente documentado e comprovado.

À medida que o LOD cresce, há um aumento progressivo das informações e do conteúdo geométrico. Brusaporci, Maiezza e Tata (2018) sugerem que um nível de desenvolvimento de 400 requer um conhecimento profundo do objeto arquitetônico. Nesse sentido, compreendendo a variável espaço-temporal no processo HBIM, Brumana, Ioannides e Previtali (2019) caracterizam o nível de desenvolvimento como um processo linear que progressivamente vai sendo enriquecido quanto ao nível Geométrico (LOG) e de Informação (LOI), de forma que o Gerenciamento do Ciclo de Vida permita alimentar diferentes LOD.

São dois aspectos distintos a serem compreendidos: um LOD inferior pode reduzir as peculiaridades no detalhamento de elementos arquitetônicos de edifício histórico para agilizar o processo documental e diminuir o tamanho do banco de dados; por outro lado, pode ser resultado da não disponibilidade de informações ou conhecimento sobre as diversas disciplinas que regem a modelagem 3D e sua completude (tecnologia construtiva, fases históricas etc.).

Completando os pontos de vista expostos, alerta-se para as possibilidades de afetação daquilo que é autêntico quando se eleva o nível de detalhamento para além das informações confiáveis disponíveis. A falta de informação pode ser um problema para a reconstrução 3D do patrimônio arquitetônico, mas não deve gerar um falseamento do percurso histórico da edificação até chegar à condição atual ("*As Is*"). As consultas aos modelos tridimensionais no espaço-tempo devem levar à documentação conectada em rede, cuja correlação revela a riqueza, uma vez interconectada, do compartilhamento de diferentes fases de conhecimento sobre o bem, inclusive permitindo a rica diversidade de interpretações e o debate conceitual e operacional à luz da teoria da conservação.

4.4.1 A FALTA DE INFORMAÇÃO NA ABORDAGEM HBIM

O sistema HBIM é considerado um recurso promissor para planejamento da conservação de bens históricos, mas ainda é pouco usado, principalmente por causa de seus requisitos de modelagem 3D bastante complexos. A riqueza da abordagem HBIM está exatamente na possibilidade de correlacionar os modelos 3D com a geometria de objetos arquitetônicos patrimoniais e seus elementos (paredes, cobertura, esquadrias etc.), associados às diferentes categorias de informação (materiais, propriedades físicas, técnicas de construção, dados físicos, vida útil, datação, dados históricos, memoriais, mapas de danos etc.) referentes a todo o ciclo de vida da edificação. Além disso, as ferramentas de armazenamento devem ser capazes de armazenar e manter o controle das intervenções que ocorreram ao longo do ciclo de vida e documentar o estado de conservação e as reabilitações realizadas, tornando possível a programação da manutenção preventiva como forma de evitar as manutenções corretivas e de prevenir situações de risco que comprometam os valores culturais.

Muitas limitações ainda são encontradas na abordagem HBIM, principalmente as relacionadas à falta de informação. Se a modelagem geométrica 3D avança, isso não acontece com a modelagem da informação. Uma das principais barreiras é a falta de referências regulatórias e diretrizes compartilhadas no que diz respeito aos dados semânticos A informação no processo BIM é tão fundamental quanto a morfologia dos componentes arquitetônicos (BRUNO; RONCELLA, 2019; BRUSAPORCI; MAIEZZA, 2016).

São listados 10 conjuntos de situações que ilustram as dificuldades quanto à falta de informação para os processos de modelagem 3D em HBIM.

1) Enquanto a modelagem 3D de edificações novas é baseada na padronização das bibliotecas de objetos paramétricos, as edificações históricas são caracterizadas pela singularidade e irregularidade, o que gera problemas para sua modelagem. As variações dimensionais de paredes e outros elementos históricos, decorrentes das técnicas construtivas ou da ação do tempo, ainda não estão plenamente resolvidas no estágio atual. Isso requer aplicativos como o *Non Uniform Rational Basis Spline* (NURBS), por exemplo, para que superfícies irregulares ou com curvaturas sejam devidamente modeladas.

2) As edificações históricas são mais heterogêneas e complexas, pois possuem uma organização hierárquica diferente e requerem análises espaço-temporais e multidisciplinares que envolvem diferentes profissionais, e obedecem a diversos padrões e formatos. Como o principal software comercial BIM fornece os bancos de dados e os elementos arquitetônicos, organizados de acordo com uma classificação-padrão, os dados semânticos geralmente gerenciados por essas classificações-padrão entram em conflito com a geometria, as informações e os significados presentes em edificações históricas. No estágio atual da tecnologia, nenhum pacote de software comercial é capaz de cumprir todos os requisitos de modelagem 3D e gerenciamento de dados semânticos para edifícios históricos devido à natureza paramétrica do software BIM, que contrasta com a complexidade, singularidade e irregularidade de edifícios históricos (BRUNO; RONCELLA, 2019).

3) Considerando as especificidades de edifícios históricos, existe uma diversidade de partes interessadas (agentes, intervenientes e usuários) que devem estar claramente definidas para que se delineiem os objetivos e metas a alcançar. A articulação entre os processos presentes nesse tipo de edifício, a documentação exaustiva necessária, os projetos interdisciplinares e os valores culturais que precisam ser transmitidos à sociedade devem integrar o fluxo de trabalho para melhorá-lo (PALOMAR *et al.*, 2018). O processo em HBIM, portanto, deve garantir fácil usabilidade e flexibilidade para atender às necessidades de todos os profissionais envolvidos, que pertencem às diferentes disciplinas, têm diferentes habilidades digitais e estão acostumados a diferentes processos de trabalho (BRUNO; RONCELLA, 2019).

4) Reduzir os elementos arquitetônicos do edifício a objetos tipificados ou LOD inferior provoca a perda das peculiaridades do objeto histórico em favor de um fluxo de trabalho menos demorado. Soma-se a isso a questão da informação, caracterizada por dois aspectos distintos: por um lado, há a necessidade de gerenciar uma grande quantidade de dados nem sempre suportados pelas plataformas BIM atuais; por outro lado, coloca-se a questão da disponibilidade ou não de informação das diversas disciplinas (tecnologia construtiva, fases históricas etc.) e sua interpretação (BRUNO; RONCELLA, 2019). Se, por um lado, o LOD mede a complexidade da informação de um modelo *AsBuilt*, o conceito de nível de conhecimento (*Level of Knowledge* – LOK) seria mais apropriado para a interpretação e a necessidade de uma compreensão profunda do edifício histórico antes de qualquer ação sobre ele, de acordo com a teoria contemporânea para a conservação, com vistas à intervenção patrimonial, conforme sugerem Korro Bañuelos *et al.* (2021). Alguma interpretação é necessária para edifícios históricos, uma vez que, nesses casos, o edifício já existe. Uma possibilidade é aproveitar os componentes dos níveis de desenvolvimento para indicar o volume e a confiabilidade das informações disponíveis e das ações de gestão que podem ser validadas por essas informações.

5) O grau de confiabilidade das informações (geométricas ou não) é comumente descrito com base em várias especificações internacionais reconhecidas. No Brasil, a ABNT NBR 15965 (Sistema de classificação da informação da construção – partes 1-7) tem como objetivo disponibilizar sistema de classificação baseado no OmniClass, adaptado para as características da AECO brasileira. No âmbito internacional, a ISO 19650 padroniza a criação, o gerenciamento e a utilização das informações BIM não só nas fases de contratação, projeto e construção, mas também nas atividades de gerenciamento ao longo de todo o ciclo de vida da edificação. A coletânea de guias *Level of Development (LOD) For Building Information Models and Data* (BIM FÓRUM, 2019) descreve as entradas e requisitos de informações, fornecendo exemplos gráficos dos diferentes níveis de desenvolvimento de uma ampla variedade de classes de elementos de construção. No Brasil, até o momento atual, ainda não existem referências normativas, guias e coletâneas voltadas às especificidades do patrimônio arquitetônico.

6) No âmbito do gerenciamento da informação necessária à conservação do patrimônio arquitetônico, as normativas nacionais e internacionais não estabelecem padrões para os critérios que definem os níveis de desenvolvimento necessários para documentar o *AsBuilt* na dimensão em que se enquadram os planos de gestão e manutenção nem na dimensão que contempla a evolução do objeto durante sua vida útil e fornece informações sobre manutenção, conservação, restauração, reabilitação e substituição. É possível contabilizar as mudanças (acréscimos, demolições ou reconstruções) no nível do modelo 3D, mas não há como marcar o valor do atributo com uma data quando apenas as informações associadas mudam com o tempo. A gestão da dimensão do tempo (4D) em relação à semântica dos dados é complexa, e dados não estruturados ou links para dados/pastas externas podem gerar dúvidas sobre o modelo (BRUNO E RONCELLA, 2019).

7) Uma modelagem tridimensional em um processo HBIM pode gerar diferentes tipos de LOK de acordo com as informações existentes e relevância histórica de cada parte. O reconhecimento da significância cultural de um elemento do bem cultural exige informações abundantes em um nível LOK 400. As informações podem ser gerenciadas em um único modelo – enquanto uns elementos são mais completos de informações por deterem maior valor cultural, outros elementos podem ser modelados de forma mais simplificada, portanto existe a opção por um único modelo ou por uma série de modelos independentes, com diferentes níveis de desenvolvimento, quer seja pela ausência de documentação, quer seja para não gerar modelos tão pesados computacionalmente. Korro Bañuelos *et al.* (2021) defendem essa ideia ao afirmar que um nível LOK 200 já é suficiente para fornecer precisão gráfica e informações para subsidiar as ações relacionadas à proteção jurídica e ao planejamento estratégico, enquanto a necessidade de documentar o conhecimento existente tão exaustivamente quanto possível pode levar à criação de um repositório de informações sobre o patrimônio, ou seja, é

sensata a possibilidade de progressivamente melhorar a qualidade dos modelos graças à definição dos LOD ou, melhor ainda, dos LOK, pois estes permitem a adaptação do modelo às necessidades de cada caso, desenvolvedor ou usuário final.

8) O uso de "dados abertos" aplicados ao patrimônio cultural envolve alguns desafios como aspectos de segurança, propriedade (autoria), implementação tecnológica do aporte arquivista, entre outros. Ainda, o caráter tecnológico dos bancos de dados está sujeito à obsolescência, demandando manutenção, atualização, fornecimento de funcionalidades para os diversos tipos de usuários, o que envolve investimentos para o sistema operacional, entre outros. Embora existam avanços importantes nas ferramentas de aquisição e disponibilidade de informação, ainda são necessários mais progressos no que diz respeito à interoperabilidade, divulgação e reutilização das diferentes soluções. A interoperabilidade é altamente desejável porque implicaria benefícios quanto à eficiência e sustentabilidade da gestão e preservação do patrimônio cultural (KORRO BAÑUELOS *et al.*, 2021).

9) O funcionamento do HBIM requer treinamento e equipamentos especializados (hardware e software) para os especialistas das diversas disciplinas e, para os usuários públicos ou intervenientes não especialistas, faz-se necessário o desenvolvimento de ferramentas complementares intuitivas para facilitar a gestão, fruição ou consumo das informações. Nesse sentido, aplicativos para vistas panorâmicas 360° interativas – provenientes de imagens reais, modelos virtuais ou realidade mista – são requeridos (KORRO BAÑUELOS *et al.*, 2021).

10) A abordagem metodológica para as ações de preservação, conservação e manutenção do patrimônio arquitetônico histórico é diferenciada daquela adotada para as edificações de arquitetura recente e edifícios novos. A gestão da conservação da arquitetura histórica é baseada no conhecimento profundo dado pela investigação dos precedentes e do histórico passado da edificação. A gestão de risco do patrimônio cultural requer informações que desempenham um papel essencial no tratamento de eventos catastróficos, como enchentes, inundações, soterramentos e desastres naturais. A identificação e avaliação dos riscos são baseadas em estudos da situação atual e da condição passada do bem patrimonial e seu entorno, que envolve a análise das mudanças climáticas e do crescimento exponencial dos processos de deterioração dos materiais causados pelos ambientes cada vez mais agressivos. O monitoramento e a documentação dessas condições ambientais tornaram-se estratégias para a manutenção preventiva (KORRO BAÑUELOS *et al.*, 2021) e implementação de planos de conservação – que tratam das políticas e ações necessárias para garantir a durabilidade e autenticidade do bem cultural. O plano de conservação é o instrumento mais adequado para fundamentar a geração, armazenamento e uso da informação sobre conservação e obras de restauração. No âmbito do plano de conservação, as informações têm um propósito fundamental, que é essencial para decidir o que deve ser preservado, restaurado ou reabilitado.

Em suma, o uso do HBIM precisa superar lacunas e barreiras para que todo seu potencial seja aplicável em uma abordagem para a documentação, manutenção preventiva, conservação e restauração do patrimônio arquitetônico que são necessários para a preservação, gestão e valorização do bem de interesse cultural. O que se espera é que a gestão da conservação seja favorecida pela capacidade que o HBIM tem de integrar modelos geométricos e de informação, arquivar e organizar todas as informações sobre a construção, concentrando um conhecimento profundo do bem a ser conservado para gerações futuras. Dessa forma, é possível avaliar a vulnerabilidade para definir as prioridades de conservação, evitar possíveis riscos e danos com mais celeridade e eficiência ao longo do ciclo de vida do bem cultural.

4.4.2 INTEGRAÇÃO COM OUTRAS TECNOLOGIAS COMO FONTE DE INFORMAÇÃO

Tecnologias digitais para a captura de dados de campo por meio de fotogrametria de alta resolução, escaneamento a laser, termografia de infravermelho, sensores ligados a datalogger, entre outros, estão cada vez mais disponíveis para agilizar os levantamentos físicos e o monitoramento da saúde da edificação. As tecnologias atuais de aquisição massiva de dados, muitas vezes, são recursos que se complementam ao permitirem coletar dados de levantamento com níveis de precisão necessários à complexidade geométrica do edifício histórico, e que devem, então, ser traduzidos em modelos digitais HBIM.

Os documentos de projeto do patrimônio histórico, quando existem, são representações gráficas com bases de dados e técnicas de desenho de natureza manual, portanto a reconstrução 3D do patrimônio arquitetônico nas condições *As Is* pode diferir significativamente dos desenhos de projeto (*is design* ou *As Built* - de uma representação da fase anterior). Devem-se considerar também os processamentos realizados com a ferramenta CAD, cujo nível de detalhamento geométrico pode não ser fidedigno aos elementos arquitetônicos históricos.

Korro Bañuelos *et al.* (2021) propõem uma modelagem tridimensional a partir da geração de nuvem de pontos associada a uma malha na superfície do modelo. Seguindo um padrão de rede que permite fácil controle e quantificação, foi proposto um novo tipo de entidade chamado ponto de informação de superfície (PIS, ou *Surface Information Point* – SIP). Para um nível mais alto de informações relevantes para sua conservação, os PIS facilitam a identificação do elemento pertencente a uma composição arquitetônica ou a um estado de conservação identificado pela presença de danos. Sugere-se que esses pontos nodais sejam potencialmente recipientes de conteúdo que devem estar conectados às diversas fontes documentais.

A conversão de dados a partir de nuvens de pontos obtidos na fotogrametria digital ou na varredura a laser é, principalmente, uma operação manual, trabalhosa e pode estar sujeita a erros. Xiong, Adana, Akincic e Huberb (2013) comentam que os algoritmos de aprendizagem estão disponíveis para realizar várias tarefas no âmbito da Inteligência Artificial, do *deep learning* e da visão computacional, como preencher regiões de superfície, estimar forma para componentes/objetos, mas não realizam automaticamente a engenharia reversa, ou seja, para a modelagem 3D, ainda é necessário desenhar cada um dos componentes obtidos no processamento dos dados em nuvens de pontos capturados pelos dispositivos digitais.

Embora o ambiente BIM seja, na verdade, um sistema de informação no qual a organização dos dados semânticos tem um papel central, Bruno e Roncella (2019) alertam que estudos sobre design de banco de dados em BIM ainda são poucos e em menor quantidade ainda no campo do patrimônio cultural. Para os autores, o design de banco de dados é geralmente um tópico em tecnologia da informação ou em GIS, enquanto o BIM se concentra particularmente na classificação e ontologia do objeto.

Os Sistema Integrados de Informação (SIG) são capazes de fornecer informações para a modelagem 3D, mas não possuem a precisão necessária para a escala da edificação (KORRO BAÑUELOS *et al.*, 2021), no entanto novas possibilidades conceituais e tecnológicas consolidam-se e devem ser consideradas como um complemento aos sistemas de gestão de produtos digitais quando considerados os bancos de dados geográficos e tridimensionais por meio da gestão via bases de dados georreferenciadas (GIS) e bancos de dados vinculados a modelos 3D (BIM).

Nesse sentido, para além da visão do papel da gestão diante da sociedade, a iniciativa de utilizar tecnologias para a efetivação da gestão da informação do patrimônio também se torna um passo primordial. A exemplo disso, o Sistema Integrado de Conhecimento e Gestão (SICG) foi criado pelo Instituto do Patrimônio Histórico e Artístico Nacional (Iphan) para ser um sistema informatizado e georreferenciado do patrimônio histórico e cultural brasileiro constituído por um conjunto de fichas agrupadas em temas específicos. Os principais objetivos do sistema estão relacionados ao conhecimento, ao cadastro e à gestão de todos os bens patrimoniados pelo Instituto, uma vez que o SICG propõe a base de conhecimento necessária para a construção de uma política efetiva de proteção e difusão do patrimônio (IPHAN, 2012).

Inclusive, a discussão atual versa sobre o uso das imagens obtidas por satélite, cada dia com melhor precisão, para complementar as situações de levantamento físico em que as técnicas com fotogrametrias ou escaneamento a laser não são adequadas por questões de impedimento ao acesso por presença de barreiras, fragilidade nas condições de segurança, visibilidade prejudicada pela presença de vegetação, dificuldade de aproximação, entre outros.

A falta de informações e de metodologias que englobam de forma integrada a edificação, materiais e técnicas construtivas utilizadas, assim como as ações de manutenção e intervenções sofridas ao longo do seu uso ou, ainda, o desempenho dos sistemas ao longo do tempo, prejudica, diretamente, a gestão dos edifícios de valor cultural. A ausência de informação sobre esses fatores dificulta a avaliação do estado de conservação das edificações e ações de proteção (MEIRA; ZANONI, 2020).

Com isso, é lançada a ideia de que para se preservar algo é necessário gerir, mas que, para gerir, é necessário participar não apenas gestores e profissionais da área, mas também pessoas comuns que convivem, formam e integram o espaço que abriga o patrimônio. Isso requer uma maior compreensão da sociedade em relação ao seu patrimônio cultural, o que destaca a importância de se ter uma estrutura organizacional preparada como um dos maiores estímulos para sua gestão, operada por pessoas que saibam identificar e acompanhar os bens a serem preservados ao longo da sua longevidade. O acesso à documentação e a visibilidade do bem protegido requerem mecanismos que favoreçam também a salvaguarda das informações sobre o bem a ser preservado. Um vasto campo de estudos se abre para a criação de bases integradas para a gestão do patrimônio, baseado em mecanismos tecnológicos acessíveis que contribuam de forma efetiva para os processos decisivos de proteção e gestão do patrimônio. Nesse sentido, o HBIM é uma plataforma que pode desempenhar esse papel facilitador e integrador.

REFERÊNCIAS

AMERICAN INSTITUTE OF ARCHITECTS (AIA), AIA G203: Building Information. Nova York, 2013.

ASSOCIAÇÃO BRASILEIRA DOS ESCRITÓRIOS DE ARQUITETURA – AsBEA. *Guia de Boas Práticas em BIM*. Estruturação do escritório de projeto para a implantação do BIM. São Paulo: AsBEA, 2016. Disponível em: http://www.asbea.org.br/userfiles/manuais/a607fdeb79ab9ee636cd938e0243b012.pdf. Acesso em: 17 maio 2021.

BIM FORUM. *Level of development specification*. Disponível em: http://bimforum.org/lod/. Acesso em: 20 maio 2021.

BRUNO, N.; RONCELLA, R. HBIM for Conservation: A New Proposal for Information Modeling. Remote Sensing, [*s. l.*], v. 11, n. 15, 2019. DOI 10.3390/rs11151751

BRUMANA, R.; ORENI, D.; CUCA, B.; GEORGOPOULOS, A. HBIM for conservation and management of built heritage: Towards a library of vaults and wooden bean floors. *In*: INTERNATIONAL CIPA SYMPOSIUM, ISPRS Annals, volume 164, 2013, p. 1-6.

BRUMANA, R.; DELLA TORRE, S.; ORENI, D.; PREVITALI, M.; CANTINI, L.; BARAZZETTI, L.; FRANCHI, A.; BANFI, F. HBIM challenge among the paradigm of complexity, tools and preservation: the Basilica di Collemaggio 8 years after the earthquake (L'Aquila). *In*: INTERNATIONAL CIPA SYMPOSIUM, 26., 2017, Ottawa. Anais [...]. Hannover: ISPRS Archives, 2017. p. 97-98.

BRUMANA, R.; IOANNIDES, M.; PREVITALI, M. Holistic Heritage Building Information Modelling (HHBIM): From nodes to hub networking, vocabularies and repositories. In: Proceedings of the 2nd International Conference of Geomatics and Restoration, GEORES 2019, Milan, Italy, 8–10 May 2019; Volume 42, pp. 309–316.

BRUSAPORCI, S.; MAIEZZA, P.; TATA, A. A Framework For Architectural Heritage Hbim Semantization And Development. In: ISPRS TC MID-TERM SYMPOSIUM "TOWARDS PHOTOGRAMMETRY", 2., 2018, Riva del Garda. Anais [...]. Hannover: ISPRS Archives, 2018. p. 179-184.

CANUTO, C. L.; MOURA, L. R.; SALGADO, M. S. Tecnologias digitais e preservação do patrimônio arquitetônico: explorando alternativas. *PARC Pesquisa em Arquitetura e Construção*, Campinas, v. 7, n. 4, p. 252-264, 2016. DOI 10.20396/parc.v7i4.8647456

CHARLTON, J.; KELLY, K.; GREENWOOD, D.; MORETON, L. The complexities of managing historic buildings with BIM. *Engineering, Construction and Architectural Management*, [*s. l.*], v. 28, n. 2, p. 570-583, 2020. DOI 10.1108/ECAM-11-2019-0621

CZMOCH, I.; PEKALA, A. Traditional design versus BIM based design. *Procedia Engineering*, [Oxford], v. 91, p. 212-213, 2014. Disponível em: https://www.sciencedirect.com/science/article/pii/S1877705814030665. Acesso em: 17 maio 2021.

DELLA TORRES, S. Shaping tools for built heritage conservation: from architectural design to program and management. Learning from Distretti culturali. In: Van Balen K, et al (eds.) Community involvement in heritage (reflections on cultural heritage theories and practices). pp 93–102, 2015.

DORE, C.; MURPHY, M. Integration of HBIM and 3D GIS for Digital Heritage Modelling, Digital Documentation, 22-23 October, 2012 Edinburgh, Scotland. doi:10.21427/ws8s-xk50

DORE, C.; MURPHY, M. Current State of the art Historic Building Information Modelling. *In*: INTERNATIONAL CIPA SYMPOSIUM, 26., 2017, Ottawa. *Anais* [...]. Hannover: ISPRS Archives, 2017. p. 185-192.

EASTMAN, C.; TEICHOLZ, P.; SACKS, R.; LISTON, K. *BIM Handbook*: A Guide to Building Information Modeling for Owners, Managers, Designers, Engineers and Contractors. 2nd ed. New Jersey: John Wiley & Sons, 2011.

INSTITUTO DE PATRIMÔNIO HISTÓRICO E ARTÍSTICO NACIONAL. Ministério da Cultura. *Sistema Integrado de Conhecimento e Gestão - SICG*. Brasília, DF: IPHAN, 2012. Disponível em: http://portal.iphan.gov.br/noticias/detalhes/965. Acesso em 16 abr. 2021.

JOUAN, P.; HALLOT, P. Digital Twin: Research Framework to Support Preventive Conservation Policies. In: ISPRS International Journal of Geo-Information, 9., 2020. p.228.

KORRO BAÑUELOS, J.; RODRÍGUEZ MIRANDA, Á.; VALLE-MELÓN, J.M.; ZORNOZA-INDART, A.; CASTELLANO-ROMÁN, M.; ANGULO-FORNOS, R.; PINTO-PUERTO, F.; ACOSTA IBÁÑEZ, P.; FEFFEIRA-LOPES, P. The Role of Information Management for the Sustainable Conservation of Cultural Heritage. Sustainability, 2021, 13, 4325. https://doi.org/10.3390/ su13084325

INTERNATIONAL ORGANIZATION FOR STANDARDIZATION. ISO 19650 -1: 2018. Organization and digitization of information about buildings and civil engineering works, including building information modelling (BIM) — Information management using building information modelling — Part 1: Concepts and principles, 2018

INTERNATIONAL ORGANIZATION FOR STANDARDIZATION. ISO 14721: 2012. Space data and information transfer systems – Open archival information system (OAIS) – Reference model, 2012

LEE.; J., KIM, J., AHN, J., WOO, W. Context-aware risk management for architectural heritage using historic building information modeling and virtual reality. *Journal of Cultural Heritage*, Paris, v. 38, p. 242-252, 2019. DOI 10.1016/j.culher.2018.12.010

MAIEZZA, P.; TATA, A. Modelling and Visualization Issues in the Architectural Heritage BIM. In: Marcos C. (eds) Graphic Imprints. EGA 2018. Springer, Cham, 2019. doi.org/10.1007/978-3-319-93749-6_42

MARTINS, P. C. F. *A interoperabilidade entre sistemas BIM e simulação ambiental computacional*: estudo de caso. 2011. Dissertação (Mestrado em Arquitetura e Urbanismo) – Universidade de Brasília, Brasília, DF, 2011.

MEIRA, I. O.; ZANONI, V. A. G. Indicador de Vulnerabilidade para Gestão da Conservação de Edifícios de Valor Cultural. *Paranoá*, Brasília, DF, n. 26, p. 157-174, 2020. DOI 10.18830/issn.1679-0944.n26.2020.11

MURPHY, M., MCGOVERN, E. PAVIA, S. "Historic building information modelling (HBIM)", Structural Survey, v. 27, n. 4, p. 311-327, 2009.

NICAŁ, A., K.; WODYNSKI, W. Enhancing facility management through BIM 6D. *Procedia Engineering*, [Oxford], v. 164, p. 299-306, 2016.

PALOMAR, I. J.; TZORTZOPOULOS, P.; VALLDECABRES, J. G.; PELLICER, E. Protocol to Manage Heritage-Building Interventions Using Heritage Building Information Modelling (HBIM). *Sustainability*, [s. l.], v. 10, 2018. DOI 10.3390/su10030908

PEREIRA, J. M .A. F. C. *O uso da tecnologia BIM em patrimônio histórico*: um caso de estudo – o convento dos Capuchos da Caparica. 2015. Dissertação (Mestrado em Arquitectura) – Instituto Superior Técnico de Lisboa, Lisboa, 2015.

SIMEONE,Davide; CURSI, Stefano Cursi; ACIEMO, Marta. BIM semantic-enrichment for built heritage representation, Automation in Construction, Volume 97, Pages 122-137,2019.

TOLENTINO, M. M. A. *A utilização do HBIM na documentação, na gestão e na preservação do Patrimônio Arquitetônico*. 2018. Tese (Doutorado em Arquitetura e Urbanismo) – Universidade Federal da Bahia, Salvador, 2018.

XIONG, X., ADAN, A., AKINCI, B., HUBER, D. Automatic creation of semantically rich 3D building models from laser scanner data. *The International Association for Automation and Robotics in Construction*. 28th ISARC, p. 344.

CAPÍTULO 5

A parametrização no contexto do patrimônio edificado: premissas teóricas

Pedro Henrique Gonçalves

Patricia Pizzatto Mussoi

Bruna Farina

5.1 INTRODUÇÃO

As edificações históricas possuem valores por meio da representação de seus detalhes arquitetônicos e construtivos junto com sua relação com os eventos ao longo do tempo. Elas, porém, correm o risco de se deteriorar com o tempo devido a diversos fatores humanos ou naturais. Assim, faz-se necessário desenvolver novas técnicas para apoiar a conservação.

Devido ao avanço tecnológico, hoje, as técnicas de aquisição de dados produzem conjuntos de dados 3D precisos, podendo ser usados em diversos campos, como estudos científicos e arquitetônicos. Isso possibilita a geração de imagens ilustrativas de ambientes construídos, maquetes 3D virtuais, impressões 3D para o restauro, e assim por diante.

As edificações históricas, porém, são quase sempre caracterizadas por uma geometria complexa, na qual modelar seus detalhes construtivos é uma tarefa não muito fácil, o que dificulta a descrição de sua geometria ou a elaboração de um modelo 3D distinto para cada um dos contextos existentes.

Como se sabe, hoje, o *Building Information Modeling* (BIM) amplia as possibilidades de um software CAD tradicional, permitindo estabelecer relações geométricas e semânticas entre objetos paramétricos 3D e qualquer tipo de informação. As transformações sociais fomentadas pela evolução tecnológica associada ao desenvolvimento digital e à automação industrial, especialmente no decorrer do século XX, dão suporte ao início da utilização de softwares inteligentes no campo da Arquitetura, Engenharia, Construção e Operação, criando objetos digitalmente agregados de informações extraídas do modelo real, parametrizando o objeto físico em um modelo virtual informacional.

A parametrização computacional é uma ferramenta consideravelmente recente. Pazini (2018) discorre que as técnicas empregadas na parametrização de projetos arquitetônicos surgiram por meio de equações matemáticas, pesquisadas muito antes da Quarta Revolução Industrial ou da popularização de softwares BIM pelo arquiteto italiano Luigi Moretti durante a década de 1940. Os ensaios sobre as possibilidades de parametrização computacional sucederam-se em 1988, quando pesquisadores pioneiros, como Marcos Novak, defenderam que o processo de projeto arquitetônico deveria assumir a parametrização como base de fundamentação projetual, inserida por meio da programação nos softwares.

Segundo Shah e Mantyla (1995), a modelagem paramétrica corresponde a um sistema que resolve restrições de objetos ao aplicar ordens seriais para modelar variáveis geométricas, forma, textura de superfície ou feição. Os elementos arquitetônicos são caracterizados como objetos do mundo genuíno por meio de recursos, funções e desempenho em diferentes situações.

Para além de um conceito, o desenho paramétrico é uma ferramenta que possibilita a programação do raciocínio de projeto, além de proporcionar mais criatividade e agilidade na concepção projetual, dadas por meio da possibilidade de uma infinidade de testes com apenas alguns comandos. Os objetos paramétricos não são caracterizados de forma independente, mas, sim, como *frameworks* que utilizam relações com outros objetos e seus valores. Os parâmetros que são definidos pelos usuários descrevem esses objetos, e isso está vinculado à sua localização em um ambiente 3D em relação a outros objetos de forma (ELWAHAB *et al.*, 2018).

A parametrização facilita as modificações de projeto, visto que os componentes do projeto são feitos de códigos e parâmetros criados para cada elemento e/ou conjunto de elementos. De acordo com García Alvarado e Gottlieb (2013, p. 3):

> As técnicas de design paramétrico carregam um contexto cultural de prática e aplicação. Além disso, envolvem um trabalho multidisciplinar no qual convergem as determinações técnicas e estéticas, o que concede uma geração flexível e coletiva de desenho que implica uma atitude diferente do arquiteto em relação ao projeto, entregando a tarefa criativa a uma equipe de processo e de trabalho através de vários sistemas digitais usados (GARCÍA ALVARADO; GOTTLIEB, 2013, p. 3).

Segundo Borges de Vasconselos, Borda e Vecchia (2014), a modelagem paramétrica determina outra forma de projetar que não a usualmente empregada na linguagem gráfica. Dessa forma, o arquiteto precisa compreender como desenvolver o projeto utilizando as ferramentas de algoritmos e inserindo dados, por exemplo, de relevo, insolação, ventilação e gabarito, que são traduzidos para uma linguagem visual a fim de qualificar ainda mais a produção da arquitetura contemporânea. Por meio do projeto parametrizado, é possível diagnosticar em números a eficiência térmica e lumínica de um determinado ambiente, por exemplo, dado o tamanho e as especificações de materiais empregados na construção da janela e do local em que ela será ou está inserida.

5.2 O PROJETO PARAMETRIZADO

O projeto parametrizado é um conceito que tem sido apoiado pela crescente disponibilidade de técnicas auxiliadas por computador e o desenvolvimento de processos de manufatura que facilitam a realização de formas complexas.

O processo parametrizado afeta o desenvolvimento do projeto de arquitetura desde a década de 1990, que, na prática, corresponde à arquitetura contemporânea. Pela lógica, todos os projetos podem ser considerados paramétricos, pois se baseiam na definição de diferentes parâmetros, como orientação, aspectos legais e radiação solar; no entanto a abordagem moderna considera o design paramétrico apenas se uma ferramenta específica foi usada para aprimorar o processo de design, coordenando e conectando os componentes e as peças simultaneamente (SUYOTO; INDRAPRASTHA; PURBO, 2015).

Com o avanço da informática, uma gama de programas computacionais foi lançada com intencionalidades diversas, as quais permitem gerenciar e armazenar uma grande quantidade de informações. Quanto mais dados sobre as condicionantes e materialidades forem adicionados ao programa, mais completo e íntegro o projeto se tornará, possibilitando tornar a simulação cada vez mais próxima da realidade.

A metodologia BIM em edifícios e instalações existentes ou edifícios históricos (*Heritage Building Information Modelling* – HBIM) ainda é um campo de pesquisa em andamento e também um desafio, devido à complexidade dos dados geométricos e sua interpretação dentro de uma plataforma BIM (MURPHY; MCGOVERN; PAVIA, 2013). A aquisição de dados métricos, a realização de um modelo paramétrico para HBIM é passível de ser desenvolvida; no entanto os ativos do patrimônio cultural precisam de um alto nível de detalhes no que diz respeito às geometrias e decorações, e, por esse motivo, uma modelagem de forma livre pode ser uma escolha adequada. Para isso, o gerenciamento de nuvens de pontos torna-se fundamental (DIARA; RINAUDO, 2019).

Essa questão leva os especialistas a pensarem na necessidade de se criar uma solução adequada e na medida capaz de gerir as informações e características geométricas dos bens do patrimônio cultural; aliás, a constituição de um sistema informativo das edificações existentes requer alguns cuidados, sobretudo no que diz respeito à definição e classificação de superfícies particulares e evidências de trabalho, aos componentes arquitetônicos e ao banco de dados de materiais (BELTRAMO; DIARA; RINAUDO, 2019).

Uma destas possíveis soluções é o uso da programação visual (*Visual Programming Language* – VPL), que objetiva permitir ao usuário definir um conjunto de algoritmos por meio de texto, formatado em certa sintaxe ou de forma visual, funcionando de maneira mais intuitiva, conectando "nós", que representam vários comandos preestabelecidos. Os nós são caixas com códigos de programação em Phyton, com entradas e saídas, as quais, gerenciadas com outros nós, geram uma ação no software (GONÇALVES, 2018).

Esse desenvolvimento criou novas oportunidades do uso do VPL, como a manipulação da informação embutida no modelo BIM. Dessa maneira, os usuários do BIM-VPL podem parametrizar muitas tarefas em seu fluxo de trabalho de projeto, desenvolver scripts personalizados para o gerenciamento de dados, gerando links entre múltiplas aplicações para estudos e análises adicionais (GONÇALVES, 2018).

Os softwares mais utilizados e reconhecidos mundialmente no âmbito da parametrização, que são aliados dos processos de modelagem BIM e análise de dados e VPL integrado ao BIM, são o Grasshopper e o Dynamo, sendo o primeiro integrado ao software Rhinoceros e Archicad, e o segundo integrado ao Revit, com a possibilidade de uma versão de interface autônoma. Ambas as ferramentas permitem a realização de várias análises ambientais e otimização de desempenho devido à sua ligação a vários mecanismos de simulação e às suas bibliotecas de pacotes pré-concebidos, possibilitando modelagens complexas e gerenciamento de dados.

5.3 O DESAFIO DA PARAMETRIZAÇÃO APLICADA NA PRESERVAÇÃO DO PATRIMÔNIO

Apontadas algumas potencialidades, a inserção da parametrização para a realização de projetos da construção civil em território brasileiro ainda caminha a passos lentos, enquanto em outros países essa ferramenta já é mais popularizada. Na abordagem HBIM como aplicação de sistemas de gestão da informação no patrimônio cultural arquitetônico, a parametrização tem grande potencial em auxiliar na documentação, na reconstrução de características construtivas históricas, nas tomadas de decisão dentro de processos de restauro etc.; no entanto o uso da parametrização no contexto histórico ainda é um processo desafiador, devido à falta de pesquisas, de incentivo e de recursos que tornem o levantamento e a inserção de dados mais difundidos, proporcionando a expansão da biblioteca HBIM, especialmente de materiais habituais e pertinentes ao patrimônio edificado brasileiro.

Diara e Rinaldo (2019) discorrem que o uso da tecnologia BIM no âmbito do patrimônio histórico ainda é um desafio por conta da complexidade de processamento de os softwares efetuarem o processamento das informações e especificidades de edificações de caráter histórico.

O sistema de parametrização pode ser uma alternativa que busca sintetizar e facilitar o trabalho em projetos e execuções de edificações históricas, pois tais objetos físicos são compostos por geometrias complexas, e essa ferramenta/método pode vir a ser uma coadjutora na visualização de possibilidades e tomada de decisões, contudo, para sua efetiva utilização, é necessário que se tenha uma finalidade determinada ao parametrizar, a fim de que seja possível viabilizar o processo de restauro, garantindo a compatibilidade e agilidade em seu desenvolvimento.

O uso da parametrização atrelada às edificações históricas também possibilita algumas competências. Uma das principais atribuições é a parametrização de objetos arquitetônicos para projetos de intervenção e/ou restauro, visto que, por meio dos softwares, é possível obter resultados numéricos, de simulações, de funcionamento de projeto e execução, de acordo com o objetivo do estudo. Outra função importante é a catalogação de objetos arquitetônicos, que pode servir como base de dados e documentação arquitetônica, bem como o acompanhamento da edificação, dada sua necessidade de manutenção.

A parametrização, infelizmente, pressupõe que as edificações sejam documentadas por meio de componentes corretamente codificados, com capacidade limitada de alterá-los a fim de representar possíveis estados/realidades existentes, tornando indispensável ponderar se é conveniente ou não parametrizar esses objetos arquitetônicos.

De acordo com as dificuldades apontadas, Garagnani e Manferdini (2013) apontam que a varredura a laser terrestre (terrestrial laser scanning - TLS), por exemplo, ganhou destaque no campo da documentação arquitetônica, dado que essas tecnologias estão se tornando mais baratas, podendo esse tipo de ferramenta de levantamento de alta definição ser adotado de forma constante por práticas devido à sua estabilidade e eficácia bem documentada.

É claro que considerações semelhantes podem ser estendidas à fotogrametria digital, uma vez que a fotografia há muito é reconhecida como a forma mais importante de documentação, especialmente no caso de edifícios históricos; hoje em dia, a extração de nuvens de pontos densas de fotos é bastante acelerada por softwares de visão computacional, com benefícios evidentes nas reconstruções 3D (GARAGNANI; MANFERDINI, 2013).

5.3.1 BANCO DE DADOS

Como já mencionado nas alíneas anteriores, por se tratar de edificações históricas, geralmente não existem dados sistematizados em um banco de dados, fazendo-se necessárias a observação e catalogação no campo das informações necessárias, como os valores atribuídos às características dos materiais empregados.

Em virtude da diversidade cultural e arquitetônica, a alimentação de um banco de dados com informações referentes aos objetos e aos materiais é uma tarefa complexa, pois para uma análise completa da edificação, é preciso fazer o diagnóstico minucioso dos materiais nesta empregados e suas singularidades regionais, bem como de seu comportamento físico, o que acaba sendo, na maioria das vezes, muito custoso, visto que envolve a utilização de equipamentos e softwares específicos que não são padronizados.

Além disso, outro fator importante e desafiador para a parametrização nesse campo são os parâmetros individuais e específicos a cada patrimônio, como já exemplificado no desenvolvimento do capítulo, haja vista que a inserção desses dados envolve algumas dificuldades e certa complexidade de execução. No caso do Brasil, a materialidade de grande parte das edificações que compõem o patrimônio histórico é autóctone, e, como exemplo, há as construções em taipa de mão que empregam o uso do barro e outros materiais naturais, possuindo variações de características físicas (transmitância térmica e resistência) de uma partícula para outra na mesma edificação, conformando uma dificuldade em mensurar um valor-padrão para toda a edificação.

Os sistemas construtivos empregados nas edificações históricas no Brasil durante o período colonial são muito diferentes dos utilizados atualmente, principalmente após o apogeu do período modernista em 1922. Devido à grandeza continental brasileira e à disforme distribuição dos recursos naturais, as materialidades adotadas nas construções históricas variam muito de uma região para a outra; dentre elas, destacam-se as técnicas com uso da terra, como a taipa de pilão e pau a pique, empregadas principalmente na região Sudeste; taipa de pedra, no litoral, devido à abundância de rochas e cal; uso de madeira, com as construções inteiramente feitas de tábuas, bem como utilizando a técnica enxaimel, ambas trazidas pelos colonos italianos e alemães, que podem ser observadas na região Sul; e a predominância de alvenaria com tijolos de barro na região Norte e Nordeste.

À vista disso, no que interessa a questão da parametrização aplicada ao nicho das edificações históricas, pode ser considerada uma importante ferramenta para superar a dificuldade de acessar arquivos representativos dos objetos históricos construídos tanto como acervo do patrimônio histórico existente quanto da catalogação de construções deterioradas com o passar do tempo. Além disso, a disponibilidade de um banco de dados relativo às edificações é essencial para os processos e avaliações técnicas de preservação, obras de restauro, manutenção e outras intervenções (COGIMA, 2019).

Apesar da parametrização em BIM ser uma ferramenta consideravelmente nova e pouco explorada no Brasil, a deficiência de um banco de dados efetivo na parametrização de edificações históricas também decorre das particularidades existentes e já apresentadas ao longo deste capítulo, ou seja, as especificações tectônicas do patrimônio diferem muito entre regiões e entre si, necessitando de levantamentos de dados *As Built*.

5.4 MÉTODOS DE LEVANTAMENTO FÍSICO

No campo do patrimônio edificado, a coleta de dados basicamente funciona como uma engenharia reversa de edifícios existentes, exigindo que os modelos 3D sejam criados a partir do bem existente. Isso não se deve apenas à sua essência de documentos *As Built*; mas implica a necessidade de inferência precisa de informações geométricas e topológicas que podem ser expressas em termos de recursos de componentes e interconexões.

No caso do patrimônio cultural, existe uma metodologia de levantamento e análise inicial das condições físicas da edificação; essa ordenação varia muito de acordo com as categorias e dados necessários em conformidade com o objetivo do ensaio e do cenário em que o edifício se apresenta.

A aquisição métrica representa a primeira etapa desse levantamento e pode ser realizada usando diferentes técnicas, como *Light Detection and Ranging* (LiDAR) - em tradução livre, "detecção de luz e alcance", sendo um sistema de sensores com funções de medir a propriedades da luz refletida - ou abordagem fotogramétrica (por exemplo, terrestre e aérea), possibilitando a construção de nuvens de pontos obtidas do objeto, as quais são usadas para criar modelos 3D *As Built* (DIARA; RINAUDO, 2019).

Essa aquisição inicial de dados permite o registro de formas complexas, superfícies, informações radiométricas, bem como o registro métrico, a fim de representar, comunicar e auxiliar no monitoramento das operações no bem tombado. Já a criação ou alimentação de um banco de dados é efetuada por meio da documentação original do projeto (acervo público) ou mediante aferições específicas geradas por sensores ou câmeras termográficas.

Toda essa aquisição é feita *in loco*, como o próprio nome já revela, é realizada na localidade da arquitetura, e essas aferições podem ser feitas manualmente utilizando fita métrica, trena a laser, nível e prumo - os dados obtidos por essa mensuração são transferidos manualmente para modelos tridimensionais.

Outra opção já mencionada é o levantamento efetuado por fotogrametria ou scanner a laser; para a fotogrametria, é preciso fazer fotos com ângulos diferentes do objeto em análise, para que depois sejam processadas em um software capaz de ligar os pontos em comum, gerando um objeto tridimensional; já o scanner a laser é um equipamento que mede a distância entre ele e a edificação por meio da emissão de feixes de laser em 360 graus, anotando coordenadas nos eixos x, y e z. Ambas as técnicas de levantamento são capazes de produzir dados geométricos por meio da nuvem de pontos, que é extraída do levantamento para a construção da modelagem 3D em HBIM.

Di Luggo e Scandurra (2016) apresentam o levantamento e análise de estado de conservação de aproximadamente 30 igrejas da região de Nápoles, na Itália. Todo o levantamento das edificações foi realizado com um scanner a laser, processado e exportado na nuvem, por meio de um modelo de pontos. Esse modelo foi inserido no Revit, e as autoras o redesenharam a fim de parametrizar as informações em um modelo 3D, havendo a necessidade de detectar ou criar classes de elementos para serem modelados, realizando uma releitura do todo nos macroelementos do sistema estrutural (paredes perimetrais, sistema de cobertura), para então proceder à modelagem dos elementos de detalhe.

O trabalho citado evidencia que, no que se refere à parametrização aplicada ao patrimônio histórico, é fundamental que as informações anexadas às modelagens sejam provenientes de documentos e evidências confiáveis para que seja possível obter uma representação equivalente, possibilitando que o registro visual digital desse patrimônio chegue o mais próximo possível da realidade da edificação.

Após a elaboração do modelo básico 2D (bidimensional) e 3D (tridimensional), inicia-se a etapa de inserção de valores numéricos ao banco de dados da edificação. A inserção de informações para o processo de parametrização é fornecida por meio da criação de um banco de dados particular ao incorporar os componentes já parametrizados inseridos à modelagem e pela conexão a um banco de dados externo (existente), o que é mais raro devido à singularidade característica da tectônica das edificações históricas.

Os parâmetros específicos podem ser existentes – quando o patrimônio possui a documentação completa em acervo público do projeto – ou passíveis de levantamento. No último caso, existe uma infinidade de métodos e equipamentos para chegar-se a resultados e intencionalidades de levantamento distintos; uma delas é a catalogação de informações e especificidades dos materiais (calor específico, transmitância térmica) por meio de sensores e câmeras termográficas, que permitem a captura da radiação dos objetos por meio de luz infravermelha.

Nem sempre a parametrização compreende a situação real da edificação, e, para suprir essa necessidade, são adicionados níveis de desenvolvimento (*Level of Development* – LOD), que servem de parâmetro para classificar os níveis de informações e geometrias subdivididas em seis níveis: LOD 100 refere-se à representação gráfica, muitas vezes sem elementos gráficos; LOD 200 caracteriza o menor nível de desenho, contendo elementos gráficos; LOD 300 diz respeito à evolução da geometria e possui determinado nível de especificações dos elementos; LOD 400 determina um alto nível de geometria e especificações dos sistemas; LOD 500 remete à representação fiel da edificação, mais conhecida como *As Built*; LOD 600 configura um alto nível de detalhamento, sendo possível compreender a edificação como organismo íntegro, isto é, a geometria fiel à arquitetura existente, incluindo as patologias e coeficientes numéricos dos materiais, que são específicos de cada elemento que compõe a edificação.

5.5 PARAMETRIZAÇÃO E SUA RELAÇÃO PRÁTICA COM O PATRIMÔNIO HISTÓRICO

Hoje, a indústria da manufatura avançada é introduzida e conceitualizada pela Quarta Revolução Industrial, o que é uma mudança de paradigma fundamental de um controle centralizado para um descentralizado, com o objetivo de uma produção altamente flexível de produtos e serviços personalizados. Já no campo da indústria da construção (IC), esse novo paradigma implica a busca de edificações únicas, projetadas de acordo com a necessidade do cliente, sendo essa customização uma das principais lacunas da indústria da construção devido à dificuldade de gestão da informação.

Como apresentado no texto, a parametrização é um método que pode auxiliar e reduzir essa lacuna na IC. Com os avanços tecnológicos da Indústria 4.0, destaca-se que as ferramentas de design digital foram muito além de seu uso inicial e podem ser consideradas como ferramentas colaborativas e explícitas de gerenciamento de resultados na IC. De acordo com Monizza; Bendetti e Matt (2018), a geometria paramétrica e associativa em ferramentas de design digital introduziu a capacidade de modificar conceitos de design parametricamente por meio de etapas com uma melhor definição das informações estratégicas pelo usuário final (líderes de tarefas). Essa capacidade permite considerar ferramentas de design digital - ferramentas BIM, técnicas paramétricas, por exemplo - como plataforma de gerenciamento de informação eficaz para aplicar estratégias de *Front End Planning e Alignment.*

De forma simples, o processo de parametrização é baseado no pensamento algorítmico que permite a expressão de parâmetros e regras que, juntos, definem, codificam e esclarecem a relação entre a intenção e a resposta do projeto. As edificações históricas são complexas em relação ao seu conjunto de valores históricos, sua geometria e sistemas construtivos, necessitando de uma relação expressa por meio de uma conexão sistêmica entre seus parâmetros, que são suportados pela combinação de diferentes métodos, Matemática, Lógica, Geometria, e, com o avanço da tecnologia, a ciência da computação aplicada no campo do patrimônio histórico edificado.

A utilização de softwares de modelagem 3D e parametrização tem viabilizado a compreensão e análise das edificações, principalmente no que diz respeito aos projetos de intervenção, manutenção, conservação e documentação do patrimônio histórico, contudo, para atingir a escala projetual executiva de intervenção, faz-se necessário percorrer todas as etapas de desenvolvimento e aprimoramento do anteprojeto a partir de estudos detalhados e rigorosos que contemplem o objeto histórico de maneira plena, ou seja, que considerem as relações socioculturais.

Esse processo é resultado da combinação do modelo *As Built* (a edificação original), a complexibilidade da arquitetura (intervenções climáticas e culturais sofridas ao longo do tempo) e o processo rigoroso de construção de um banco de dados particular a cada objeto arquitetônico. Nesse sentido, Brumana *et al.* (2018) sustentam que a transmissão do alto nível de informação depende de uma geração adequada da fase de modelagem para o gerenciamento de HBIM de todos os elementos do objeto e sua conexão hierárquica em termos de modelagem (aspectos morfológicos) e gestão de dados vinculados.

Brumana *et. al.* (2018) elucidam que os conceitos discutidos neste capítulo a respeito da aplicação da parametrização no campo do patrimônio histórico exigem esforços focalizados na aquisição de dados, na modelagem em HBIM e no exercício de refinamento desse modelo inicial, baseando-se no acervo documental do patrimônio atrelado ao levantamento tridimensional realizado por métodos diversificados de levantamento de dados, a fim de tornar o modelo 3D eficiente para os diferentes processos de projeto de intervenção e restauração, pois cria uma ferramenta interoperável para gerenciar diferentes etapas (análise diagnóstica, análise de elementos finitos, análise econômica, canteiro de obras, cálculo de custos, estrutura analítica da obra, restauração, avaliação do ciclo de vida).

A aplicação da parametrização no patrimônio não se restringe apenas à etapa de projeto, podendo ser empregada no planejamento espacial funcional de canteiros de obras, como demonstrado por Trani e Cassano (2011), onde o planejamento espacial funcional do canteiro para o restauro da Basilica di S. Maria di Collemaggio a L'aquila teve a inserção de um banco de dados quantitativo e detalhado da quantidade e funções a serem executadas pelos construtores, bem como a análise operacional dos equipamentos utilizados, por exemplo, os andaimes, sendo possível agrupar em um único objeto informações, itens de cálculo, descrição do trabalho e preços, possibilitando a inserção das informações de ergonomia técnica a qual resultou na análise e planejamento operacional das obras de restauro.

Outro exemplo também posto por Brumana *et al.* (2018) em relação à Basilica di S. Maria di Collemaggio a L'aquila foi o processo de análise e restauração dos pilares da nave central. Esse processo foi um tanto quanto singular nas dinâmicas do restauro. Devido às rachaduras que comprometiam a estabilidade da estrutura, foi necessário investigar a resistência estrutural da situação, por isso foram utilizadas estruturas metálicas temporárias para sustentação da cobertura, enquanto os pilares danificados foram desmontados para que fosse possível averiguar a resistência de cada uma das pedras que as compõem.

A parametrização dos pilares teve o intuito de acrescentar o máximo de informações ao banco de dados e às documentações da edificação para que essas possam ser úteis na manutenção e futuras intervenções da basílica. Depois da catalogação das pedras que necessitavam ser substituídas, as colunas foram inseridas ao inventário HBIM em nível de LOD 600, compreendendo a edificação como organismo íntegro.

Essa complexibilidade exigida no trabalho da parametrização de edificações históricas pode ser exemplificada também em um estudo brasileiro, realizado por Lima *et al.* (2017) na elaboração de um mapa de dados na metodologia BIM - utilizando o Autodesk REVIT e ArchiCAD da Graphisof - de uma edificação do centro histórico de São Luís, no Maranhão. A edificação localiza-se no limite de Proteção Federal e de Patrimônio da Humanidade pela UNESCO – trata-se uma casa térrea estilo colonial do século XVIII.

Segundo Lima *et al.* (2017), a busca pela padronização na alimentação da informação contida no mapa de danos objetiva a eficiência na documentação técnica e não apenas em uma representação gráfica, na qual a extração de informações referentes à quantidade, qualidade e intensidade das patologias dos materiais e estruturas da edificação histórica se dá de forma manual, deixando, assim, espaço para equívocos.

O estudo vem classificar o estado de conservação do patrimônio, bem como faz uma análise de uma possível restauração. O ensaio consistiu na criação de parâmetros atribuídos à instância dos elementos, afetando diretamente o modelo, para garantir a consistência do dado. Nesse processo, os autores depararam com diferentes escalas e tipos de patologias, muitas vezes no mesmo fragmento da estrutura e de forma sobreposta. Para a inserção dessas informações nos softwares, propõe-se organizá-las conforme sua incidência e causa. Quanto às patologias sobrepostas, utilizaram modelos genéricos e a ferramenta de Massas no Revit e de Morph no ArchiCAD, o que permitiu executar a delimitação precisa das patologias e inserir os parâmetros dos materiais que foram aplicados aos modelos.

Devido às alterações climáticas vigentes, fez-se necessário tratar as edificações históricas de modo a conservar suas características, mas as mantendo como espaços utilizáveis. Desse modo, a modelagem de edificações existentes contribui diretamente para a análise completa da edificação, principalmente para que intervenções do ambiente possam ser realizadas de acordo com as novas necessidades de uso, clima e cultura.

É nítido que quase todo o potencial das técnicas de parametrização é aplicado principalmente para resolver a complexidade em projetos únicos, desenvolvimento de geometrias complexas, simulações etc., com o foco em novas edificações, ilustrando a necessidade de sua aplicação em outros campos da indústria da construção, como o patrimônio edificado.

REFERÊNCIAS

BELTRAMO, S.; DIARA, F.; RINAUDO, F. Evaluation of an integrative approach between HBIM and architecture history. *In*: INTERNATIONAL CONFERENCE OF GEOMATICS AND RESTORATION, 2., 2019, Milan. *Anais* [...]. Hannover: ISPRS Archives, 2019. p. 225-229.

BORGES DE VASCONSELOS, T.; BORDA, A. A. S.; VECCHIA, L. F. D. A parametrização como experiência prévia para a estruturação de métodos projetuais em arquitetura. 2014. *In*: CONFERENCE OF THE IBEROAMERICAN SOCIETY OF DIGITAL GRAPHICS, 18., 2014, Montevideo. *Anais* [...]. Montevideo: [*s. n.*], 2014.

BRUMANA, R.; BANFI, F.; BARAZZETTI, L.; CANTINI, L.; DELLA TORRE, S.; PREVITALI, M.; ORENI, D. *Generative HBIM modelling to embody complexity (LOD, LOG, LOA, LOI)*: surveying, preservation, site intervention-the Basilica di Collemaggio (L'Aquila). Applied Geomatics, [*s. l.*], v. 10, p. 545-567, 2018.

COGIMA, C. K. *BIM aplicado ao patrimônio histórico baseado em levantamento híbrido com multi-sensores*. 2019. Dissertação (Mestrado em Tecnologia) – Faculdade de Tecnologia, Universidade Estadual de Campinas, Limeira, 2019.

DI LUGGO, A.; SCANDURRA, S. The knowledge of the architectural heritage in HBIM systems from the discrete model to the parametric model. *DISEGNARECON*, L'Aquila, v. 9, p. 16, 2016.

DIARA, F.; RINAUDO, F. From reality to parametric models of cultural heritage assets for BIM. *In*: CIPA INTERNATIONAL SYMPOSIUM, 27., 2019, Ávila. *Anais* [...]. Hannover: ISPRS Archives, 2019. p. 413-419.GARCÍA ALVARADO, R. G.; GOTTLIEB, A. L.. Disenõ paramétrico en Arquitetura: método, técnicas y aplicaciones. *ARQUISUR Revista*, [Santa Fe], v. 3, n. 3), p. 20-31, 2013.

ELWAHAB, Heba Allah; BAKR, Ali; RASLAN, Rania. (2018). Towards a parametric plug-in for conservation of built heritage. Alexandria Engineering Journal. 58. 10.1016/j.aej.2018.12.001.

GARAGNANI, Simone; MANFERDINI, Anna Maria.. Parametric accuracy: Building information modeling process applied to the cultural heritage preservation. ISPRS - International Archives of the Photogrammetry, Remote Sensing and Spatial Information Sciences. XL-5/W1. 87-92. 10.5194/isprsarchives-XL-5-W1-87-2013, 2013.

GONÇALVES, Pedro Henrique. Automatização do fluxo de informações dentro do processo BIM com foco na avaliação do desempenho térmico, acústico e o custo das decisões projetuais. 2018. xii, 188 f., il. Tese (Doutorado em Estruturas e Construção Civil)—Universidade de Brasília, Brasília, 2018.

LIMA, R. H. F.; ARAÚJO, B. G.; PAZ, G.; OLIVEIRA, I. M. Mapa de danos de edificações históricas utilizando a metodologia BIM. *In*: SIMPÓSIO BRASILEIRO DE TECNOLOGIA DA INFORMAÇÃO E COMUNICAÇÃO NA CONSTRUÇÃO, 1.; SIMPÓSIO BRASILEIRO DE GESTÃO E ECONOMIA DA CONSTRUÇÃO, 10., 2017, Fortaleza. Anais [...]. Fortaleza: , 2017. p. 60-67

MONIZZA, G. P.; BENDETTI, C.; MATT, D. T. Parametric and Generative Design techniques in mass-production environments as effective enablers of Industry 4.0 approaches in the Building Industry. *Automation in Construction*, [*s. l.*], v. 92, p. 270-285, 2018. DOI 10.1016/j.autcon.2018.02.027

MURPHY, M., MCGOVERN, E; PAVIA, S. Historic Building Information Modelling - Adding Intelligence to Laser and Image-based Survey. *ISPRS Journal of Photogrammetry and Remote Sensing*, [s. l.], v. 76, p. 89-102, 2011.

PAZINI, E. Z. *Arquitetura Paramétrica*: mensuração do fenômeno de engajamento no processo de projeto contemporâneo. 2018. Tese (Mestrado em Arquitetura e Urbanismo) - Faculdade Meridional IMED, Passo Fundo, 2018.

SHAH, J.; MANTYLA, M. *Parametric and feature-based CAD/ CAM: concepts, techniques, and applications.* [*s. l.*]: Wiley InterScience, 1995.

SUYOTO, W.; INDRAPRASTHA, A.; PURBO, H. W. Parametric Approach as a Tool for Decision making in Planning and Design Process. Case study: Office Tower in Kebayoran Lama. *Procedia - Social and Behavioral Sciences*, [*s. l.*], v. 184, p. 328-337, 2015.

TRANI, M.; CASSANO, M. Il Cosim per il restauro generale della basilica di S Maria di Collemaggio a L'Aquila. In Stefano Della Torre, Reportage BHIMM. Ed. Imready srl. 32–34. Disponível em: http://hdl.handle.net/11311/1042912. Acessado em 12/04/2021.

CAPÍTULO 6

Simulação termo-energética de edificações patrimoniais

Thaiz Amorim Thomaz

Clarissa Sartori Ziebell

6.1 INTRODUÇÃO

Os programas de simulação computacional de edificações são ferramentas que permitem analisar o desempenho termo-energético de edificações antes mesmo de construí-las, além de realizar estudos de *retrofit* visando a uma maior eficiência energética. Rospi, Cardinale e Negro (2017) apontam que 40% do consumo total de energia da União Europeia (UE) é proveniente do setor da construção. Dessa forma, trazem como necessidade a redução do consumo de energia e o uso de fontes de energia renováveis, que não só contribuiriam para a diminuição da dependência energética como também para a redução da emissão de gases de efeito estufa. No Brasil, segundo Lamberts, Dutra e Pereira (2014), 46,7% da energia consumida no país são provenientes das edificações, sendo elas residenciais, comerciais e públicas. Nesse sentido, é de suma importância entender os diversos cenários das construções e as diferentes maneiras de projetar edifícios cada vez mais eficientes energeticamente.

Por meio da simulação dinâmica, os parâmetros de temperatura, umidade, radiação solar etc. podem ser avaliados de hora em hora, possibilitando o conhecimento das reais condições dos edifícios, assim como seu consumo de energia e a eficiência do sistema térmico. Os aspectos de energia dos edifícios devem ser analisados de forma integrada, levando em conta as características de energia do envelope do edifício, o sistema térmico, o sombreamento, a ventilação artificial, entre outros (ROSPI; CARDINALE; NEGRO, 2017).

Tendo como base a simulação, Tian *et al.* (2018) apresentaram a técnica de Simulação Energética e Otimização de Edificações (do inglês, *Building Energy Simulation and Optimization* - BESO), que consiste em conduzir simulações energéticas com base em critérios de projeto preestabelecidos, de forma a encontrar a solução ideal.

> Usando algoritmos de otimização, o BESO visa encontrar a solução ideal entre um grande número de soluções candidatas. [...] Projetistas propõem diferentes medidas de eficiência energética, mas não sabem qual é a melhor. Com base no modelo original de partida e nas medidas de eficiência energética propostas, o mecanismo de otimização é capaz de gerar um novo projeto. O mecanismo de simulação de energia, então, calcula o desempenho de energia do novo projeto. Em seguida, o mecanismo de otimização avalia se os critérios de projeto predefinidos são atendidos. Se os critérios de projeto não são atendidos, o processo de simulação e otimização será repetido[1] (TIAN *et al.*, 2018, p. 2, tradução nossa).

As Ferramentas de Simulação do Desempenho de Edificações (do inglês, *Building Performance Simulation - BPS*), quando aliadas a métodos de otimização da seleção da melhor alternativa de *retrofit*, reduzem o tempo de análise, contudo, quando as edificações são muito complexas, podem ainda não ser suficientes, tornando o estudo inviável. Uma alternativa para resolver esse problema é a adoção de um modelo de aprendizagem de máquinas (do inglês, *machine learning* - ML) (Seyedzadeh *et al.*, 2020a). A técnica de aprendizagem de máquina, originária da Indústria 4.0, é um dos métodos de investigação e de exploração de possibilidades existentes por trás dos dados (PHAM *et al.*, 2020). Ela depende de uma enorme fonte de dados para fazer previsões e correções (KATSALIAKI; MUSTAFEE, 2019). Em mais detalhes, Seyedzadeh *et al.* (2020b) categorizam os algoritmos de aprendizagem de máquina da seguinte forma:

> Algoritmos de aprendizagem de máquina (ML) são categorizados em dois grupos: aprendizagem supervisionada, no qual os dados são rotulados, e aprendizagem não supervisionada, onde não há meta para os registros no conjunto de dados. Aprendizagem supervisionada é uma análise de regressão ou um conjunto de classificações ligando fatores de entrada (X) a variáveis de "saída" únicas ou múltiplas (Y), enquanto na aprendizagem não supervisionada os dados são organizados em "clusters" por extração de similaridades entre várias amostras dentro do conjunto de dados. Sendo assim, a aprendizagem não

---

1 Using optimization algorithms, BESO aims at finding the optimal solution among a large number of candidate solutions. [...] Designers propose different energy efficient measures but do not know which one is the best. Based on the original baseline model and proposed energy efficient measures, the optimization engine is able to generate a new design. The energy simulation engine then calculates the energy performance of the new design. Next, the optimization engine evaluates whether the pre-defined design criteria are met. If the design criteria are not met, the simulation and optimization process will be repeated.

supervisionada é aplicada em conjuntos de dados não rotulados. Em contraste, no algoritmo de aprendizagem supervisionada, as relações de entrada-saída são detectadas e usadas para previsão de novos registros[2] (Seyedzadeh *et al.*, 2020b, p. 2, tradução nossa).

Segundo Seyedzadeh *et al.* (2020b), o algoritmo de aprendizagem da máquina é capaz de fornecer uma previsão rápida e precisa de cargas de energia, o que o torna uma ferramenta ideal para o processo de tomada de decisões relacionadas ao design sustentável e ao planejamento de *retrofit*. Os casos de *retrofit* são, muitas vezes, aplicados às edificações patrimoniais. Nesses casos, geralmente, o *retrofit* visa adaptar a edificação a uma função diferente daquela original. Em função da alta complexidade de um modelo de simulação de uma edificação patrimonial, a aprendizagem de máquina pode colaborar para encontrar a melhor solução de *retrofit*.

A simulação do patrimônio histórico edificado junto com as tecnologias advindas da Indústria 4.0, como a aprendizagem de máquina, surgem, portanto, como uma estratégia de apoio diante da crescente necessidade de preservação desses edifícios e de seus bens, porque, por meio da simulação, podem-se analisar potenciais fatores de riscos e estudar possíveis alternativas de *retrofit* sem causar danos à edificação. Com ela, é possível detectar situações que podem gerar risco a determinado acervo, calcular as melhores estratégias para se preservar a integridade física das pessoas e, assim, criar soluções que integrem conservação e conforto. Tem-se, ainda, o aspecto econômico, já que muitas alternativas podem ser testadas sem custos adicionais.

A preocupação com a conservação do patrimônio nem sempre existiu. Hoje, contudo, as políticas públicas para conservação do patrimônio edificado são amplamente discutidas no meio acadêmico. Sabe-se que a conservação preventiva é a estratégia mais adequada do ponto de vista da sustentabilidade e da economia quando se tem como objetivo reduzir o consumo de energia sem prejudicar a conservação e o conforto humano (LUCCHI, 2018).

Observa-se, portanto, a potencialidade do uso da simulação computacional como ferramenta para a análise de edificações patrimoniais. Sendo assim, este trabalho tem como objetivo apresentar aspectos da simulação de uma edificação patrimonial que a difere de uma simulação de uma edificação contemporânea. Busca-se mostrar as principais dificuldades que podem ser encontradas, além de possíveis soluções para vencê-las. São apresentados, ainda, parâmetros que podem ser utilizados para avaliar os resultados obtidos com a simulação.

---

2 Machine learning algorithms are categorized into two groups: supervised learning, in which the data is labelled, and unsupervised learning, where there is no target for the records in the dataset. Supervised learning is a regression analysis or a set of classifications linking inputs factors (X) to single or multiple "output" variables (Y)". Whereas, in unsupervised learning, data is organized into clusters by pulling out similarities between various samples within the dataset. As such, unsupervised learning is applied to unlabeled datasets. In contrast, in the supervised learning algorithms, the input-output relationships are detected and used for the prediction of new records.

6.2 PRINCIPAIS DIFICULDADES NA SIMULAÇÃO DO PATRIMÔNIO EDIFICADO

A simulação termo-energética de uma edificação histórica passa pelos mesmos procedimentos que a simulação de uma edificação contemporânea, como desenho da geometria, determinação dos materiais das superfícies (incluindo suas propriedades térmicas) e definição de sua localização. Em ambos os casos, a geometria pode ser facilmente obtida, enquanto as propriedades termofísicas dos materiais são mais difíceis de serem definidas (TRONCHIN; FABBRI, 2017). Além dos materiais, diversos outros aspectos da edificação acabam passando por um processo de simplificação no momento de elaboração do modelo de simulação. Logo, independentemente de qual seja a simulação computacional em questão, todas elas representam apenas uma simplificação da realidade e levam a resultados mais ou menos precisos, a depender dos parâmetros adotados (MARTINS *et al.* 2009).

No caso de edificações patrimoniais, a elaboração de um modelo de simulação detalhado é um desafio, já que muitas vezes a idade da edificação e o grau de proteção não permitem a obtenção dos seus principais aspectos construtivos (SERRANO LANZAROTE *et al.*, 2020). Isso ocorre porque a aquisição de amostras pode causar danos ao patrimônio. Essa dificuldade é retratada, por exemplo, no trabalho de Japiassú (2019) e Silva (2019), e leva à necessidade de muitas adaptações na construção de um modelo de simulação. Algumas informações podem ser obtidas com visitas ao local ou por meio de documentos obtidos em órgãos competentes, como o Iphan, porém é pouco provável que nessa documentação estejam presentes informações referentes às propriedades termofísicas e ópticas dos materiais de construção (MUNARIM; MARQUES DE MEDONÇA; GHISI, 2014), sendo o mais comum uma descrição pouco detalhada do material que foi utilizado. Além dos materiais, a ocupação das edificações também interferirá na simulação, já que altera a carga térmica no interior dos ambientes. Segundo Hensen *et al.* (2004), nos casos em que o padrão real de ocupação não é obtido de forma precisa, flutuações da umidade relativa e extrapolação do valor crítico são impossíveis de prever. O que se pode obter com maior precisão são as médias de longos períodos (HENSEN *et al.*, 2004).

Um segundo aspecto que pode tornar a simulação de edificações históricas mais imprecisas do que de edificações contemporâneas refere-se ao software de simulação utilizado. Deve-se verificar se o software escolhido pode capturar de forma adequada fenômenos físicos como armazenamento de umidade no envelope e estratificação térmica em grandes espaços (WEBB, 2017).

Apesar das dificuldades encontradas, Serrano Lanzarote *et al.* (2020) defendem que a simulação energética possibilita a obtenção de informações atuais sobre o estado da edificação para embasar propostas de melhorias. Segundo os autores, mesmo que o modelo de simulação não seja muito preciso, ele pode fornecer informações sobre os ganhos que podem ocorrer a partir de certas medidas de eficiência energética, já que "[...] pequenas discrepâncias se equilibram entre o chamado estado atual do edifício e o melhoramento teórico [...]"[3] (SERRANO LANZAROTE *et al.*, 2020, p. 423, tradução nossa). A seguir, serão abordadas em mais detalhes as principais dificuldades que podem ser encontradas na modelagem de uma edificação histórica.

6.2.1 GEOMETRIA

Uma edificação histórica muitas vezes apresenta adornos que podem afetar seu comportamento térmico, contudo nem sempre o software utilizado para elaborar o modelo de simulação consegue calcular tais elementos, o que gera a necessidade de uma simplificação da geometria. É o caso de arcos, por exemplo, que muitas vezes acabam sofrendo uma simplificação de suas formas. Um segundo exemplo são as janelas de igrejas e castelos, que também costumavam ser arqueadas ou circulares, levando geralmente a uma adaptação do modelo (AKKURT *et al.*, 2020).

Outra dificuldade refere-se à definição da espessura da parede no modelo de simulação. Na maioria das vezes, a geometria de uma parede nos softwares de simulação é informada sem espessura, ou seja, trata-se apenas de uma superfície. No caso de edificações contemporâneas, a decisão de trabalhar com a posição dessa superfície no centro, na face interna ou na face externa da parede não interferirá de forma significativa na simulação (U.S. DEPARTMENT OF ENERGY, 2020). A recomendação, nesse caso, seria a de utilizar o contorno externo da edificação para definir as superfícies externas e a linha de centro das paredes para desenhar as superfícies internas (U.S. DEPARTMENT OF ENERGY, 2020), contudo as edificações históricas (caso de muitas edificações patrimoniais) costumam ter paredes mais espessas do que as edificações contemporâneas. Nesse caso, pode-se esperar uma maior influência dessa escolha (HAND, 2008).

6.2.2 MATERIAIS

Os dados de materiais solicitados pela maioria dos programas de simulação são a condutividade térmica, a densidade e o calor específico dos materiais que compõem as construções das diversas superfícies[4] da edificação a ser simulada. Diferentemente dos materiais presentes nas construções históricas, os mais atuais têm suas propriedades térmicas disponíveis em catálogo e manuais de fabricantes (MUNARIM; MARQUES DE MEDONÇA; GHISI, 2014). Outra fonte comumente consultada em

[3] [...] minor discrepancies balance out between the so called current state of the building, and the theoretical improved one.

[4] Aqui está sendo utilizada a palavra "superfícies" porque é o termo geralmente adotado em programas de simulação do desempenho termo-energético de edificações para se referir a todos os elementos que compõem o envelope da edificação (pisos, paredes e coberturas), porque cada um desses elementos é desenhado como um plano (sem espessura).

trabalhos brasileiros é a NBR 15220-2 (ASSOCIAÇÃO BRASILEIRA DE NORMAS TÉCNICAS, 2005), que descreve as propriedades térmicas dos principais materiais de construção. Uma forma de ultrapassar essa dificuldade é a utilização de técnicas de laboratório, medições no local ou cálculos analíticos para estimar as propriedades térmicas dos materiais (MUNARIM, MARQUES DE MEDONÇA; GHISI, 2014). No caso de retirada de material para análise, contudo, deve-se observar que qualquer intervenção no patrimônio só pode ser realizada se ela for considerada essencial para embasar estratégias de conservação do local ou se for reconhecida como importante para obter evidências prestes a serem perdidas (AUSTRALIA ICOMOS, 2013).

Uma alternativa para estimar o material encontrado sem gerar danos ao patrimônio é buscar edificações que datam do mesmo período da edificação em estudo, localizadas em uma região próxima, e que se tenha conhecimento sobre o material utilizado. Foi a alternativa encontrada por Knop (2012), que estudou uma residência do século XIX localizada em Pelotas, Rio Grande do Sul. Para mensurar as dimensões dos tijolos utilizados na residência, a autora se baseou nas medidas de um tijolo que data do mesmo período da edificação em estudo. Além disso, a densidade aparente real foi mensurada a partir de ensaios de amostras feitos em laboratório (KNOP, 2012).

6.2.3 UMIDADE

Geralmente, os modelos de simulação não levam em conta o comportamento higrotérmico de ambientes e estruturas, contudo, muitas vezes, pode ser importante avaliá-lo, já que ele interfere não somente no consumo de energia para climatização do ar, mas também na qualidade do ar interno e na durabilidade dos materiais de construção (MUNARIM; MARQUES DE MEDONÇA; GHISI, 2014). Quando se trata de edificações que foram adaptadas para abrigar coleções, a avaliação da umidade do ar também será essencial para a conservação preventiva do acervo.

Nas simulações em que é importante considerar a umidade, podem ser utilizados modelos de simulação *Heating, Air and Moisture* (HAM), que demandarão o conhecimento de outros dados dos materiais, como a porosidade, o teor de umidade, o coeficiente de permeabilidade ao vapor e a permeabilidade à umidade (MUNARIM; MARQUES DE MEDONÇA; GHISI, 2014). Como exemplo de softwares HAM, podem-se citar o EnergyPlus, o ESP-r, o *HAMLab*, o *HAM-Tools* e o Sim-SPARK (WOLOSZYN; RODE, 2008).

Dados relacionados à umidade também podem ser decisivos no momento de validar um modelo de simulação. Huerto-Cardenas *et al.* (2020) recomendam sempre verificar a correspondência entre os parâmetros umidade relativa e temperatura do ar, "uma vez que um pequeno desvio neste último pode afetar altamente o valor de saída da umidade relativa do modelo de simulação" (HUERTO-CARDENAS *et al.*, 2020, p. 10).

6.2.4 PONTES TÉRMICAS

Pontes térmicas são encontradas em áreas do envelope de um edifício nas quais o fluxo de calor ocorre de maneira diferente daquela observada em áreas adjacentes, o que pode ocorrer devido a uma mudança na geometria, à interrupção da camada isolante ou a uma mudança no layout do envelope (THEODOSIOU *et al.*, 2021). A ocorrência de pontes térmicas pode reduzir de forma significativa a resistência térmica de paredes e coberturas (GAO *et al.*, 2008).

O problema das pontes térmicas existirá em qualquer edificação, seja ela contemporânea ou histórica, contudo, em edificações históricas, há uma maior dificuldade em identificá-las e em descrever sua geometria com precisão, especialmente porque muitas alterações podem ter sido feitas ao longo dos anos (AKKURT *et al.*, 2020). Segundo Gao *et al.* (2008), grande parte dos programas de simulação de análise térmica simplifica o processo de condução térmica assumindo o fluxo de calor em apenas uma direção, e os efeitos das pontes térmicas são levados em consideração a partir de uma abordagem de regime estacionário. Este problema ainda existe atualmente:

> Embora avanços recentes em pontes térmicas proponham novos modelos para simular o comportamento térmico transiente, nosso conhecimento sobre abordagens mais simples como a de estado estacionário, ainda a abordagem predominante na estimativa de eficiência energética na prática, parece estar desatualizado. Em uma era em que o esforço para preencher a lacuna entre a eficiência energética estimada e real dos edifícios permanece na linha de frente do campo científico e aplicado relativo e os requisitos de proteção térmica dos edifícios se tornam mais rigorosos, tratar o problema das pontes térmicas em uma abordagem bastante simplificada, além do fato de que essa abordagem pode introduzir um grande erro nos fluxos de calor relacionados à condução, é uma estratégia questionável. Em geral, os resultados dessa análise descrevem a necessidade de examinar e utilizar abordagens inovadoras para avaliar os efeitos da ponte térmica, especialmente em edifícios bem isolados, onde tais fluxos de calor podem ser uma grande parte dos fluxos de calor não controlados[5] (Theodosiou *et al.*, 2021, p. 10, tradução nossa).

---

[5] While recent advances on thermal bridges propose new models to simulate the transient thermal behavior, our knowledge on more simple approaches like the steady-state one, still the prevailing approach in energy efficiency estimation in practice, seems to be outdated. In an era when the effort to bridge the gap between the estimated and the actual energy efficiency of buildings remains at the front line of the relative scientific and applied field and the buildings' thermal protection requirements become more stringent, treating the thermal bridges problem in a rather oversimplified approach, despite the fact that this approach may introduce a large error into the conduction-related heat flows, is a questionable strategy. In overall, the results of this analysis depict the necessity to examine and utilize innovative approaches to assess the thermal bridging effects, especially in well-insulated buildings where such heat flows may be a large portion of uncontrolled heat flows.

Observa-se, portanto, que a simulação de pontes térmicas segue sendo um desafio e deve ser observada e estudada ao longo da montagem de um modelo de simulação termo-energética de uma edificação.

6.2.5 ARQUIVO CLIMÁTICO

Ao analisar o desempenho termo-energético de uma edificação, o clima exerce papel extremamente importante, o que torna fundamental o estudo das condições climáticas da região em que a edificação em questão está inserida. O Brasil, por exemplo, é dividido em 8 (oito) zonas bioclimáticas distintas (ABNT, 2005), que, muitas vezes, necessitam de estratégias específicas para controle de fatores como umidade, temperatura, ventilação e insolação.

Nas simulações computacionais, as diversas informações que constituem o clima de uma determinada localidade são informadas por meio de um arquivo climático, contudo, frequentemente, esses arquivos climáticos são obtidos por meio de estações meteorológicas localizadas distantes do local onde a edificação foi ou será construída. Nesse caso, os valores obtidos com a simulação podem sofrer maior imprecisão.

Uma alternativa para vencer essa imprecisão é a criação de um arquivo climático com dados obtidos em uma estação posicionada próximo ao edifício que será simulado. Como exemplo, pode-se citar o trabalho de Beyer e Grings (2004). Nesse trabalho, os autores compararam os resultados de uma simulação de uma sala de uma edificação patrimonial localizada em Porto Alegre, realizada por meio do software EnergyPlus, com resultados experimentais. A aquisição dos dados climáticos externos foi necessária para conduzir a simulação com as mesmas condições climatológicas dos dias monitorados. Os dados coletados para a montagem do arquivo climático foram: temperatura de bulbo seco, temperaturas de bulbo úmido, radiação solar global e difusa e velocidade e direção do vento (BEYER; GRINGS, 2004).

6.3 ÍNDICES E PARÂMETROS A SEREM AVALIADOS

Ao término de uma simulação, devem-se avaliar os dados de saída obtidos a partir de parâmetros de avaliação reconhecidos na literatura. Quando se trata de simulação do desempenho termo-energético de edificações, os parâmetros, geralmente, estão relacionados ao conforto térmico e/ou à eficiência energética.

O conforto térmico é definido como "condição da mente que expressa satisfação com o ambiente térmico"[6] (AMERICAN NATIONAL STANDARD INSTITUTE/ AMERICAN SOCIETY OF HEATING, REFRIGERATING AND AIR-CONDITIONING ENGINEERS, 2010, p. 3, tradução nossa). Como exemplo de variáveis que afetam o conforto térmico humano, há a temperatura do ar, a temperatura média

[6] condition of mind that expresses satisfaction with the thermal environment.

radiante, a umidade relativa e a velocidade do ar (LAMBERTS *et al.*, 2014). Por ser uma condição da mente, sua definição é sempre difícil, variando de pessoa para pessoa. Para que sua análise seja possível, existem índices que procuram determinar quais são as condições do ambiente e de seus ocupantes necessárias para que se atinja o estado de conforto. Como exemplos de índices, podem-se citar o Índice de Temperatura Efetiva, a Carta Bioclimática de Olgyay, o modelo de Fanger e o modelo adaptativo, todos amplamente abordados na literatura (DEAR; BRAGER, 2002; FROTA, 2009; FANGER, 1972; LAMBERTS *et al.*, 2014;OLGYAY, 2010 ;).

Para avaliar a eficiência energética, geralmente são utilizadas certificações ambientais, tais como o *Leadership in Energy and Environmental Design* (LEED), a Aqua-HQE o Selo Casa Azul + CAIXA e o Programa Nacional de Conservação de Energia Elétrica (Procel). Em algumas dessas certificações, a avaliação pode ser realizada por meio de simulação computacional.

Quando se trata de edificações patrimoniais, também podem ser necessários índices relacionados à conservação da edificação ou, no caso de museus, à conservação do seu acervo. Esses índices variam conforme o material da obra em questão e são mostrados no item a seguir. Ademais, considerando a imprecisão que muitas vezes pode ocorrer na elaboração de um modelo de simulação de uma edificação histórica, também são abordadas, nesse artigo, estratégias de validação a partir de índices e parâmetros ambientais.

6.3.1 ÍNDICES E PARÂMETROS PARA AVALIAR O RISCO DE DETERIORAÇÃO DA EDIFICAÇÃO E DE SEU ACERVO

A importância de minimizar os riscos de deterioração do patrimônio foi claramente expressa no seguinte trecho do trabalho de Reilly, Nishimura e Zinn (2001, p. 15): "[...] a natureza da deterioração química é tal que a coleção tem apenas 'uma vida para ser vivida'; em outras palavras, a deterioração é irreversível". Ao longo da introdução deste capítulo, foi mostrado de que forma a simulação computacional pode contribuir para a preservação de um acervo. Para tanto, os dados de saída da simulação devem ser comparados a parâmetros conhecidos pela literatura.

São diversos os fatores que podem deteriorar os materiais de uma edificação ou do acervo que ela abriga. Pavlogeorgatos (2003), com base em pesquisa bibliográfica, levantou diversos danos que podem ocorrer em função da umidade, temperatura, poluição atmosférica e iluminação. A umidade, por exemplo, pode causar mudança no tamanho e na forma dos objetos, alteração nas taxas de deterioração das reações químicas (a taxa de umidade pode deteriorar metais, prata, ferro) e mudanças nas fontes de deterioração biológica (uma vez que, a umidade relativa acima de 70% favorece a aparição de mofo). Uma temperatura inadequada, por sua vez, pode causar a aceleração de processos naturais, como a circulação de água e do ar por meio de partículas estáveis. Ademais, pode causar a expansão de materiais de exposição e a secagem parcial das exposições (em madeira, papel, couro etc.), além de contribuir para o aumento da fragilidade desses objetos, principalmente se a umidade não for estável. A poluição atmosférica, ou seja, os poluentes atmosféricos como o enxofre, nitrogênio, óxidos genéricos, ozônio e outras partículas, têm capacidade significativa para deteriorar as coleções de museus. A fumaça, por exemplo, pode aumentar a possibilidade de desenvolvimento de microrganismos e causar a sensação de negligência. O ozônio aumenta a oxidação da prata e cobre, podendo também quebrar qualquer ligação dupla em cadeia de carbono em contato, ocasionando a criação de fissuras verticais em inúmeros materiais. Por fim, uma iluminação inadequada pode causar diversos danos, como a descoloração ou desbotamento das cores e dos materiais, e a aceleração da deterioração dos materiais (PAVLOGEORGATOS, 2003).

Vários estudos apontam quais seriam os níveis aceitáveis de temperatura e umidade relativa para a conservação do edifício e de seus bens/obras de arte. La Gennusa *et al.* (2008) trazem um compilado de informações que evidenciam valores muitas vezes conflitantes para a conservação de obras de arte em museus. Os autores trazem valores referenciais máximos e mínimos de temperatura e umidade relativa para a conservação de objetos em madeira, papel e tecido. De forma sucinta, com base na norma UNI 10829:1999 e no Decreto Ministerial de Maio de 2001, apresentaram os seguintes intervalos para conservação do acervo:

- para a preservação de artigos em papel, a temperatura interna do ar deve permanecer entre 18 e 22ºC com a umidade relativa entre 40 e 55%, e entre 15 e 20°C com a umidade relativa entre 50 e 60%;
- para madeira e tecido, os valores para temperatura interna do ar são iguais, devendo permanecer entre 19 e 24ºC, enquanto a umidade relativa para a conservação da madeira deve ficar entre 50 e 65% e, para o tecido, deve permanecer entre 30 e 60% (LA GENUSSA *et al.*, 2008).

Já para a preservação de metais como prata e bronze, a umidade relativa precisa estar acima de 50%. Nesse cenário, é evidenciada a complexidade nas análises para a preservação de acervos variados, já que os valores referenciais desejados são diversos (LA GENUSSA *et al.*, 2008).

De forma mais genérica, sem fazer diferenciação por materiais, Lucchi (2016), com base em normas pertinentes - Knell (1997), UNI 10829 (1999), UNI 10969 (2000), CEN/TS 16163 (CEN, 2014) e Standard EN 15757 (CEN, 2010) -, definiu diversos parâmetros como ideais para a conservação de acervos. Com relação à temperatura interna do ar, estabeleceu a faixa entre 18 e 24ºC, com umidade relativa entre 20 e 45%. Para o conforto térmico no ambiente, foram encontrados os valores de temperatura entre 20 e 26ºC e de umidade relativa, entre 35 e 45%. No trabalho de Lucchi (2016), foi concluído que a conservação, o conforto humano e a eficiência energética são compatíveis entre si quando baseadas em planejamento internacional, cooperação interdisciplinar e amplo conhecimento dos edifícios e de suas coleções.

O trabalho desenvolvido por Silva *et al.* (2016) utilizou o "índice de desempenho" (que expressa a porcentagem de tempo em que os parâmetros analisados estão dentro dos valores de referência) desenvolvido por Corgnati, Fabi e Filippi (2009) para avaliar o desempenho do sistema de Aquecimento, Ventilação e Ar-Condicionado (AVAC), e o cumprimento das metas impostas com relação aos parâmetros higrotérmicos. Por meio das análises conduzidas pelos autores, observou-se que flutuações de umidade acima de 14% contribuem para a degradação da camada pictórica. Ademais, valores abaixo de 60% evitam a aparição de fungos, enquanto a umidade relativa acima de 75% representa um risco real de degradação biológica (SILVA *et al.*, 2016).

Grattan e Michalski (2017) discorrem sobre o "ponto de ajuste" (do inglês, "*set point*") da temperatura e da umidade relativa que os sistemas mecânicos devem ser projetados para atender, seja por um curto ou longo período. Dessa forma, Grattan e Michalski (2017) definiram o ponto de ajuste de 15 a 25°C para a temperatura e de 50% de umidade relativa do ar. Além disso, os autores evidenciam as vulnerabilidades em se pensar a preservação de bens, uma vez que valores ideais de preservação para um determinado item podem degradar totalmente outros objetos, e por isso se faz extremamente necessário entender as condições climáticas de cada lugar, possibilitando a correta tomada de decisão por parte dos conservadores.

A partir dos estudos recém apresentados, foi desenvolvida a Tabela 6.1, que contém parâmetros para conservação do acervo. Trata-se de um compilado dos valores ideais para conservação segundo os diversos autores anteriormente abordados. Dessa forma, é perceptível que os autores divergem quanto aos valores exatos, mas permanecem na faixa entre 15 e 25° C para temperatura interna do ar (T), e 20 a 60% para a umidade relativa (UR).

Tabela 6.1 Parâmetros para conservação do acervo

Conforto Térmico		Conservação de acervo			Fonte
T(°C)	UR(%)	T(°C)	UR(%)	Material	
–	–	18 – 22 15 - 20	40 – 55 50 - 60	PAPEL	LA GENNUSSA (2008)
		19 - 24	50 – 65	MADEIRA	
		19 - 24	30 - 60	TECIDO	
		–	<50	METAIS, BRONZE, PRATA	
20 - 26	35 - 45	18 - 24	20 - 45	não especificado	LUCCHI (2016)
–	–	15 - 25	50	não especificado	MICHALSKI e GRATTAN (2017)
–	–	–	<60	não especificado	SILVA *et al.* (2016)

Métodos cada vez mais precisos, confiáveis e amplos são desenvolvidos a fim de que a preservação por meio da simulação seja eficiente. Um desses métodos é o Método de Isopermas"[...] que quantifica o efeito dos fatores ambientais de temperatura (T) e umidade relativa percentual (UR) sobre a expectativa de vida útil prevista para coleções em suporte de papel" (SEBERA, 2001, p. 9), portanto o método de isopermas:

> [...] fornece a estimativa de quanto tempo seria necessário para que materiais orgânicos vulneráveis se deteriorassem, sob condições determinadas de temperatura e umidade relativa e combina e quantifica os efeitos desses dois parâmetros ambientais, apresentando os resultados de forma gráfica para a avaliação da vida útil de uma coleção submetida a determinadas condições ambientais (FRITOLI, 2012, p. 64).

O trabalho de Reilly, Nishimura e Zinn (2001) complementa o trabalho de Sebera (2001) com um índice chamado de Índice de Efeito-Tempo para Preservação (IETP). Esse índice "[...] permite medir a qualidade de preservação de ambientes dinâmicos, oferecendo a possibilidade de se obter projeções e estimativas de preservação." (p. 5). Segundo os autores, a análise do índice de IETP é válida para a preservação dos materiais orgânicos, se aplicado a uma vasta gama deles, quais sejam: coleções históricas, bibliotecas, museus etc.

Os estudos apontados revelam as dificuldades em se pensar parâmetros ideais para a conservação de edificações e de seu acervo, uma vez que os números mostrados na Tabela 6.1 variam conforme os autores e conforme o material a ser analisado. Cabe ao profissional responsável pela simulação a análise para seleção daquele que melhor se adapta à necessidade do estudo.

6.3.2 ÍNDICES E PARÂMETROS PARA VALIDAR O MODELO DE SIMULAÇÃO

No item anterior, foram destacados os principais parâmetros e índices que podem ser utilizados para avaliar os resultados de uma simulação, contudo deve-se atentar também para a qualidade dos dados de saída, ou seja, deve-se verificar se a simulação está gerando resultados de fatos condizentes com a realidade. É sabido que a simulação não vai apresentar dados perfeitamente iguais àqueles encontrados na situação real, mas, ainda assim, é muito importante uma calibração dos modelos. Japiassú (2019) apresenta como alternativa para calibração os valores de consumo energético ou medições *in loco* das temperaturas internas dos ambientes. Dessa forma, podem-se comparar os dados de saída com aqueles obtidos por meio da edificação real.

Huerto-Cardenas *et al.* (2020), levando em consideração as dificuldades descritas anteriormente neste capítulo em trabalhar com a simulação de edificações históricas, propuseram um modelo de validação baseado em parâmetros microclimáticos. Dessa forma, pode-se diminuir a incerteza sobre a precisão dos resultados.

Os principais métodos e índices de incertezas indicados por Huerto-Cardenas *et al.* (2020) para edificações sem sistema AVAC são o erro médio absoluto (do inglês, *mean bias error* – MBE), a raiz quadrada do erro médio (do inglês, *root mean square error* – RMSE), o coeficiente de correlação Pearson (do inglês, *Pearson correlation coefficient*), o coeficiente de determinação (do inglês, *coefficient of determination*) e o coeficiente de desigualdade (do inglês, *inequality coefficient*). Já para edifícios com AVAC, os autores recomendam o uso da *ASHRAE Guideline* 14,[7] dos critérios do Programa Federal de Administração da Energia dos Estados Unidos (do inglês, *Federal Energy Management Program – FEMP*)[8,9] e do Protocolo Internacional de Medição e Verificação de Desempenho (do inglês, *International Performance Measurement and Verification Protocol – IPMVP*).[10] A Tabela 6.2 apresenta as fórmulas utilizadas para o cálculo dos diversos índices envolvidos no processo de validação. Para uma melhor compreensão, recomenda-se a leitura do trabalho de Huerto-Cardenas *et al.* (2020).

Tabela 6.2 Principais índices utilizados para avaliar a precisão do modelo de simulação

Índice	Nome	Fórmula	Unidade
MBE	Tendência Média ao Erro	$MBE = \frac{\sum_{i=1}^{n} m_i - s_i}{n}$	Dependente do dado
MAE	Erro Médio Absoluto	$MAE = \frac{\sum_{i=1}^{n} m_i - s_i}{n}$	Dependente do dado
RMSE	Raiz Quadrada do Erro Médio	$RMSE = \sqrt{\frac{\sum_{i=1}^{n} (m_i - s_i)^2}{n}}$	Dependente do dado
R	Coeficiente de Correlação Pearson	$r = \frac{\sum_{i=1}^{n} (m_i - \overline{m}) \ x \ (s_i - \overline{s})}{\sqrt{\sum_{i=1}^{n} (m_i - \overline{m})^2} \ x \ \sqrt{\sum_{i=1}^{n} (s_i - \overline{s})^2}}$	–
R^2	Coeficiente de Determinação	$R^2 = 1 - \frac{\sum_{i=1}^{n} (m_i - s_i)^2}{\sum_{i=1}^{n} (m_i - \overline{m})^2}$	–

(continua)

7 ANSI/ASHRAE, ASHRAE Guideline 14-2002 Measurement of Energy and Demand Savings, 2002.

8 FEMP, M&V Guidelines : Measurement and VerifiCation for Federal Energy Projects- Version 3.0, Washington, DC, USA, 2008.

9 FEMP, M&V guidelines: measurement and verification for performance-based contracts - version 4.0, Washington, DC, USA. http://www1.eere.energy.gov/, 2015.

10 Efficiency Valuation Organization, International Performance Measurement and Verification Protocol: Concepts and Options for Determining Energy and Water Savings, vol. 1, 2012, htps://doi.org/10.1126/science.15.390.961. Washington, DC, USA.

Tabela 6.2 Principais índices utilizados para avaliar a precisão do modelo de simulação (*continuação*)

Índice	Nome	Fórmula	Unidade
IC	Coeficiente de Desigualdade	$IC = \dfrac{\sqrt{\frac{1}{n} \times \sum_{i=1}^{n} (m_i - s_i)^2}}{\sqrt{\frac{1}{n} \times \sum_{i=1}^{n} s_i^2} + \sqrt{\frac{1}{n} \times \sum_{i=1}^{n} m_i^2}}$	-

n = número de amostras de dados; m_i = dado medido; $\overline{m}$ = valor médio dos dados medidos; s_i = dados simulados; $\overline{s}$ = valor médio dos dados simulados

Fonte: Adaptada de Huerto-Cardenas *et al.*, 2020, p. 3.

6.4 CONSIDERAÇÕES FINAIS

Ao longo deste capítulo, foi destacada a importância da simulação computacional para a preservação de edificações de patrimônio. A partir da simulação, pode-se verificar possíveis causas para deterioração da construção e de seus bens, bem como aspectos que podem ser aprimorados para evitar futuras deteriorações, tudo isso, sem causar danos ou necessitar de um elevado custo financeiro.

Alguns pontos, contudo, devem ser destacados. Em primeiro lugar, ressalta-se a dificuldade de obter informações suficientes para a construção de um modelo de simulação. Em segundo lugar, as limitações dos programas de simulação, que muitas vezes não permitem a modelagem de geometrias mais elaboradas.

O terceiro ponto a ser destacado é a importância de se apoiar em parâmetros de avaliação dos resultados da simulação reconhecidos pela literatura a fim de se obter uma análise dos resultados confiáveis. Muitos foram encontrados ao longo deste trabalho. Esses devem ser adaptados conforme a necessidade da análise.

Por fim, ressalta-se a importância de validar a simulação, especialmente quando se trata de uma edificação patrimonial. Com tantas incertezas ao longo da montagem do modelo de simulação, a validação permitirá uma análise dos resultados de forma segura.

REFERÊNCIAS

ASSOCIAÇÃO BRASILEIRA DE NORMAS TÉCNICAS. *NBR 15220 – Desempenho Térmico de Edificações – Parte 2*: Métodos de cálculo da transmitância térmica, da capacidade térmica, do atraso térmico e do fator solar de elementos e componentes de edificações. Rio de Janeiro: ABNT, 2005.

AKKURT, G. G.; ASTE, N.; BORDERON, J.; BUDA, A.; CALZOLARI, M.; CHUNG, D.; COSTANZO, V.; DEL PERO, C.; EVOLA, G.; HUERTO-CARDENAS, H. E.;

LEONFORTE, F; LO FARO, A; LUCCHI, E; MARLETTA, L.; NOCERA, F.; PRACCHI, V.; TURHAN, C. Dynamic thermal and hygrometric simulation of historical buildings: critical factors and possible solutions. *Renewable And Sustainable Energy Reviews*, [*s. l.*], v. 118, p. 1-17, fev. 2020. DOI 10.1016/j.rser.2019.109509

AMERICAN NATIONAL STANDARD INSTITUTE / AMERICAN SOCIETY OF HEATING, REFRIGERATING AND AIR-CONDITIONING ENGINEERS. *Standard 55* – Thermal Environmental Conditions for Human Occupancy. Atlanta: ASHRAE, 2010.

AUSTRALIA ICOMOS. The Burra Charter: The Australia ICOMOS Charter for Places of Cultural Significance. Melbourne: Australia ICOMOS, 2013.

BEYER, P. O.; GRINGS, E. T. de O. Medição e simulação da carga térmica de ar condicionado de um ambiente. *In*: PROCEEDINGS OF THE BRAZILIAN CONGRESS OF THERMAL SCIENCES AND ENGINEERING, 10., 2004, Rio de Janeiro. *Anais* [...]. Rio de Janeiro: ABCM, 2004. p. 1-9.

CEN (European Committee for Standardization). *Conservation of cultural heritage*: Guidelines and procedures for choosing appropriate lighting for indoor exhibitions: Bruxelas: CEN, 2014.

CEN (European Committee for Standardization). *Conservation of cultural property.* Specifications for temperature and relative humidity to limit climate induced mechanical damage in organic hygroscopic materials. Bruxelas: CEN, 2010.

CORGNATI, S. P.; FABI, V.; FILIPPI, M. A methodology for microclimatic quality evaluation in museums: application to a temporary exhibit. *Building and Environment*, [*s. l.*], v. 44, n. 6, p. 1253-1260, jun. 2009. DOI 10.1016/j.buildenv.2008.09.012

DEAR, R. de; BRAGER, G. Thermal comfort in naturally ventilated buildings: revisions to ASHRAE Standard 55. *Energy and Buildings*, [*s. l.*], v. 34, n. 6, p. 549-561, 2002.

FANGER, P. O. *Thermal Comfort*: Analysis and Applications in Environmental Engineering. New York: McGraw Hill, 1972. 277 p.

FRITOLI, C. L. Análise da degradação de amostras de papel expostas a diferentes condições higrotérmicas. 2012. 133 f. Dissertação (Mestrado em Tecnologia) –Universidade Tecnológica Federal do Paraná, Curitiba, 2012.

FROTA, A. B.; SCHIFFER, S. R. *Manual de conforto térmico.* 5. ed. São Paulo: Studio Nobel, 2009.

GAO, Y.; ROUX, J. J.; ZHAO, L. H.; JIANG, Y. Dynamical building simulation: a low order model for thermal bridges losses. *Energy And Buildings*, [*s. l.*], v. 40, n. 12, p. 2236-2243, jan. 2008. DOI 10.1016/j.enbuild.2008.07.003

GRATTAN, D; MICHALSKI, S. *Environmental guidelines for museums.* Governo do Canadá, 21 set. 2017. Disponível em: https://www.canada.ca/en/conservation-institute/services/preventive-conservation/environmental-guidelines-museums.html. Acesso em: 12 maio 2020.

HAND, J. W. *The ESP-r Cookbook*: Strategies for Deploying Virtual Representations of the Build Environment. Glasgow: Energy Systems Research Unit, 2008. 246 p.

HENSEN, J.; DJUNAEDY, E.; RADOŠEVI Ć, M.; YAHIAOUI, A. Building performance simulation for better design: some issues and solutions. *In*: WIT, M. H.(ed.). *Proceedings of the 21st PLEA International conference on Passive and low energy architecture*. p. 1185-1190. v. 2. Eindhoven: Technische Universiteit Eindhoven, 2004.

HUERTO-CARDENAS, H. E.; LEONFORTE, F.; ASTE, N.; DEL PERO, C.; EVOLA, G.; COSTANZO, V.; LUCCHI, E. Validation of dynamic hygrothermal simulation models for historical buildings: state of the art, research challenges and recommendations. *Building And Environment*, [*s. l.*], v. 180, 107081, 2020. DOI 10.1016/j.buildenv.2020.107081

JAPIASSÚ, P. *Método para Avaliação de Retrofit Energético em Edificações Históricas Brasileiras*. Tese (Doutorado em Arquitetura e Urbanismo) – Universidade de Brasília, Brasília, DF, 2019.

KATSALIAKI, K.; MUSTAFEE, N. Distributed Simulation of Supply Chains in the Industry 4.0 Era: a state of the art field overview. *In*: GUNAL, M. M. *Simulation for Industry 4.0*: past, present, and future. Switzerland: Springer, 2019. p. 55-80.

KNELL, S. *Care of collections*. London: Routledge, 1997.

KNOP, S. *Comportamento termo energético de edificação histórica com novo uso na cidade de Pelotas*: o Caso do Casarão 02 – Secretaria Municipal da Cultura. 2012. Dissertação (Mestrado em Arquitetura) – Programa de Pós-Graduação em Arquitetura e Urbanismo da Universidade Federal de Pelotas. Pelotas, 2012.

LA GENNUSA, M.; LASCARI, G.; RIZZO, G.; SCACCIANOCE, G. Conflicting needs of the thermal indoor environment of museums: in search of a practical compromise. *Journal Of Cultural Heritage*, [*s. l.*], v. 9, n. 2, p. 125-134, abr. 2008. DOI 10.1016/j.culher.2007.08.003

LAMBERTS, R.; DUTRA, L.; PEREIRA, F. O.R. *Eficiência Energética na Arquitetura*. 3. ed. Rio de Janeiro: PROCEL, 2014. 382 p.

LUCCHI, E. Multidisciplinary risk-based analysis for supporting the decision making process on conservation, energy efficiency, and human comfort in museum buildings. *Journal Of Cultural Heritage*, [*s. l.*], v. 22, p. 1079-1089, nov. 2016. DOI 10.1016/j.culher.2016.06.001

LUCCHI, E. Review of preventive conservation in museum buildings. *Journal Of Cultural Heritage*, [*s. l.*], v. 29, p. 180-193, jan. 2018. DOI 10.1016/j.culher.2017.09.003

MARTINS, D. J.; RAU, S. L.; RECKZIEGEL, S.; FERRUGEM, A. P.; SILVA, A. C. S. B. Ensaio sobre a utilização da automação de aberturas na simulação do desempenho térmico de edificações. *In*: ENCONTRO NACIONAL E VI ENCONTRO LATINO AMERICANO DE CONFORTO NO AMBIENTE CONSTRUÍDO, 10., 2009. *Anais* [...]. Natal: [*s. n.*], 2009.

MUNARIM, U.; MARQUES DE MEDONÇA, A.; GHISI, E. Simulação Computacional de Edificações Aplicado ao Patrimônio Edificado. *In:* CONGRESSO INTERNACIONAL DO PATRIMÔNIO ARQUITETÔNICO E EDIFICADO, 12., 2014, Bauru. *Anais* [...]. Bauru: Unesp, 2014. p. 1-10.

OLGYAY, V. *Arquitectura y Clima*: Manual de Diseño Bioclimático para Arquitectos y Urbanistas. 1. ed. Barcelona: Editorial Gustavo Gili, 2010. 203 p.

PAVLOGEORGATOS, G. Environmental parameters in museums. *Building And Environment*, [*s. l.*], v. 38, n. 12, p. 1457-1462, dez. 2003. DOI 10.1016/s0360-1323(03)00113-6

PHAM, .-D.; NGO, N.-T.; TRUONG, T. T. H; HUYNH, N.-T.; TRUONG, N.-S.. Predicting energy consumption in multiple buildings using machine learning for improving energy efficiency and sustainability. *Journal Of Cleaner Production*, [*s. l.*], v. 260, 121082, jul. 2020. DOI 10.1016/j.jclepro.2020.121082

REILLY, J. M. NISHIMURA, D. W. ZINN, E. *New Tools for Preservation*: Accessing Long-term Environmental Efforts on Library and Archives Collection. Tradução José Luiz Pedersoli Júnior. 2. ed. Rio de Janeiro: Arquivo Nacional, 2001.

ROSPI, G. CARDINALE, N. NEGRO, E. Energy performance and economic feasibility study of historical building in the city of matera. Southern Italy. *Energies*, [*s. l.*], v. 10, n. 12, p. 1-18, 2009. DOI 10.3390/en10122009

SERRANO LANZAROTE, B.; CARNERO MELERO, P.; VALERO ESCRIBANO, V.; RAMÍREZ PAREJA, L. Digital energy simulation of buildings protected by municipal heritage policies in the framework of energy renovation projects. *In*: HERITAGE2020 (3DPAST | RISK-TERRA) INTERNATIONAL CONFERENCE, 2020, Valencia. *Anais* [...]. Hannover: ISPRS Archives, 2020. p. 421-426.

SEYEDZADEH, S.; RAHIMIAN, F. P.; OLIVER, S.; RODRIGUEZ, S.; GLESK, I. Machine learning modelling for predicting non-domestic buildings energy performance: a model to support deep energy retrofit decision-making. *Applied Energy,* [*s. l.*], v. 279, 115908, 2020a. http://dx.doi.org/10.1016/j.apenergy.2020.115908.

SEYEDZADEH, S.; RAHIMIAN, F. P.; OLIVER, S.; GLESK, I.; KUMAR, B. Data driven model improved by multi-objective optimisation for prediction of building energy loads. *Automation In Construction*, [*s. l.*], v. 116, 103188, 2020b. Elsevier BV. DOI 10.1016/j.autcon.2020.103188

SEBERA, D. K. *Isopermas*: uma ferramenta para o gerenciamento ambiental. 2. ed. Rio de Janeiro: Arquivo Nacional, 2001. 24 p. Disponível em: https://www.arqsp.org.br/wp-content/uploads/2017/08/18.pdf. Acesso em: 30 jun. 2021.

SILVA, H. E.; HENRIQUES, F. M. A.; HENRIQUES, T. A. S.; COELHO, G. A sequential process to assess and optimize the indoor climate in museums. *Building And Environment*, [*s. l.*], v. 104, p. 21-34, ago. 2016. DOI 10.1016/j.buildenv.2016.04.023

SILVA, M. K. P. da. *Análise econômica de medidas de eficiência energética em um prédio histórico de Florianópolis, de acordo com a nova etiquetagem comercial Procel Edi-*

fica. 2019. Trabalho de Conclusão de Curso (Graduação em Engenharia Civil) – Universidade Federal de Santa Catarina, Florianópolis, 2019.

THEODOSIOU, T.; TSIKALOUDAKI, K.; KONTOLEON, K.; GIARMA, C. Assessing the accuracy of predictive thermal bridge heat flow methodologies. *Renewable And Sustainable Energy Reviews*, [*s. l.*], v. 136, p. 1-11, fev. 2021. DOI 10.1016/j.rser.2020.110437

TIAN, Z.; ZHANG, X.; JIN, X.; ZHOU, X.; SI, B.; SHI, X. Towards adoption of building energy simulation and optimization for passive building design: A survey and a review. *Energy and Buildings*, [*s. l.*], v. 158, p. 1306-1316, 2018. DOI 10.1016/j.enbuild.2017.11.022

TRONCHIN, L.; FABBRI, K. Energy and Microclimate Simulation in a Heritage Building: further studies on the malatestiana library. *Energies*, [*s. l.*], v. 10, n. 10, 1621, 2017. DOI 10.3390/en10101621.

UNI 10969 (Ente Italiano di Normazione). *Beni culturali. Principi generali per la sceltae il controllo del microclima per la conservazione*. UNI: Milano, 2000.

UNI 10969 (Ente Italiano di Normazione). *Beni di interesse storico artistico. Condizioni ambientali di conservazione. Misure ed analisi*. UNI: Milano, 1999.

U.S. DEPARTMENT OF ENERGY. *Tips and Tricks for Using EnergyPlus*. Version 9.3.0, Berkeley: Lawrence Berkeley National Laboratory, 2020.

WEBB, A. L. Energy retrofits in historic and traditional buildings: a review of problems and methods. *Renewable And Sustainable Energy Reviews*, [*s. l.*], v. 77, p. 748-759, set. 2017. DOI 10.1016/j.rser.2017.01.145

WOLOSZYN, M.; RODE, C. Tools for performance simulation of heat, air and moisture conditions of whole buildings. *Building Simulation*, [*s. l.*], v. 1, p. 5-24, mar. 2008. DOI 10.1007/s12273-008-8106-z

CAPÍTULO 7

Realidade virtual e aplicações voltadas ao patrimônio cultural

Gabriela Linhares da Silva

Ariane Magda Borges

Natalie Johanna Groetelaars

Quando pensamos em realidade virtual (RV), é comum associarmos essa terminologia aos equipamentos imersivos que ganharam destaque nas últimas décadas e que a tornaram tão popular como os óculos estereoscópicos, luvas hápticas, capacetes, sistemas *Cave Automatic Virtual Environment* (CAVE), entre outras tecnologias. Mas a busca por essas simulações virtuais imersivas não é recente e começa antes mesmo do surgimento do próprio nome. Desse modo, pode-se afirmar que os sistemas de realidade virtual (SRV) apresentam características que vão muito além do simples uso de equipamentos mais modernos.

Ainda que envolva diversas características, muitas delas influenciadas diretamente pela tecnologia, os conceitos e definições de RV acabam sendo atualizados com o tempo (KIRNER; KIRNER, 2011), no entanto, apesar das mudanças, os SRV têm um objetivo principal: convencer o usuário de que ele está em outro lugar (PARISI, 2015). Isso ocorre por meio de um conjunto de métodos e tecnologias que, juntos, fazem com que essa ilusão pareça real.

Nos últimos anos, verificou-se o desenvolvimento de SRV para visualização computadorizada do patrimônio cultural por meio de Ambientes Virtuais Interativos (AVI) tridimensionais (3D) que permitem simular novas e mais atrativas experiências imersivas com o espaço arquitetônico histórico (LINHARES; GROETELAARS, 2019).

Com o avanço da tecnologia na área da computação gráfica (hardware e software) e o acesso mais facilitado a recursos para o desenvolvimento de aplicações computacionais, novas formas de registrar, visualizar e difundir o patrimônio cultural vêm sendo investigadas. Este capítulo apresenta um breve histórico da RV, do que se entende atualmente por RV e de como ela vem sendo aplicada aos bens de interesse histórico e cultural, sobretudo ao patrimônio edificado.

7.1 O QUE É A REALIDADE VIRTUAL?

A RV não possui uma origem exata. Diversos acontecimentos, projetos, pesquisas e avanços tecnológicos que ocorreram ao longo do tempo foram definindo sua história e suas características. Por estar fundamentalmente relacionada com a tecnologia mais recente, o que hoje se entende por RV pode, no futuro, ser uma interface do cotidiano; e o conceito de RV passará a se referir a outro tipo de tecnologia ainda não desenvolvida, com uma capacidade de imersão que ainda não podemos imaginar (TORI; HOUNSELL; KIRNER, 2018).

Partindo do ponto de vista cronológico, a RV começou a ser idealizada nas décadas de 1930 a 1950, quando já se imaginava, na ficção científica, a possibilidade de existirem ambientes sintéticos, representando outras realidades, com as quais as pessoas pudessem interagir. Conceitos como "realidade" e "artificialidade" começaram a ser discutidos, e equipamentos de imersão que possibilitassem receber estímulos artificiais começaram a ser imaginados em livros e histórias.

Essa tecnologia começou a ser produzida, de fato, em meados da década de 1950, a partir de técnicas e equipamentos utilizados na indústria cinematográfica. O primeiro dispositivo tridimensional e imersivo que permitia ao usuário experimentar uma RV foi criado pelo cineasta Morton Heilig, em 1956. A máquina, chamada de Sensorama, contava com um passeio pré-gravado (não interativo) com sons, cheiros, vibrações e simulações de vento.

Outro dispositivo que marcou a trajetória da RV foi o Sketchpad, criado por Ivan Sutherland, em 1963. Tratava-se de um sistema interativo, em tempo real, que funcionava com o uso de equipamentos específicos e que embasou a atual computação gráfica. Sutherland também foi responsável pelo desenvolvimento de outro dispositivo que consolidou o conceito de imersão em SRV, em 1986: o head-mounted display (HMD). Era uma espécie de capacete acoplado a dois visores, posicionados nos olhos do usuário, e cujos movimentos eram controlados pela cabeça. Dessa forma, as simulações visuais e de movimento eram realistas, e o observador sentia como se estivesse no local projetado.

Esses dispositivos deram origem a várias pesquisas nas mais diversas áreas, que foram aprimorando a possibilidade de imersão em ambientes virtuais. Somente em 1989, o termo "realidade virtual" apareceu pela primeira vez, mencionado pelo artista e cientista da computação Jaron Lanier em uma entrevista concedida à revista *Whole*

Earth Review. Lanier abordou a ideia de RV como a experiência do usuário, muito além dos equipamentos tecnológicos, na qual o objetivo principal era viver experiências em uma realidade digitalmente criada sem sair do lugar.

A partir de 1990, a RV começou a ganhar visibilidade no mercado de entretenimento, em especial no setor de jogos digitais. Novos equipamentos especiais de imersão foram desenvolvidos e se tornaram populares entre o público em geral, ainda que fossem de alto custo. Nesse contexto, outras formas de trabalhar realidades sintéticas foram investigadas, resultando na chamada realidade mista (RM).

A RM consiste em sistemas que misturam elementos do mundo real com elementos do mundo virtual, enquanto a RV trata exclusivamente dos mundos virtuais. O termo "mundo real" refere-se ao nosso mundo físico, concreto, nossa realidade percebida, enquanto "mundo virtual" refere-se aos ambientes virtuais.

É importante compreender que os ambientes virtuais são sintéticos, gerados por computador, mesmo que possam apresentar uma reconstituição digital de cenários reais, com o uso de modelos geométricos fotorrealistas, buscando o máximo de similaridade com locais fisicamente existentes. A RM permitiu trabalhar realidade e virtualidade num contexto diferente e deu origem a diversas possibilidades de integração em tempo real.

Tori, Hounsell e Kirner (2018) apresentam os principais tipos de RM já produzidos e outros ainda em desenvolvimento:

- Realidade Aumentada (RA): enriquecimento do mundo real com a projeção de objetos virtuais por meio de dispositivos eletrônicos;
- Realidade Diminuída (RD): eliminação de objetos (visualização desses objetos) do mundo real por meio de dispositivos eletrônicos;
- Virtualidade Aumentada (VA): enriquecimento do ambiente virtual com elementos do mundo físico (não produzidos de forma sintética e pré-programada), capturados e digitalizados em tempo real;
- Virtualidade Pervasiva (VP): incorporação de elementos do mundo físico (ambientes físicos, objetos, informações etc.) ao ambiente virtual, em tempo real; onde o elemento existe em ambos (real e virtual) ao mesmo tempo;
- Hiper Realidade (HR): integração entre realidade virtual e realidade física enriquecida com sistemas de inteligências artificial e humana, como um mundo misturado onde ambos (real e virtual) coexistem;
- Realidade Cruzada (RC): sistemas onde as ações executadas no mundo virtual resultam em ações no mundo real. Termo associado ao conceito de Internet das Coisas (*Internet of Things* – IoT), em que elementos do mundo real possuem controles acessíveis por ambientes virtuais na internet;
- Virtualidade Ubíqua (VU): completa integração entre mundo real e mundo virtual, de forma que os objetos virtuais são, de certa forma, reais.

Alguns dos conceitos apresentados, como a virtualidade ubíqua e a hiper realidade, existem apenas como ideias e possibilidades futuras de integração do mundo virtual com o mundo real. Ainda não há tecnologia que viabilize essas propostas. Esses conceitos misturam, em algum nível, realidade e virtualidade em tempo real, e por isso não são considerados SRV, embora possuam características em comum.

Já a RV não apresenta uma definição concreta na literatura, podendo haver divergências entre pesquisadores da área sobre o que pode ou não ser considerado um SRV. Como pontua Bowman (1999), a RV é, muitas vezes, associada, em mídia popular, a ideias exageradas ou vinculada, exclusivamente, ao uso de equipamentos modernos de imersão. Ainda assim, é possível destacar características que acompanham a descrição da RV desde os primeiros equipamentos imersivos:

- Tridimensionalidade (3D): ambientes de RV devem ser desenvolvidos em três dimensões, pois é como percebemos a realidade;
- Artificialidade: SRV são, obrigatoriamente, ambientes sintéticos gerados por computador, mesmo quando sua visualização é extremamente realista. Quando há a incorporação de elementos do mundo físico, em tempo real, o sistema passa a pertencer à classificação de Realidade Mista;
- Interatividade: para que a sensação de "estar" no ambiente virtual seja verdadeira, é necessário poder interagir com esse ambiente. Embora as ações humanas sejam imprevisíveis e ilimitadas no mundo real, é possível programar diversas interações no ambiente virtual de forma convincente;
- Processamento em tempo real: as ações programadas (interatividade) precisam ocorrer em tempo real, da mesma forma que ocorrem na realidade. Atrasos no tempo de reação do sistema (os chamados *delays*) tornam a experiência irreal e incômoda;
- Imersividade: característica mais popular da RV, refere-se aos sentidos do usuário (tato, visão, audição, olfato e paladar). Quanto mais desses sentidos estiverem voltados única e exclusivamente para os estímulos do ambiente virtual (sem receber estímulos do mundo real), mais imersivo e realista será o sistema de RV;
- Presença: característica subjetiva que se refere à capacidade do usuário de se sentir presente no ambiente virtual.

A RV tem como foco proporcionar ao usuário uma experiência o mais convincente possível. Para isso, diversas técnicas, hardwares e softwares são utilizados, além da necessidade de concentração por parte do usuário. Alguns autores, como Burdea e Coiffet (2003), mencionam a questão imaginativa do ser humano nesse processo, que se refere à capacidade da mente de perceber coisas que não existem (mundo virtual). Nesse sentido, um mesmo sistema de RV pode proporcionar experiências diferentes para cada pessoa que o experimentar, de modo que a imersão não depende somente da tecnologia.

Ainda assim, as tecnologias e técnicas utilizadas para o desenvolvimento e visualização de SRV desempenham um papel importante. Questões como qualidade gráfica do ambiente virtual, campo de visão do usuário, visão estereoscópica, rastreamento de movimentos, entre outras, podem influenciar o nível de imersão da aplicação.

Nesse sentido, a RV pode apresentar diferentes níveis de imersão, comumente classificados em:

- Imersiva: SRV que utilizam diferentes tipos de equipamentos especiais de imersão (mais complexos), fazendo com que o usuário tenha todos seus sentidos ou quase todos (geralmente visão, audição e tato) voltados para os estímulos fornecidos pelo ambiente virtual, recebendo nenhum ou o mínimo possível de estímulos do mundo real;
- Semi-imersiva: SRV que utilizam apenas alguns equipamentos de imersão (menos complexos), com apenas alguns sentidos principais (como visão e audição) voltados para os estímulos fornecidos pelo ambiente virtual, recebendo ainda alguns estímulos do mundo real;
- Não imersiva: SRV que não utilizam equipamentos especiais de imersão, e sim equipamentos mais tradicionais (como mouses, monitores e teclados), onde o usuário não perde contato com os estímulos do mundo real.

Diferentes equipamentos de imersão foram desenvolvidos e aprimorados ao longo do tempo para possibilitar experiências mais convincentes e com maior interação usuário-ambiente virtual.

Um dos equipamentos mais populares na atualidade são os óculos estereoscópicos, que permitem uma visualização mais próxima à visão humana. Funcionam a partir da disposição de dois visores, um para o olho esquerdo e outro para o olho direito, de forma a obter informações do ambiente tridimensional a partir de diferentes pontos.

Existem versões mais simplificadas desses óculos, como o Google Cardboard,[1] que consiste em um suporte feito de papelão projetado com encaixe para smartphones (que serão usados como visor). E também existem versões mais complexas, como o HTC Vive[2] e o Oculus Rift,[3] podendo também utilizar smartphones ou visores acoplados. Alguns equipamentos mais modernos acompanham controles e fones de ouvido ou são compostos por um conjunto de equipamentos que formam um capacete, de modo a fornecer uma experiência ainda mais imersiva.

Outra possibilidade de equipamento que funciona em conjunto com os óculos estereoscópicos são as luvas hápticas, possibilitando que o usuário execute as ações no

---

1 Disponível em https://arvr.google.com/cardboard/. Acesso em: 30 abr. de 2021.

2 Disponível em https://www.vive.com/us/. Acesso em: 30 abr. de 2021.

3 Disponível em https://www.oculus.com/rift-s/. Acesso em: 30 abr. de 2021.

ambiente virtual de forma mais natural, com o movimento das próprias mãos. Versões mais modernas, como as desenvolvidas pela Teslasuit,[4] ainda possibilitam um feedback tátil, que inclui sentir texturas do mundo virtual, ler informações biométricas e sentir a força aplicada com o toque dos dedos. Também estão sendo desenvolvidas versões de traje para possibilitar uma leitura de todos os movimentos do corpo.

Os sistemas CAVE também são formas interessantes de interagir com ambientes de realidade virtual em experiências imersivas. Nesse sistema, o ambiente virtual é projetado nas paredes de uma sala, chamada de "cave", e são utilizados óculos e controles especiais para uma visualização realista, sem receber estímulos do mundo real. Essa possibilidade de ambiente imersivo proporciona uma maior resolução na visualização do ambiente virtual.

Outros dispositivos mais específicos também estão sendo concebidos para SRV, como volantes, pedais, cadeiras, entre outros. À medida que novas aplicações e demandas surgem dentro da área de RV, novas formas de interação mais imersivas são desenvolvidas.

A imersão é uma característica importante nos SRV e, apesar de esse objetivo ser atingido com mais facilidade com o uso de equipamentos especiais, uma forte sensação de presença no usuário também pode ser proporcionada por meio de equipamentos mais simples. Por exemplo, jogos digitais que possuem interatividades complexas, gráficos realistas e se utilizam apenas de um monitor e de um controle, o que confirma que ambientes virtuais interativos aliados a uma boa dose de concentração podem proporcionar experiências surpreendentemente imersivas, afinal, como Sherman e Craig (2018) bem observam, toda a ilusão da RV está, na verdade, na mente do participante. A tecnologia apenas nos possibilita imergir nessa ilusão com mais facilidade.

Diante do exposto, pode-se entender a realidade virtual, portanto, como um conjunto de métodos e tecnologias cujo objetivo é proporcionar ao usuário a máxima imersão e sensação de presença em um mundo virtual. Isso ocorre por meio de um ambiente sintético 3D gerado por computador a partir de uma interface usuário-sistema que permite a interação com esse ambiente em tempo real.

Destaca-se, ainda, que a RV estará sempre relacionada às tecnologias mais recentes e que proporcionem maior imersão e realismo no ambiente virtual, no entanto essa tecnologia se modifica com o tempo, e, por esse motivo, a essência da realidade virtual está, fundamentalmente, na experiência vivenciada pelo usuário.

7.2 ÁREAS DE APLICAÇÃO DA RV

Embora o uso de ambientes virtuais interativos e imersivos seja destaque na indústria de entretenimento, SRV estão sendo utilizados para as mais diferentes áreas de aplicação, como: comunicação, ensino, design, arquitetura, medicina, engenharia, marketing, turismo, entre outros.

---

4 Disponível em https://teslasuit.io/. Acesso em: 30 abr. de 2021.

Jogos digitais e cinema são algumas das indústrias que mais utilizam ambientes virtuais para proporcionar aos usuários experiências imersivas, além de contribuírem para a popularização da RV, sobretudo com o uso de equipamentos especiais de imersão. Por esse motivo, a RV é comumente associada a esses setores.

Segundo Doner *et al.* (2016), os jogos digitais são capazes de colocar o usuário em um alto estado de imersão na atividade que estão desenvolvendo no ambiente virtual. Desde os anos 2000, a indústria de jogos vem se especializando na produção de ambientes interativos tridimensionais e nas renderizações em tempo real com alta qualidade gráfica, contribuindo para o desenvolvimento de aplicações de RV.

Jogos digitais de realidade virtual não imersiva já são acessíveis e podem ser utilizados em computadores e consoles de videogame ou em smartphones e tablets, com diversas opções gratuitas e de baixo custo disponíveis na Internet, afinal jogos desenvolvidos por meio de ambientes virtuais interativos tridimensionais, que consigam imergir o usuário no ambiente criado e proporcionar sensação de presença, podem ser considerados como sistema de RV.

Já os jogos de realidade virtual imersiva ainda não são uma tecnologia de fácil acesso devido ao alto custo dos equipamentos especiais de imersão. Ainda assim, versões mais simplificadas de jogos e dispositivos de visualização foram desenvolvidas e estão tornando a RV imersiva mais acessível. Um exemplo é o projeto *Web VR Experiments*,[5] criado pelo Google para facilitar a difusão de experiências em RV, no qual os jogos e simulações disponibilizados são gratuitos e podem ser utilizados por meio do navegador.

A RV também vem sendo utilizada no âmbito educacional, uma vez que permite formas mais atrativas de aprendizado e gera estímulos para a execução de atividades por meio de uma metodologia participativa (TORI *et al.*, 2018). Os autores mencionam aplicações e benefícios, como observar e vivenciar passagens históricas, visitar locais distantes ou não mais existentes, simular fenômenos físicos e químicos, manipular objetos reconstituídos virtualmente sem oferecer riscos, entre outros. A RV possibilita, até mesmo, novas formas de comunicação entre professores e alunos, expandindo as possibilidades de aprendizado.

Kaminska *et al.* (2019) apresentam outras aplicações da RV na educação, como: simuladores de treinamento nas mais diversas áreas de engenharia, sistemas para melhorar habilidades comportamentais, reabilitação de pessoas com necessidades especiais, educação médica etc. A RV tem ganhado destaque, sobretudo para a realização de treinamentos em situações laborais que apresentam riscos ou baixa tolerância a erros (treinamento de militares, segurança pública, simulações de voo para pilotos etc.), como é o caso da *Virtual Substation* proposta por Silva (2012) em sua dissertação de mestrado. O trabalho teve como objetivo permitir o treinamento de operadores de subestações elétricas, pela interação com um transformador de força por meio de SRV.

---

5 Disponível em https://experiments.withgoogle.com/collection/webvr. Acesso em: 30 abr. de 2021.

Um exemplo ligado à área de esportes e acessibilidade é o Treina+, um sistema composto por software e hardware que, de acordo com Carvalho e Antunes (2019), permite o treinamento de atletas paralímpicos. Por meio dele, é possível interagir com imagens que são projetadas em uma parede, para a simulação de um treinamento esportivo adequado às condições físicas de cada atleta. A tecnologia empregada faz uso de um projetor de imagens, sensores de movimento de alto desempenho e um sistema de interfaces de grande fidelidade. Nesse sistema, é possível alterar as configurações para otimização e diferenciação do treinamento, conforme a necessidade específica.

A área da saúde também tem se beneficiado de SRV. Segundo Nunes *et al.* (2011), a RV no campo da Medicina tem grande atuação em simulações, treinamentos e terapias para as mais diversas especialidades. Podem-se citar alguns exemplos de aplicação: simulações cirúrgicas, treinamento virtual de procedimentos de saúde, tratamento de transtornos e fobias, tratamento de sequelas motoras e cognitivas, auxílio de pacientes em procedimentos dolorosos, entre outros.

Vale destacar que, na área da saúde, os ambientes de RV, muitas vezes, não buscam atingir um alto grau de realismo quanto à qualidade gráfica, mas sim quanto à correta simulação do comportamento físico dos elementos. Os SRV devem buscar o máximo de fidelidade nas características específicas pretendidas em cada aplicação.

No setor de Arquitetura, Engenharia e Construção (AEC), a RV possibilita a visualização de espaços em três dimensões e nas mais diferentes escalas (MARCHI; HASHIMOTO, 2018) e abrange desde aplicações interativas para o canteiro de obras até experiências imersivas para futuros compradores e usuários das edificações. Também pode ser aplicada em contextos urbanos e possibilitar a visualização e interação em trechos urbanos ou em cidades inteiras.

Asgari e Rahimian (2017) apresentam como aplicações da RV na indústria AEC: a visualização realista e em escala real de edificações e espaços que ainda não existem fisicamente tanto para resolução de problemas no canteiro de obras quanto para a apresentação do projeto para clientes; estudos de layout em tempo real diretamente no local de interesse; e na área de marketing. Outras áreas onde a RV também tem sido aplicada na indústria AEC são as de segurança e de inspeção; monitoramento e modelagem da informação; além de aplicações no campo do patrimônio arquitetônico.

A área de arte de design também utiliza a RV para aplicações interativas e imersivas, assim como as áreas de ciências exatas, Marketing e Produtos, Comunicação, entre outras. A RV pode ser encontrada nos diferentes tipos de setores, sendo utilizada para os mais diversos tipos de aplicações, nos quais a criatividade não tem limites.

7.3 APLICAÇÕES DA RV PARA O PATRIMÔNIO ARQUITETÔNICO

Na área do patrimônio cultural, é crescente o uso de tecnologias imersivas e interativas, sobretudo para a visualização e difusão desses bens por meio de aplicações em realidade virtual e mista (BEKELE *et al.*, 2018). Propõe-se a seguinte classificação das áreas de aplicação, com base em Bekele *et al.* (2018), sendo que um mesmo produto pode pertencer a mais de uma categoria:

- Educação: consiste em aplicações relacionadas à educação patrimonial e ao ensino dos aspectos históricos do patrimônio cultural tangível e intangível;
- Aprimoramento: consiste em melhorar a experiência do usuário (visitante) no local físico (museus ou sítios históricos), orientando e fornecendo informações;
- Exploração: ambientes virtuais nos quais é possível explorar o patrimônio existente, de forma visual e interativa, possibilitando novas visões e experiências;
- Reconstrução: visualização e interação com o patrimônio não mais existente por meio de reconstruções digitais, com base em hipóteses e documentações disponíveis sobre esse patrimônio;
- Museus virtuais: ambientes virtuais similares a um museu físico e com exibição de modelos digitais.

Na categoria "educação", podem ser citadas aplicações para o ensino sobre sítios históricos em escolas e universidades. Um exemplo é o grupo de pesquisa 3DUBU,[6] da Universidade de Burgos, na Espanha, que desenvolve reconstruções virtuais para explicar como era o patrimônio perdido.

Outro possibilidade é a criação de ambientes virtuais com modelos geométricos (3D) realistas, gerados a partir da digitalização do objeto arquitetônico por meio de técnicas como fotogrametria digital e *3D laser scanning*. Modelos que variam de objetos pequenos a sítios históricos completos podem fornecer uma visualização fotorrealista do patrimônio, útil para o estudo e sua análise. Também podem ser utilizados no contexto da gamificação, gerando formas ainda mais interativas e atrativas de aprendizagem.

Na categoria "aprimoramento", o uso de SRV em dispositivos móveis possibilita aplicações para o aprimoramento de experiências de visitantes em locais internos ou externos. É possível visualizar, interagir e adquirir informações por meio de ambientes virtuais que complementem a experiência. Por ser uma interação que acontece diretamente no local do bem de interesse histórico (visita ao local), a RM acaba por ser a mais utilizada nessa categoria.

Na categoria "exploração", os SRV são comumente chamados de *tours* virtuais, e podem funcionar com ou sem o uso de equipamentos especiais de imersão. Essa aplicação é a mais encontrada no campo do patrimônio edificado e pode incluir desde simples passeios pelo ambiente virtual tridimensional até interações mais complexas com os elementos arquitetônicos.

Algumas dessas aplicações funcionam online, onde é possível interagir no ambiente virtual diretamente pelo navegador, com ou sem uso de óculos estereoscópicos.

---

6 Disponível em https://3dubu.es/. Acesso em: 30 abr. de 2021.

Diversos websites fornecem essas visualizações 3D interativas do patrimônio arquitetônico com modelos fotorrealistas, como Google Arts & Culture (GAC),[7] uma plataforma sem fins lucrativos para a divulgação de arte e cultura pelo mundo. Por meio da aba "Open Heritage", é possível encontrar modelos de diversos exemplares digitalizados do patrimônio cultural.

Outro website sem fins lucrativos e com uma vasta biblioteca digital de exemplares arquitetônicos é o CyArk,[8] que também possibilita a visualização interativa de modelos fotorrealistas. Outra opção é o SketchFab,[9] um repositório de modelos geométricos que possui uma grande biblioteca digital. Ainda que essa plataforma permita às pessoas inserir qualquer tipo de modelo geométrico sem avaliação prévia ou rigor científico, é possível encontrar digitalizações detalhadas e fotorrealísticas de objetos arquitetônicos.

Outros exemplos podem ser encontrados em websites não tão populares que apresentam opções de visualização em RV semi-imersiva e não imersiva de objetos arquitetônicos com possibilidades diferenciadas de interação. Essas reconstruções virtuais são interessantes para o campo do patrimônio, pois permitem vivenciar de forma imersiva e interativa locais que não existem mais ou viver experiências em tempos passados.

São exemplos: o website VR3D,[10] que possui um acervo digital fotorrealista do patrimônio do Vietnã; Rome Reborn[11] que apresenta o desenvolvimento urbano da Roma antiga do ano 1000 a.C. até 550 d.C.; Paris 3D Saga,[12] com uma viagem no tempo no ano de 52 a.C. até 1889 d.C, na qual é possível vivenciar as diferentes configurações urbanas ocorridas na cidade e acompanhar o surgimento de alguns monumentos.

A empresa Dextra Visual,[13] que trabalha com ilustrações, animações e mídias interativas voltadas para representações e reconstruções históricas, comercializa ambientes virtuais de alta qualidade. A Universidade de Saint Andrews, na Escócia, apresenta diversas reconstruções digitais no seu website Open Virtual Worlds[14] que podem ser visualizadas em RV semi-imersiva e não imersiva através do navegador. Essas aplicações também se enquadram na categoria "reconstrução".

Por fim, a categoria "museus virtuais" apresenta SRV que também estão ganhando destaque como forma de difundir o patrimônio e possibilitar o acesso aos acervos de

7 Disponível em https://artsandculture.google.com/. Acesso em: 30 abr. de 2021.

8 Disponível em https://cyark.org/. Acesso em: 30 abr. de 2021.

9 Disponível em https://sketchfab.com/. Acesso em: 30 abr. de 2021.

10 Disponível em https://vr3d.vn/trienlam/. Acesso em: 30 abr. de 2021.

11 Disponível em https://www.romereborn.org/. Acesso em: 30 abr. de 2021.

12 Disponível em https://www.3ds.com/stories/paris-3d/. Acesso em: 30 abr. de 2021.

13 Disponível em https://www.dextravisual.com/. Acesso em: 30 abr. de 2021.

14 Disponível em https://www.openvirtualworlds.org/. Acesso em: 30 abr. de 2021.

forma interativa e por meio digital. Muitos dos museus virtuais no campo do patrimônio arquitetônico também se enquadram na categoria de "exploração" e podem ser encontrados nos mesmos websites mencionados anteriormente.

Outras aplicações com acervos virtuais 3D de objetos de menores dimensões, sejam elementos arquitetônicos ou outros objetos relacionados ao patrimônio cultural, simulam a estrutura física de museus reais por meio de SRV, com os quais é possível interagir de forma semi-imersiva ou não imersiva.

Um museu virtual com relíquias antigas do Vietnã pode ser encontrado no website VR3D,[15] onde é possível visualizar o acervo de forma online por meio do navegador. O Museu Kremer[16] foi desenvolvido para ser exclusivamente um museu em RV, onde as obras de arte digitalizadas podem ser visualizadas a partir de modelos geométricos (3D) de alta resolução.

Ambientes de RV também estão sendo aplicados dentro do contexto da gamificação no campo do patrimônio arquitetônico, embora essa seja uma aplicação mais recente. A RV associada à dinâmica dos jogos digitais resulta em uma poderosa ferramenta para a representação, visualização e difusão do patrimônio cultural, proporcionando meios mais estimulantes de conhecer e interagir com locais ou edificações de interesse histórico-cultural.

Outra possibilidade de aplicação da RV é o seu uso a partir de modelos *Building Information Modeling* (BIM) ou Modelagem da Informação da Construção ou, mais especificamente, modelos HBIM *Heritage Building Information Modeling* ou *Historic Building Information Modeling* (HBIM), onde pode ser utilizada para a visualização do modelo geométrico nas diferentes categorias apresentadas anteriormente ou para aplicações nas mais diversas fases que englobam a metodologia BIM aplicada a edificações históricas, como base para projetos de restauro, monitoramento, gestão, difusão etc.

7.4 PERSPECTIVAS FUTURAS DA RV NO PATRIMÔNIO

A RV, com ou sem o uso de equipamentos especiais de imersão, é uma excelente ferramenta no campo do patrimônio cultural, sobretudo o arquitetônico, ao proporcionar diferentes formas de visualizar, difundir e interagir com esse patrimônio por meio de ambientes virtuais tridimensionais (LINHARES; GROETELAARS, 2019).

O uso de tecnologias como a fotogrametria digital e o 3D laser scanning para a digitalização do patrimônio tem possibilitado a geração de modelos geométricos fide-

---

15 Disponível https://vr3d.vn/trienlam/virtual-3d-museum-ancient-sculptures-of-vietnam. Acesso em: 30 abr. de 2021.

16 Disponível em https://www.thekremercollection.com/the-kremer-museum/. Acesso em: 30 abr. de 2021.

dignos e fotorrealistas, viabilizando aplicações de RV que permitem ao usuário novas formas de experimentar e se relacionar com o espaço construído.

Com o uso cada vez maior de sistemas de aquisição de dados de baixo custo, possibilitado pela utilização de câmeras mais acessíveis e de veículos aéreos não tripulados (VANT), junto à disponibilidade de softwares gratuitos para restituição fotogramétrica, novas formas de gerar modelos geométricos para o uso em SRV têm surgido. Com esses recursos, é possível reduzir os custos e o tempo para aquisição de dados (abrangendo desde edificações até centros históricos inteiros), e, ao mesmo tempo, garantir a geração de produtos precisos e com elevada qualidade de texturização.

Dessa forma, desenvolver aplicações imersivas e interativas, com precisão e realismo, não é mais algo restrito às grandes indústrias. Aplicações de RV para o patrimônio cultural podem ser desenvolvidas com poucos recursos e, ainda assim, apresentar resultados interessantes, contribuindo para a visualização e difusão desses bens.

O poder de imersão dessas aplicações, aliado a metodologias como a gamificação, apresenta um grande potencial, pois permite que o usuário se sinta presente no ambiente virtual criado, focando a sua atenção para os bens de interesse histórico e cultural, promovendo um modo atrativo de relação do público em geral com o patrimônio.

Vale destacar, no entanto, que o campo do patrimônio cultural digital não trata apenas do bem cultural ou do objeto de arte, mas também da experiência e do conhecimento do usuário visitante por meio da interação em sistemas navegáveis, acessíveis e imersivos. As tecnologias digitais, como a RV, não devem ser entendidas somente como um instrumento para a produção e visualização de conteúdo, mas também como uma abordagem metodológica para pesquisa, conhecimento, interpretação, apresentação, conservação e educação (LUIGINI *et al.*, 2019).

Verifica-se, portanto, que as aplicações de RV à área do patrimônio arquitetônico são diversas e continuam sendo alvo de muitas pesquisas. Com os constantes avanços de hardware e software, e o acesso mais facilitado aos recursos para o desenvolvimento e uso da realidade virtual, mais aplicações inovadoras são esperadas.

REFERÊNCIAS

ASGARI, Z; RAHIMIAN, F. P. Advanced virtual reality applications and intelligent agents for construction process optimisation and defect prevention. *In*: CREATIVE CONSTRUCTION CONFERENCE, 2017, Primosten. *Proceedings* [...]. Primosten: CCC 2017, 2017. DOI 10.1016/j.proeng.2017.08.070

BEKELE, M. K.; PIERDICCA, R.; FRONTONI, E.; MALINVERNI, E. S.; GAIN, J. A survey of augmented, virtual and mixed reality for cultural heritage. *ACM Journal on Computing and Cultural Heritage*, [*s. l.*], v. 11, n. 2, p. 1-36, 2018. DOI 10.1145/3145534.

BOWMAN, D. A. *Interaction techniques for common tasks in immersive virtual environments*: design evaluation and application. 1999. Tese (Doutorado em Filosofia da Ciência da Computação) – Instituto de Tecnologia da Geórgia, Atlanta, 1999.

BURDEA, G. C.; COIFFET, P. *Virtual reality technologies*. 2. ed. [*S.l.*]Wiley InterScience, 2003. *E-book*.

CARVALHO, B. V. de; ANTUNES, L. G. R. Solução tecnológica em realidade virtual para treinamento de atletas paralímpicos: O caso do Treina+. *In*: MACHADO, M. W. K. *Engenharia de produção*: what's your plan? Ponta Grossa: Atena Editora, 2019. Disponível em: https://www.finersistemas.com/atenaeditora/index.php/admin/api/artigoPDF/11148. Acesso em: 29 abr. 2021.

KAMINSKA, D; SAPIŃSKI, T.; WIAK, S.; TIKK, T.; HAAMER, R.E.; AVOTS, E.; HELMI, A.; OZCINAR, C.; ANBARJAFARI, G. Virtual reality and its applications in education: survey. *Information*, [*s. l.*], v. 10, n. 10, 2019. DOI 10.3390/info10100318

KIRNER, C.; KIRNER, T. G. Evolução e tendências da realidade virtual e da realidade aumentada. *In:* RIBEIRO, M. W.; ZORZAL, E. Q. (org.). *Realidade virtual e aumentada*: aplicações e tendências. Minas Gerais: SBC, 2011. *E-book*.

LANIER, J. A Vintage Virtual Reality Interview. [Entrevista cedida a] Adam Heilbrun. *Whole Earth Review*, [*s. l.*], 1989. Disponível em: http://www.jaronlanier.com/jaron%20whole%20earth%20review.pdf. Acesso em: 27 abr. 2019.

LINHARES, G.; GROETELAARS, N. J. Realidade virtual para a visualização e difusão do patrimônio arquitetônico: conceitos e aplicações. *In*: ENCONTRO BRASILEIRO DE MODELAGEM DA INFORMAÇÃO DA CONSTRUÇÃO E PATRIMÔNIO CULTURAL, 1., 2019, São Carlos, SP. *Anais* [...]. São Carlos: IAU-USP, 2019.

LUIGINI, A. BRUSAPORCI, S.; VATTANO, S.; TATA, A. 3D digital models for widespread museum: the ronon's "bauernhofe". *In:* INTERNATIONAL WORKSHOP 3D VIRTUAL RECONSTRUCTION AND VISUALIZATION OF COMPLEX ARCHITECTURES, 8., 2019, Bergamo. *Proceedings* [...]. Bergamo: ISPRS, 2019.

MARCHI, P.; HASHIMOTO, M. Arquitetura e Design. *In*: TORI, R.; HOUNSELL, M. S. (org.). *Introdução a realidade virtual e aumentada*. Porto Alegre: SBC, 2018. *E-book*.

NUNES, F. L. S.; COSTA, R. M. E. M.; MACHADO, L. S.; MORAES, R. M. Desenvolvendo aplicações de RVA para saúde: imersão, realismo e motivação. *In:* RIBEIRO, M. W.; ZORZAL, E. Q. (org.). *Realidade virtual e aumentada*: aplicações e tendências. Minas Gerais: SBC, 2011. *E-book*.

PARISI, T. *Learning Virtual Reality*: developing immersive experiences and applications for desktop, web and mobile. Newton: O'Reilly, 2015.

SHERMAN, W. R.; CRAIG, A. B. *Understanding virtual reality*: interface, application and design. 2nd. ed. Burlington: Morgan Kaufmann Publishers, 2018.

SILVA, R. C.. *Virtual Substation*: Um sistema de Realidade Virtual para treinamento de operadores de subestações elétricas. 2012. Dissertação (Mestrado em Ciências) – Universidade Federal de Uberlândia, Uberlândia, 2012. Disponível em: http://repositorio.ufu.br/bitstream/123456789/14515/1/d.pdf. Acesso em: 29 abr. 2021.

TORI, R.; QUEIROZ, A. C. M.; CORRÊA, A. G. D.; NETTO, A. V. Educação. *In*: TORI, R.; HOUNSELL, M. S. (org.). *Introdução a realidade virtual e aumentada*. Porto Alegre: SBC, 2018. *E-book*.

TORI, R.; HOUNSELL, M. S.; KIRNER, C. Realidade Virtual. *In*: TORI, R.; HOUNSELL, M. S. (org.). *Introdução a realidade virtual e aumentada*. Porto Alegre: SBC, 2018. *E-book*.

CAPÍTULO 8

Jogos, gamificação e patrimônio

Ariane Magda Borges

Fabíolla Xavier Rocha Ferreira Lima

Natalie Johanna Groetelaars

8.1 INTRODUÇÃO

Em tempos recentes, tem sido cada vez mais comum a utilização de elementos de jogos e princípios lúdicos nos mais diversos âmbitos, e o termo "gamificação" vem sendo amplamente utilizado para definir esse tipo de aplicação lúdica nos variados contextos educacionais e profissionais. Mas, afinal, o que é gamificação? Quais são suas origens? Como pode contribuir para a preservação e difusão do patrimônio histórico? É na perspectiva de apresentar e discutir essas questões que se desenvolve o conteúdo deste capítulo.

Embora os estudos e as aplicações de processos de gamificação sejam algo relativamente recente (dado que as primeiras aplicações datam de 1930), o jogo e sua essência lúdica remetem a alguns milhares de anos na história da humanidade. Jogos como *The Royal Game of Ur*,[1] datado de aproximadamente 2500 a.C., e *Senet*[2] *board game*,

---

1 *The Royal Game of Ur*, jogo exposto no Museu Britânico. Disponível em: https://artsandculture.google.com/asset/the-royal-game-of-ur/MwE2MMZNSKiTwQ. Acesso em: 24 abr. 2021.

2 *Senet board game*, exemplar do jogo catalogado como pertencente à 18ª dinastia egípcia, datado de 1.500 a.C., exposto no *Neues Museum* em Berlim. Disponível em: https://artsandculture.google.com/asset/senet-board-game-artist-unknown/iAHYM7FRlYBZjw. Acesso em: 24 abr. 2021.

com exemplares encontrados em escavações no sítio arqueológico no Egito Antigo, por volta de 3000 a.C., atestam que o caráter lúdico se faz presente nas relações sociais desde as mais antigas civilizações. Não é de se admirar, portanto, que o historiador e linguista holandês, Johan Huizinga, em seu estudo pioneiro, *Homo Ludens*, de 1938, tenha dito que "As grandes atividades arquetípicas da sociedade humana são, desde início, inteiramente marcadas pelo jogo." (HUIZINGA, 2000, p. 7). Para ele, o jogo não é apenas um tipo de manifestação cultural, mas um caráter que deve ser atribuído à própria cultura, de modo a integrar o conceito de jogo ao de cultura.

As indagações sobre o significado e o papel do jogo já eram refletidas por historiadores e filósofos antes do início da era cristã. Kishimoto (1994) apresenta o pensamento comum sobre jogo que prevalecia desde o século IV a.C. até o período do Renascimento. De acordo com Kishimoto (1994, p. 117), o conceito de jogo ficou limitado por um longo tempo à ideia de recreação. Para os filósofos Aristóteles, Tomás de Aquino, Sêneca e Sócrates, o jogo se colocava em oposição ao trabalho, ao útil e ao sério, e consistia em uma atividade de entretenimento, recreação e relaxamento necessária ao desenvolvimento de ações que demandam esforço físico, intelectual e escolar. Esse conceito, no entanto, vem sendo alterado; tanto a compreensão sobre os jogos como suas finalidades têm se modificado e acompanhado as transformações sociais ao longo dos séculos.

8.2 O QUE É UM JOGO?

Por mais simples que pareça, definir jogo não é uma tarefa fácil. O filósofo Wittgenstein (1999, p. 53-54), por exemplo, ao falar sobre a dificuldade de usar a linguagem para definir as coisas, menciona que "[...] o conceito de 'jogo' é um conceito com contornos imprecisos", pois, se fosse necessário explicar a alguém o que é jogo, provavelmente seria preciso fazer sua definição a partir da exemplificação de jogos conhecidos: "[...] a isso e outras coisas semelhantes chamamos de jogos". Nesse sentido, Kishimoto (1994, p. 105) atribui a dificuldade de encontrar uma conceituação para "jogo" ao fato de haver uma grande variedade de tipos que, embora tenham a mesma denominação, possuem especificidades, no entanto ela menciona três níveis de diferenciação,[3] o jogo como: (1) resultante de um sistema linguístico em um determinado contexto social; (2) um sistema de regras e (3) um objeto. Esta última desambiguação, entretanto, é um esforço incipiente na tentativa de compreender e definir o que é um jogo.

Outros pesquisadores, em busca de encontrar uma definição adequada para "jogo", concentram-se na identificação das características semelhantes, e não nas distintivas, e percebem-no não apenas como um sistema ou objeto, mas também como uma atividade. A respeito da natureza e do significado do jogo, Huizinga (2000, p. 10-14) aponta algumas características essenciais. Para ele, jogo é uma atividade que:

---

[3] Para estabelecer os três níveis de diferenciação do vocábulo "jogo", Kishimoto (1994, p. 107), fundamenta-se nos escritos de Gilles Brougére (1981, 1993) e Jacques Henriot (1983, 1989).

1) é *voluntária* e de livre escolha;
2) distingue-se da realidade e cria um contexto no imaginário, uma realidade alternativa, um "*faz de conta*";
3) possui *limitação temporária e espacial*, tem uma finalidade autônoma e cria um "intervalo na vida cotidiana";
4) cria ordem e é ordem. Todo jogo tem suas *regras*;
5) promove a *formação de grupos sociais*.

Segundo Suits (1978, p. 41), interagir em um jogo é trilhar um caminho para atingir uma meta, evitando-se os "atalhos" e fazendo uso apenas de meios autorizados pelas regras. Ele esclarece que as regras são aceitas voluntariamente porque são elas que tornam a atividade possível. Em sua proposta, os elementos do jogo são quatro: o *objetivo*, os *meios de alcançar o objetivo*, as *regras* e a *atitude lúdica*.

Ao elencar os quatro elementos do jogo, Suits (1978, p. 36) destaca a importância daquilo que chama de "atitude lúdica" como o elo que unifica os outros elementos que, em sua percepção, são condições necessárias e suficientes para que uma determinada atividade seja considerada um jogo.

Para Crawford (1984, p. 4, tradução nossa) "[...] um jogo é um sistema fechado e formal que representa subjetivamente um subconjunto da realidade". Ele identifica quatro categorias principais de jogos: jogos de tabuleiro, jogos de cartas, jogos atléticos e jogos de computador. E, a partir dos elementos fundamentais dessas categorias, ele identifica quatro fatores comuns: *representação, interação, conflito* e *segurança*. Sobre esses dois últimos fatores, o autor ressalta que o jogo possibilita uma experiência de conflito e, consequentemente, de perigo, sem a necessidade de passar pelas consequências do dano físico, consistindo, assim, em uma forma segura de experimentação da realidade (p. 12).

De certa forma, esse item relaciona-se com o que outros autores chamam de "faz de conta" ou "artificial". Crawford (1984) chama isso de representação, pois é justamente essa simulação do real ou de outra realidade criada qualquer, que torna segura sua experimentação.

Costikyan (2002) aborda a necessidade de se entender o que é um jogo e de se dividir a "jogabilidade" em pedaços identificáveis, de modo a favorecer o desenvolvimento de um vocabulário crítico sobre o tema. Ele aponta esse como um requisito fundamental para se ter maior propriedade sobre o assunto, para tratá-lo de forma inteligente e poder projetar jogos melhores. Na definição que propõe, o jogo é visto como:

> [...] uma forma de arte diferente de qualquer outra, pois o produto não é passivamente recebido [...] Em vez disso, um jogo, como é jogado, é uma colaboração entre os desenvolvedores e os jogadores, uma viagem de descoberta mútua, uma arte democrática em que a forma do jogo é criada pelo artista, mas a experiência do jogo é criada pelo jogador (2002, p. 32, tradução nossa).

De acordo com Costikyan (2002, p. 24), o jogo é "[...] uma estrutura interativa de significado endógeno que exige que os jogadores lutem em direção a um objetivo [...]" e suas principais características são:

1) uma forma diferente de *arte*;
2) um *entretenimento interativo*;
3) possui uma *meta*, um propósito;
4) exige uma *luta* dos *participantes* (jogadores) em direção ao objetivo, ainda que o jogo seja solo, de equipes ou cooperativo;
5) possui uma *estrutura*;
6) tem um *significado endógeno*.

A definição apresentada por Salen e Zimmerman (2012, p. 95) é: "Um jogo é um sistema no qual os jogadores se envolvem em um conflito artificial, definido por regras, que implica em um resultado quantificável". Destacam-se, nessa definição, as seguintes ideias principais:

1) *Sistema* – Pode ser definido como um grupo de elementos que interagem, interligados ou independentes, formando um todo complexo;
2) *Jogadores* – Um ou mais participantes jogam ativamente e interagem com o sistema para experimentar a interação lúdica;
3) *Artificial* – Distingue-se da "vida real" no tempo e no espaço;
4) *Conflito* – Disputa de poderes, seja de forma cooperativa ou competitiva, individual (no modo solo, o indivíduo disputa contra o sistema do jogo) ou coletiva. O conflito é fundamental para os jogos;
5) *Regras* – Fornecem a estrutura a partir da qual surge o jogo e delimitam o que o jogador pode ou não fazer;
6) *Resultado quantificável* – É o que muitas vezes chamamos de placar, e implica em vitória, derrota, em número de pontos ganhos ou perdidos. De acordo com os autores, "[...] um resultado quantificável é o que normalmente distingue um jogo das atividades lúdicas menos formais" (p. 96).

McGonigal (2011, p. 20-21), por sua vez, identifica quatro características definidoras de um jogo: meta, regras, um sistema de feedback e participação voluntária.

1) A *meta* é o resultado específico que os jogadores trabalharão para alcançar, proporcionando-lhes um senso de propósito;
2) As *regras* colocam limitações sobre como os jogadores podem alcançar o objetivo. Ao remover ou limitar as formas óbvias de chegar ao objetivo, as regras pressionam os jogadores a explorar possibilidades até então desconhecidas. Elas liberam a criatividade e promovem o pensamento estratégico;

3) O *sistema de feedback* diz aos jogadores o quão perto eles estão de alcançar o objetivo. Ele pode tomar a forma de pontos, níveis, uma pontuação ou uma barra de progresso. O *feedback* em tempo real serve como uma promessa aos jogadores de que o objetivo é definitivamente alcançável, e fornece motivação para continuar jogando;

4) A *participação voluntária* exige que todos que estão jogando conscientemente e voluntariamente aceitem o objetivo, as regras e o *feedback* do jogo.

Rogers (2013, p. 26), em seu *Guia para o design de grandes jogos*, define de forma bastante objetiva que um jogo é uma atividade que: (1) requer no mínimo um *jogador*; (2) tem *regras*; (3) tem uma *condição de vitória*. E, embora sua ênfase esteja voltada para os videogames, ele destaca uma regra de ouro que deve ser aplicada a toda modalidade de jogo e diz respeito ao objetivo: "Você deve ser capaz de resumir os objetivos de um jogo de forma rápida e clara." (p. 27).

As definições citadas demonstram a amplitude do conceito, bem como as múltiplas e possíveis visões a respeito do que é jogo, devido às variações tanto semânticas quanto de modalidades existentes. O Quadro 8.1 apresenta uma síntese das principais considerações dos autores mencionados sobre as definições de jogo, sendo possível observar as características mais recorrentes nesses estudos.

Quadro 8.1 Síntese das definições de "jogo" dos autores estudados

Características definidoras de um jogo apontadas pelos autores	Huizinga (2000)	Suits (1978)	Crawford (1984)	Costikyan (2002)[1]	Salen e Zimmerman (2012)[2]	McGonigal (2011)[3]	Rogers (2013)
Participação voluntária	■					■	
Representação, contexto imaginário, "faz de conta", "artificial", simulação segura	■		■		■		
Limitação temporária e espacial	■						
Regras	■	■			■	■	■
Formação de grupos sociais	■						
Meta, objetivo		■		■		■	■

(*continua*)

Quadro 8.1 Síntese das definições de "jogo" dos autores estudados (*continuação*)

Características definidoras de um jogo apontadas pelos autores	Huizinga (2000)	Suits (1978)	Crawford (1984)	Costikyan (2002)[1]	Salen e Zimmerman (2012)[2]	McGonigal (2011)[3]	Rogers (2013)
Meios para alcançar o objetivo							
Atitude lúdica							
Uma forma de arte							
Interação, entretenimento interativo							
Conflito, luta para alcançar um objetivo							
Estrutura, sistema							
Significado endógeno, propósito							
Jogador(es)							
Resultado quantificável, sistema de feedback, condição de vitória							

[1] Embora a referência consultada para esta publicação seja de 2002, o artigo original foi escrito por Costikyan em 1994.
[2] A versão original do livro *Rules of play: game design fundamentals*, de Salen e Zimmerman, é de 2004, mas neste trabalho fez-se uso da edição brasileira, publicada pela Editora Blucher e traduzida por Edson Furmankiewicz.
[3] McGonigal (2011) aponta a necessidade de jogador(es) como um pressuposto subentendido em todas as quatro características definidoras dos jogos que ela menciona, desse modo, optou-se por incluir essa informação no quadro.

De certo modo, é consenso que as características apresentadas pelos autores estão presentes nos jogos, à exceção da limitação temporária e espacial e da formação de grupos sociais às quais se refere Huizinga (2000). Entende-se, aqui, a limitação temporária e espacial como parcialmente verdadeira, uma vez que o jogo extrapola os limites espaço-temporais à medida que proporciona a simulação e representação de um contexto imaginário. Compreende-se também que a característica "formação de grupos sociais" não pode ser usada para definição de jogo. Ela pode ser resultante da prática de jogos, mas nem todos os jogos promovem-na por si só, pois alguns são pensados para funcionar no modo "solo".

Diante dessas considerações, propõe-se, aqui, a seguinte definição de jogo:

> Jogo é um sistema com regras, mecânica e objetivos definidos, que pressupõe a participação voluntária de um ou mais jogadores motivados hedonicamente; promove a simulação do mundo real ou de uma realidade criada; é alimentado por um conflito travado para alcançar um ou mais objetivos; e possui um sistema de *feedback* com resultados parciais e/ou finais quantificáveis.

8.2.1 COMO SE CLASSIFICAM OS JOGOS?

Os jogos podem ser classificados considerando a diversidade de sua natureza. De acordo com Marcolino (2017), os jogos podem ser divididos por suporte tecnológico, tipo, gênero e, ainda, contar com uma combinação de 16 tipos de diversão, descritos a seguir:

1) Por *suporte tecnológico*: os jogos de mesa, os esportivos (que usam espaços físicos), os híbridos (gabinetes de arcade, pinball, fliperama), os eletrônicos (em computadores, consoles para TV – popularmente chamados de videogames), navegadores de softwares, emuladores, dispositivos portáteis (celulares, smartphones, tablets, relógios digitais etc.).

2) Por *tipo*: os analógicos (jogos de mesa, como: xadrez, dominó, Jenga, Uno etc; e jogos de salão como: bilhar, pebolim, *ping-pong* etc.) e os eletrônicos ou digitais, aqueles que dependem de energia elétrica ou de computadores, softwares, emuladores e internet. Os jogos digitais podem conectar pessoas pela rede mundial de computadores, envolver atividade física (os que contam com sensores de movimento) e podem, ainda, ser diferenciados pela interface de tecnologia gráfica (2D ou 3D) e pelo tipo de câmera (fixa, 1ª pessoa, 3ª pessoa, *top-down* ou *scroller*).[4] De acordo com Schuytema (2008, p. 7), o jogo digital é uma "[...] atividade lúdica composta por uma série de ações e decisões, limitada por regras e pelo universo do game, que resultam em uma condição final", sendo um tipo de jogo controlado por programa digital e apresentado de forma eletrônica.

3) Por *gênero*: o gênero 1 é composto por jogos de ação (com muito movimento, saltos, tiros), aventura (de plataforma ou sobre ir de um ponto a outro), combate (focados na luta contra um ou mais indivíduos) ou estratégia (exige

4 *Top-down:* perspectiva onde a visão do jogo está sobre a cabeça do personagem, que pode se movimentar em qualquer ângulo. *Scroller:* perspectiva onde a visão do jogo está ao lado do personagem, muito comum em jogos de plataforma. O personagem pode se mover na horizontal (para esquerda e para a direita), na vertical (pode dar saltos) ou, ainda, de forma bidirecional.

cadenciamento de ideias e gerenciamento de recursos para derrotar um oponente ou desafio). O gênero 2 é formado por jogos de esportes (envolve qualquer atividade que demande exercício físico e destreza, com fins de recreação, manutenção do condicionamento corporal e saúde e/ou competição), simulação (objetiva simular uma situação de maneira mais verossímil possível) e corrida (a velocidade ou o término da atividade em primeiro lugar é o que mais importa). No gênero 3, estão os jogos de construção de mundos (os jogadores devem colaborar ou competir trabalhando na construção de um mundo) e os do tipo *Role Playing Game* (RPG) e *Massively Multiplayer Online* (MMO), no qual os jogadores escolhem personagens, normalmente de forma teatral, em que o objetivo principal é criar uma história. O gênero 4 inclui os jogos onde o desafio está em vivenciar uma história por meio da resolução de enigmas, quebra-cabeças (*puzzles*, *scapes*) ou situações-problema. Também estão nesse gênero os jogos casuais (de pouca complexidade intelectual, com comandos simples, normalmente para dispositivos portáteis e móveis; as partidas têm curta duração, simples e rápidas de aprender) e os de música (jogos de acompanhamento musical ou em que a música é utilizada para resolver *puzzles*). Segundo Apperley (2006), as definições de gêneros de jogos são fluidas, e por isso bastante controversas. Cada taxonomia de gênero não é apenas discutível, mas também rapidamente desatualizada pelo desenvolvimento concreto do jogo. De acordo com Breuer e Bente (2010), os gêneros podem mudar pelas formas de catalogação e orientação ao se escolher um jogo.

4) Por *tipos de diversão*: beleza (jogos bonitos, com uma boa música ou uma boa história), imersão (permitem esquecer do mundo e mergulhar no jogo), resolução de problemas intelectuais (jogos inteligentes, que desafiem a mente), competição (tentativa de ser o melhor), interação social (diálogos entre pessoas), comédia (jogos engraçados, que fazem rir), sensação de perigo (onde há adrenalina, aventura e risco de se perder), atividade física (que fazem o jogador sair da cadeira), amor (onde há o cuidado com alguém ou alguma coisa ou romance), criação (jogos de criar e montar coisas), poder (jogos que fazem o jogador se sentir poderoso e forte), descoberta (possibilidade de atingir novos níveis, áreas secretas, novas armas), avanço e finalização (os que permitem seguir sempre em frente, avançando fases e chegando ao fim do jogo), aplicação de habilidade (desafio de coordenação motora e reflexos rápidos), altruísmo (jogos em que se ajuda alguém, seja personagem jogador ou não jogador) e aprendizado (aqueles que trazem conhecimento sobre o mundo real).

Huizinga (2000) defende que o jogo é uma função humana tão importante quanto o raciocínio e a fabricação de objetos, propondo que *Homo ludens* ocupe um lugar na nossa nomenclatura ao lado de *Homo sapiens* e *Homo faber*. O desenvolvimento das tecnologias digitais nas últimas décadas ampliou essa relevância dos jogos e suas possibilidades de desenvolvimento e utilização.

Por consequência, os jogos de aprendizado ou educacionais – e mesmo os de entretenimento – passaram naturalmente a ser incorporados ao processo de ensino e aprendizagem nas mais variadas áreas do conhecimento (MATTAR; SOUZA; BEDUSCHI, 2017, p. 3). Para Furió *et al.* (2013), o ato de jogar, além de proporcionar prazer, é um meio de desenvolver habilidades de pensamentos e cognição, estimulando a atenção e a memória. Dessa forma, qualquer jogo pode ser desenvolvido tanto para fins de entretenimento como para fins educacionais, portanto nada impede que um jogo de entretenimento possa também ser utilizado para a educação.

A partir dessas considerações, ressalta-se que é possível, ainda, classificar os jogos pela sua finalidade: entretenimento, educacional, terapêutico ou museal.

Entende-se como jogo de entretenimento aqueles que se destinam à diversão do jogador, não havendo outra expectativa em termos de resultado, uma vez que o aprendizado não é o objetivo principal.

Por outro lado, conforme Boller e Kapp (2018, p. 40), os jogos educacionais (ou de aprendizagem) destinam-se a ajudar os jogadores no desenvolvimento de novas habilidades e na aquisição de novos conhecimentos, bem como o reforço dos já existentes. Esses tipos de jogos também podem ser chamados de "jogos sérios".[5] Domingues (2018, p. 13) apresenta os jogos sérios (*serious games)* como "[...] objetos lúdicos por natureza, originalmente estruturados como jogos, mas que seguem o vetor contrário ao da gamificação: direcionam elementos pertencentes ao 'universo não lúdico', do mundo 'sério', para uma estrutura nativa de jogo". A intenção desse segmento de jogos é promover o engajamento e estimular uma motivação de caráter intrínseco em seus usuários para influenciar o comportamento humano. Os jogos sérios possuem diversas vertentes que os distinguem pelos seus objetivos: *games for change* – jogos que buscam promover o desenvolvimento e a responsabilidade social; *advergames* – jogos com objetivos promocionais; jogos educativos – como o próprio nome já diz, são jogos que possuem fins educacionais etc.

Os jogos terapêuticos, por sua vez, são usados com o propósito de permitir o alívio de doenças ou desordens relacionadas à área médica, psiquiátrica ou psicológica, enquadrando-se na categoria de jogos sérios voltados para a saúde. Possibilitam aos jogadores a busca de maior consciência de suas dificuldades, decorrentes de problemáticas como transtornos de pânico, bipolaridade, compulsão alimentar, transtorno do déficit de atenção com hiperatividade (TDAH), entre outros. Por meio de desafios, os jogadores aprendem habilidades importantes para a vida cotidiana e seus relacionamentos.

E os jogos do tipo museal são definidos, segundo Marcolino (2017, p. 125), como um sistema no qual os jogadores/visitantes, por meio de regras definidas e relacionadas ao objeto da aprendizagem, colaboram ou competem usando o conteúdo e a materialidade dos acervos. Assim, a experiência da visita não se restringe apenas à

5 Os designers de jogos Michael e Chen (2006, p. 17) definem jogo sério como: "[...] um jogo em que a educação (em suas várias formas) é o objetivo principal, ao invés de entretenimento."

experimentação de jogos integrados a uma exposição, mas em genuína interatividade, seja a partir de ações presenciais ou em jogos de museus ofertados remotamente.

Seja qual for o tipo de jogo sério, é importante destacar que o simples fato de serem projetados dentro de uma estrutura de jogo não é garantia de que eles serão atrativos, uma vez que existem muitos jogos que não cumprem às expectativas de promover motivação e são considerados entediantes (DOMINGUES, 2018, p. 13). Alguns jogos sérios, como diz a expressão popular, tornam-se um "tiro que sai pela culatra", pois a inserção de conteúdo educativo elimina o essencial de um jogo, que é a ludicidade espontânea. Como os jogos sérios têm a proposta de educar sem perder de vista a diversão, muitas vezes precisam envolver times interdisciplinares (educadores, *game designers* etc.), na busca pelo equilíbrio entre aprendizagem e diversão, o que pode tornar seu processo de desenvolvimento demorado e de alto custo.

Sabe-se que não existe uma classificação para os jogos que seja universal ou oficial, porém, a fim de compilar as categorias encontradas e visando facilitar a leitura, são apresentados os Quadros 8.2 e 8.3. O Quadro 8.2 traz uma síntese da tipologia dos jogos, classificados também por suporte tecnológico e finalidade. O Quadro 8.3 expõe as várias classificações encontradas a partir do gênero, associadas a uma breve descrição e exemplos de aplicações. Vale salientar a existência de jogos que, dadas as suas características, podem ser classificados em mais de uma das categorias elencadas. Por esse motivo, essa classificação é flexível e passível de alterações.

Quadro 8.2 Síntese da classificação dos jogos pelo tipo e finalidade, relacionando-os ao suporte tecnológico e breve descrição, respectivamente

Tipo	Suporte tecnológico	Finalidade	Descrição
Analógico	Jogos de mesa, de cartas, de tabuleiro com cartas, peões, roletas; jogos que usam espaço físico.	Entretenimento	Jogos para diversão, recreação e distração.
Digital	Jogos que dependem de energia elétrica, computadores, softwares, emuladores e internet, e/ou de dispositivos portáteis (celulares, smartphones, tablets, relógios digitais etc.). São diferenciados pela interface de tecnologia gráfica: videogames 2D ou 3D, e pelo tipo de câmera: fixa, 1ª pessoa, 3ª pessoa, *top-down* ou *scroller*.	Educacional	Jogos com objetivos pedagógicos, relacionados ao ensino/aprendizagem.

(*continua*)

Quadro 8.2 Síntese da classificação dos jogos pelo tipo e finalidade, relacionando-os ao suporte tecnológico e breve descrição, respectivamente (*continuação*)

Tipo	Suporte tecnológico	Finalidade	Descrição
Híbrido	Jogos que marcaram a transição entre os analógicos e os eletrônicos: arcades, como o pinball; ou que são analógicos, mas fazem uso de suportes eletrônicos: *Mansion of Madness, Unlock!, X-Com, Alchemists, Detective – A Modern Crime Board Game, Chronicles of Crimes* etc.	Terapêutico	Voltados para a saúde, objetivam o alívio de doenças ou desordens de cunho médico, psiquiátrico ou psicológico.
		Museal	Os que envolvem educação informal no tratamento da especificidade, materialidade e valor patrimonial dos museus.

Fonte: Elaborado pelas autoras.

Quadro 8.3 Síntese da classificação dos jogos pelo gênero, com breve descrição e exemplos de aplicação

Gênero	Descrição	Aplicações
Ação	Jogos em tempo real com muito movimento, saltos, tiros.	Promover a destreza sensorial e de reflexo, incentivar a competitividade.
Aventura	De plataforma ou sobre ir de um ponto a outro.	Promoção da capacidade criativa do jogador.
Combate	Focados na luta contra um ou mais indivíduos por meio da combinação de movimentos e manobras de ataque e defesa.	Desenvolvimento da coordenação motora com combinações complexas.
Estratégia	Exige cadenciamento de ideias e gerenciamento de recursos para derrotar um oponente ou desafio.	Jogadores devem considerar o balanceamento das variáveis e recursos: como adquiri-los, avaliando o custo-benefício de tais ações.
Esportivo	Envolve qualquer atividade que demande exercício físico e destreza, com fins de recreação, manutenção do condicionamento corporal e saúde e/ou competição.	Promoção da destreza sensorial e resposta/reflexo.

(*continua*)

Quadro 8.3 Síntese da classificação dos jogos pelo gênero, com breve descrição e exemplos de aplicação (*continuação*)

Gênero	Descrição	Aplicações
Simulação	Objetiva simular uma situação do mundo real de maneira mais verossímil possível, com operação de máquinas complexas como carros, aviões, foguetes.	O realismo e a precisão dos comandos e suas operações são os principais aspectos.
Corrida	A velocidade ou o término da atividade em primeiro lugar é o que mais importa.	Semelhantes às dinâmicas dos jogos de ação, aventura e esportivos, tendo a velocidade como meta primordial.
RPG e MMO	Jogos que envolvem colaboração ou competição na construção de mundos imaginários. Os jogadores escolhem personagens, normalmente de forma teatral, em que o objetivo principal é criar uma história.	Exige o microgerenciamento de personagens, escolha de equipamentos e armas, sistema de magias amplo.
Puzzles	Vivenciar uma história de desafio intelectual com resolução de enigmas, quebra-cabeças.	Problemas de lógica, matemática ou enigmas filosóficos.
Casuais	Acessíveis ao grande público, normalmente idealizados para dispositivos portáteis e/ou móveis, como celulares, tablets e smartphones. Considerados de pouca complexidade intelectual, com comandos simples.	De curta duração e rápidos de aprender, ajudam no desenvolvimento de habilidades motoras por meio de combinações de peças.
Musicais	Jogos com acompanhamento musical, no qual a jogabilidade é frequentemente baseada nas interações do jogador com uma música ou notas musicais para resolução de *quizzes*.	Comumente associados aos do gênero *puzzle*, combinam desenvolvimento de coordenação motora, agilidade, memória e raciocínio.

8.3 GAMIFICAÇÃO

Diferentemente dos jogos sérios, a gamificação não se aplica a um ambiente nativo de jogo, ela usa elementos de jogo em contextos de não jogo (que antes não tinham relação com jogos), visando ao maior engajamento e motivação das pessoas envolvidas na atividade e, dessa forma, contribuindo para a aprendizagem e resolução de problemas. Mas como e quando esses elementos lúdicos extrapolaram os limites e passaram a fazer parte de outros campos profissionais e do saber?

De acordo com Faria *et al.* (2009, p. 465), os precursores dos jogos de simulação organizacionais são datados de 1932, na Europa, e de 1955, na América do Norte. Eles relatam que Mary Birshstein, professora do *Leningrad Institute*, foi pioneira na incorporação do conceito de *war games* ao contexto organizacional, em 1932. Kapp (2021) afirma que a Birshstein é atribuído o título de "Mãe dos jogos de simulação soviéticos". Primeiramente, ela desenvolveu um sistema que simulava a montagem de máquinas de escrever, com a finalidade de treinar os gestores da fábrica Ligovo para lidar com problemas da produção. Depois disso, diante de problemas com a qualificação da mão de obra na construção civil, no período de ascensão da então União Soviética (URSS), ela teve a ideia de adaptar os princípios de *war games* com questões econômicas e logísticas para melhorar o sistema produtivo. Embora tenha evitado qualquer terminologia relativa a jogo nas simulações que criara, para evitar que seu trabalho não fosse levado a sério, Birshstein pode ser considerada a fundadora dos jogos de aprendizagem modernos (KAPP, 2021). Pode-se dizer também que ela foi pioneira na gamificação do sistema produtivo e de negócios.

Outros exemplos que poderiam ser considerados como precursores da aplicação da gamificação em setores comerciais são citados pelo professor Werbach (c2021), em seu curso de gamificação pela Universidade da Pensilvânia. Ele menciona que, em 1912, a empresa Cracker Jack passou a incluir um brinquedo ou outros tipos de entretenimento nas embalagens de seus produtos. Além disso, também cita os primeiros programas de milhagem, como uma tentativa de gamificação para melhorar os resultados de seus negócios. Mas, afinal, essa prática pode ser considerada verdadeiramente gamificação? Para se traçar uma resposta a essa pergunta, é necessário entender melhor como ela funciona. O próprio Werbach (c2021) inicia a aula "Exemplos e Categorias", da unidade "O que é gamificação?", demonstrando quão vago e incipiente é o uso de artifícios como: "Parabéns! Você concluiu o último segmento da primeira unidade do curso. Você ganhou uma medalha". Ele diz que esse é um uso bastante pobre de gamificação, por ser desprovido de alguns elementos considerados necessários a esse processo: (1) contexto real, (2) propósito, e (3) integração de forma cuidadosa com o processo básico.

No contexto educacional, a gamificação surge com o intuito de utilizar os jogos com finalidade instrucional, a fim de despertar o interesse, desenvolver a criatividade e aumentar a participação dos estudantes em sala de aula.

Para Zichermann e Cunningham (2011, p. 16), a gamificação apresenta-se como uma sistemática para a resolução de problemas e para o aumento da motivação e do engajamento. Conceitualmente, os autores definem a gamificação como um processo de utilização do pensamento e dinâmica de jogos para engajar audiências e resolver problemas em áreas normalmente não associadas a jogos, porém a melhor definição para o contexto da aprendizagem é dada por Kapp (2012, p. 7, tradução nossa): "Gamificação é a utilização de mecânica, estética e pensamento baseados em jogos para engajar pessoas, motivar a ação, promover a aprendizagem e resolver problemas".

A metodologia da gamificação é baseada na utilização de elementos de jogos (cartas, tabuleiros, dados, avatares, desafios, *rankings*, prêmios, *quizzes* etc.) em contextos diferentes da sua proposta original. Essa prática ainda conta com a presença constante das características inerentes ao jogo, como a competição, os *feedbacks* instantâneos, a evolução e a recompensa (premiação). Surge como uma resposta a diversos males que afetam a educação tradicional, sendo o maior deles o desinteresse dos aprendizes. Essa é uma das causas de evasão escolar, uma vez que os estudantes, frequentemente, associam a aprendizagem a algo difícil ou entediante. O método da gamificação pode facilitar o processo e levá-los a conhecer novos modelos de aprendizagem, capazes de gerar interações mais divertidas, além de instrutivas e mais efetivas, contribuindo para melhor desenvolvimento e aproveitamento. A interação entre os estudantes de forma globalizada, por competições e por meio de atividades colaborativas, encoraja os alunos a trabalharem em equipe para resolução de problemas, mantendo-os motivados, engajados e em contato com o conteúdo por mais tempo.

Segundo Busarello (2016, p. 12), ambientes gamificados podem contribuir para a criação de contextos motivacionais, uma vez que se baseiam em desafios emocionantes, recompensas pela dedicação e eficiência, e oferecem um espaço para que líderes apareçam espontaneamente.

8.3.1 APLICABILIDADE NA EDUCAÇÃO

Duolingo

Idealizada em 2009 e lançada oficialmente em 2012, pelo professor Luis von Ahn, da Universidade Carnegie Mellon, e seu aluno de graduação, Severin Hacker (DUARTE, 2019), Duolingo[6] é uma plataforma online colaborativa focada no aprendizado de línguas, sendo combinada a um serviço de tradução de idiomas. Foi concebida de modo que, ao estudar determinado idioma, o estudante (consciente disso ou não) ajuda a traduzir sites e documentos online, método conhecido como "aprendizado implícito", que contribui para o desenvolvimento de uma base sólida em um idioma e sua gramática. Os iniciantes começam o curso traduzindo frases simples e, de acordo com seu progresso, passam a receber trechos mais complexos. Os usuários da plataforma são também convidados a dar notas para as traduções dos colegas, permitindo o feedback quanto à compreensão e ao aprendizado dos responsáveis pelo trabalho realizado. Às contribuições são atribuídos pontos, obrigatórios para que avancem, algumas incluem até a contagem de tempo. Por outro lado, as respostas incorretas levam à perda de pontos e de "vidas", atrapalhando sua evolução no jogo.

O caráter educativo dessa gamificação está no fato de que os usuários aprendem traduzindo e avaliando traduções. Além do processo de aprendizagem, estão, ao mesmo tempo, trabalhando sem que, de fato, haja qualquer remuneração por suas contribuições.

---

6 DUOLINGO. Aprenda idiomas de graça. Agora e sempre. [2020] Disponível em: https://pt.duolingo.com/. Acesso em: 29 abr. 2021.

Khan Academy

Lançada em 2008 por Salman Khan, a Khan Academy[7] é uma plataforma de ensino que oferece educação gratuita e irrestrita para crianças de todas as idades e de qualquer lugar. Começou com um professor ensinando matemática no YouTube e se tornou uma enorme coleção de mais de 3 mil vídeos educacionais sobre Matemática, Física, Química, Finanças, Biologia, Ciência da Computação etc., sendo acessado por milhares de pessoas que aprendem com o conteúdo disponibilizado. O sistema utiliza a mecânica de aprendizado utilizada nos jogos de habilidade, em que é necessário estudo e competência para desbloquear novas aulas e aprimorar novas habilidades. Além disso, fornece ferramentas gratuitas para pais e professores acompanharem o desenvolvimento dos alunos ou filhos por meio de painéis com resumo do desempenho de toda a turma ou de perfis individuais detalhados.

MindLab

O MindLab[8] é um programa voltado para a gamificação pedagógica, sendo idealizado pela Instructional Science, líder mundial em pesquisa e desenvolvimento de tecnologias educacionais inovadoras. Fundada em Israel, na década de 1990, por especialistas em Neuroeducação e Psicopedagogia, a metodologia visa ampliar as possibilidades de aprendizagem de crianças e adolescentes a partir do uso de jogos de raciocínio como ferramentas de capacitação para alunos, professores e escolas, com desenvolvimento de habilidades sociais, emocionais, cognitivas e éticas, de forma integrada. São utilizados jogos para estimular o avanço das áreas cognitivas, metacognitivas e também aspectos motivacionais para a resolução de problemas. Reforça, ainda, a ideia de que a experiência do jogo é uma ferramenta que oportuniza a vivência de situações que envolvem cooperação e competição, vitória e derrota, acerto e erro, trabalho em equipe, reconhecimento de emoções e aprimoramento de aspectos como determinação, persistência e autodisciplina (FEITOZA, 2021, p. 180).

CodeCombat

O CodeCombat[9] é uma plataforma intuitiva e divertida para aprendizado de programação (nas áreas de ciência da computação, *game developmen*t e *web development*), por meio de um jogo real. Similar a um jogo de RPG (em que o jogador pode escolher um personagem para realizar qualquer ação), é necessário que o jogador escreva uma linha de comando associada a uma determinada linguagem de programação. Possui

---

7 KHAN ACADEMY. Um recurso de aprendizado personalizado para todas as idades. c2021. Disponível em: https://pt.khanacademy.org/about. Acesso em: 29 abr. 2021.

8 Disponível em: https://www.mindlab.com.br/a-mind-lab/. Acesso em: 28 abr. 2021.

9 CODECOMBAT. O jogo mais envolvente para aprender programação. Disponível em: https://br.codecombat.com/. Acesso em: 29 abr. 2021.

três níveis: fácil (*Python*), médio (*JavaScript*) e difícil (*CoffeeScript*). Foi criado em 2013 por uma *startup* de jogos educacionais com sede em San Francisco, Califórnia (FEITOZA, 2021, p. 181). É uma plataforma que também permite aos professores usarem ferramentas para aumentar o potencial dos alunos, por meio da aplicação de aprendizagem baseada em projetos e problemas, avaliações somativas e formativas, e uso de painéis com os dados progressivos de desenvolvimento dos estudantes.

8.3.2 APLICABILIDADE EM NEGÓCIOS

O Woot.com[10] é um site de *e-commerce* que apresenta um modelo de negócio bastante peculiar (VIANNA *et al.*, 2013, p. 21). Seu modelo de vendas "*One Day, One Deal*" ("Um dia, um negócio") significa que há apenas uma oferta de produto diária, disponível em quantidades limitadas. Os itens são renovados sempre à meia-noite em ponto, nunca antes ou depois desse horário, assim, caso queiram realmente adquirir as mercadorias do site, os interessados precisam se submeter à rigidez das regras estabelecidas. Como cada produto tem disponibilidade limitada e é desconhecido até o instante da publicação da oferta, evidencia-se uma combinação de fatores que influenciam a impulsividade dos potenciais compradores. Após a aquisição e parceria com a Amazon, se um produto é vendido rápido o suficiente e esgota, um novo produto será oferecido para compra, mas nunca anunciado previamente.

O processo de compra significa ficar acordado até altas horas, o que pode trazer um grande desconforto na manhã seguinte, mas os clientes não podem perder a chance de adquirir um produto bastante desejado a um preço excepcional. Assim, após várias tentativas e de se submeterem ao processo por algumas noites, a maioria dos usuários acaba trocando seu real interesse pelo produto ofertado pela sensação de finalmente conseguir adquirir o que quer que seja. A proposta é valorizar ao extremo a oferta e aproveitar a impulsividade dos consumidores, e, nesse sentido, o que importa é vencer a disputa contra os demais "competidores", clientes do site, e não o que estão levando para casa, de fato (VIANNA *et al.*, 2013, p. 22).

8.3.3 APLICABILIDADE EM EMPRESAS E ORGANIZAÇÕES

O Taqe[11] é um software de recrutamento e seleção a distância que traz a aplicabilidade da gamificação em recursos humanos. Utilizado para a área de gestão de pessoas, uma evolução da tradicional área de administração de recursos humanos (SANTOS; TREVISAN; VELOSO, 2020, p. 41).

Pela plataforma, o perfil dos candidatos é preenchido em forma de jogo, com níveis e pontos atribuídos a cada tarefa e, a partir dessa pontuação, o perfil do candidato é

---

10 Woot.com - plataforma de *e-commerce*. Disponível em: https://www.woot.com/. Acesso em: 29 abr. 2021.

11 Plataforma Taqe. Disponível em: https://www.taqe.com.br/. Acesso em: 29 abr. 2021.

"cruzado" com o perfil demandado pelas vagas anunciadas para as indicações de entrevistas, ou seja, o sistema permite organizar as informações essenciais sobre o perfil dos candidatos e associá-las às empresas. Além de ser utilizado no recrutamento e seleção (em que se diferencia tanto pela inovação quanto pelo método de avaliação e seleção de candidatos), o Taqe facilita o reconhecimento de níveis de desempenho extraídos durante os treinamentos (ao externalizar as potencialidades dos candidatos).

8.3.4 APLICABILIDADE EM EXPERIÊNCIAS SOCIAIS DIVERSAS

Algumas áreas têm se destacado no uso da gamificação, obtendo sucesso e alcançado benefícios mensuráveis. Alves (2015, p. 104) menciona a gamificação em experiências sociais como forma de acelerar a velocidade para alcançar nichos específicos de mercado, para promoção de um produto ou serviço ou para aumentar o engajamento dos clientes.

Um certo experimento gamificado, aplicado a uma estação de metrô em Estocolmo, na Suécia, estimulou as pessoas a trocar a escada rolante pela escada fixa, como incentivo ao exercício físico. Na estação Odenplan, foram criadas teclas de piano nos degraus da escada fixa, literalmente. Além do efeito estético das placas pretas e brancas, imitando teclas, foi instalado um dispositivo com sensor sonoro: a cada passo, foi possível escutar um som, como se a pessoa estivesse tocando piano nos degraus com os próprios pés. A ideia foi registrada[12] desde a instalação dos degraus interativos até a surpresa das pessoas ao constatarem que subir a escada poderia ser algo divertido. O resultado foi o aumento de 66% do uso da escada tradicional (FERREIRA, 2016).

A experiência reflete como a gamificação tem influência no comportamento social – as pessoas sobem pelo piano e querem tocar sua própria música. Devido à imprevisibilidade (possibilidade de experimentar coisas novas, testar como soam as notas ao serem pisadas de formas diferentes) e à dúvida (será que o piano estaria ali no dia seguinte?), as pessoas são convidadas a tomarem uma decisão (a escada rolante ou o piano?) e acabam se permitindo vivenciar a brincadeira.

Já um projeto criado por Kevin Richardson, em 2011, chamado *Speed Camera Lottery*,[13] também na Suécia (ALVES, 2015), fez com que todos os motoristas que respeitassem o limite de velocidade concorressem a uma loteria especial a ser paga com o dinheiro das multas de quem não respeitasse a lei. Instalaram uma máquina que registrava todos os carros passantes em um cruzamento específico, com a medição da velocidade de cada um. Por meio das fotos, os motoristas eram identificados e, se ficassem dentro do limite, entravam automaticamente para a lista de possíveis ganhadores. Em um período de três dias, 24.857 carros passaram pelo cruzamento. Antes

---

12 Vídeo gravado na estação Odenplan. Disponível em: https://www.youtube.com/watch?v=2lXh2n0aPyw. Acesso em: 27 abr. 2021.

13 Projeto *Speed Camera Lottery*. Disponível em: https://www.youtube.com/watch?v=iynzHWwJXaA. Acesso em: 27 abr. 2021.

do experimento, a velocidade média dos carros era de 51,5 km/h. Durante o experimento, essa velocidade baixou para 40,2 km/h, uma diminuição de 22%.

Nesse exemplo, a gamificação exerceu influência comportamental dos motoristas, pois houve redução da velocidade, estimulada pela imprevisibilidade, sensação de medo (perda monetária ao receber multa) e sensação de bonificação (possibilidade real de receber um prêmio em dinheiro).

8.4 JOGOS, GAMIFICAÇÃO E PATRIMÔNIO CULTURAL

Conforme apresentado ao longo dos tópicos anteriores, independentemente do tipo, finalidade ou gênero, os jogos são elementos de uma cultura e podem contribuir para a solução de problemas nos mais diversos contextos. Bontchev (2015), referindo-se aos videogames, afirma que estes são valiosos artefatos que refletem questões tecnológicas, socioeconômicas e históricas de sua criação, e, por esse motivo, consistem em uma parte essencial e integrada do patrimônio cultural moderno. A afirmativa também é verdadeira quando se trata de jogos analógicos, pois, como visto no início deste capítulo, eles existem há mais de 5 mil anos.

Como um elemento de cultura desde as mais variadas e antigas civilizações, os jogos consistem em um patrimônio cultural da humanidade. Entende-se aqui por patrimônio cultural o que consta na Constituição Federal Brasileira de 1988:

> Constituem patrimônio cultural brasileiro os bens de natureza material e imaterial, tomados individualmente ou em conjunto, portadores de referência à identidade, à ação, à memória dos diferentes grupos formadores da sociedade brasileira, nos quais se incluem: I - as formas de expressão; II - os modos de criar, fazer e viver; III. as criações científicas, artísticas e tecnológicas; IV - as obras, os objetos, os documentos, as edificações e demais espaços destinados às manifestações artístico-culturais; V - os conjuntos urbanos e sítios de valor histórico, paisagístico, artístico, arqueológico, paleontológico, ecológico e científico (BRASIL, 1988, p. 126).

Além de ser uma manifestação artístico-cultural, os jogos e a aplicação de seus princípios por meio da gamificação podem contribuir para o acesso, propagação e compartilhamento de informações referentes aos bens culturais de natureza material ou imaterial.

É importante ressaltar que o processo de gamificação não é uma tarefa trivial e que requer planejamento cuidadoso. Visando contribuir para a área, Gunnarsson (entre 2014 e 2020) apresenta um manual prático com diretrizes, exemplos de gamificação e abordagem baseada em jogos para o patrimônio cultural, no qual são identificadas cinco questões essenciais que devem ser observadas ao se gamificar: (1) *objetivo e público-alvo* – o que se pretende e a quem se destina; (2) *enredo* – como se desenvolve a narrativa; (3) *materiais e espaço* – quais são os materiais e meios disponíveis e quais deles se pretende utilizar; (4) *formato e apresentação* – qual será o formato e o modo de apresentação adequado para determinado público-alvo; e (5) *promoção e comunicação* – qual será a forma de difusão da aplicação (aspecto fundamental, que deve ser previsto desde o início da concepção do projeto). Além dos princípios gerais para a gamificação do patrimônio cultural, o autor fornece dicas específicas para a aplicação da gamificação em museus, sítios arqueológicos, centros históricos e para dispersar pessoas em uma grande área.

Outra pesquisa interessante sobre gamificação voltada para o patrimônio cultural é apresentada por Bontchev (2015), que aponta quatro categorias de possíveis aplicações dos jogos sérios relacionados à essa temática: (1) *museus virtuais interativos* – uso de tecnologia de jogos tanto para entretenimento como para fins educacionais; (2) *protótipos e demonstrações* – jogos baseados na reconstrução virtual e modelagem geométrica (3D) georreferenciada de antigos sítios históricos; (3) *aquisição de conhecimento sobre o patrimônio cultural imaterial* – jogos que requerem habilidades interculturais e jogos para treinamento de idiomas com simulações 3D de alta fidelidade de cenários culturais; (4) *marcação social e aquisição de conhecimento* – jogos sérios para incentivar os participantes a enviar informações precisas sobre artefatos culturais incorporados, de modo a ampliar a busca e a verificação de conhecimento.

Verifica-se que as possibilidades de aplicações lúdicas voltadas para o patrimônio são diversas, sendo que a maioria dos casos relatados na literatura aborda principalmente os jogos sérios ou de entretenimento. Cesário (2020), por exemplo, aponta como as tecnologias digitais podem facilitar o ensino de história natural nos museus de ciência por meio da promoção e criação de experiências museológicas imersivas para adolescentes, especialmente usando a narrativa digital junto aos jogos baseados e localizados em espaços reais. Seu estudo objetiva estabelecer diretrizes, projetar, desenvolver e estudar narrativas interativas e experiências de gamificação em museus de ciências, com foco em proporcionar experiências agradáveis e envolventes para adolescentes com idades entre 15 a 17 anos (CESÁRIO, 2020).[14] A seguir, são apresentadas algumas aplicações para elucidação.

RPG – A Bandeira do Elefante e da Arara

O jogo de interpretação de papéis (RPG) *A Bandeira do Elefante e da Arara* (ABEA), desenvolvido por Kastensmidt (2017), é contextualizado no Brasil Colonial do século XVI, mas incorpora um mundo fantástico de criaturas lendárias do folclore brasileiro. Pelo seu potencial de envolver seus participantes e motivá-los a conhecer mais sobre a diversidade dos povos originários do Brasil, assim como a cultura africana, e não somente a cultura eurocêntrica dos colonizadores, esse RPG ganhou espaço como instrumento paradidático nas escolas do país, tendo sido contemplado pela Lei de Incentivo à Cultura.

[14] Vanessa Cesário palestrou pelo Programa de lives Diálogos Digitais da DigitalLAB/UFG, transmitida pelo UFG Oficial, canal da UFG no YouTube, em 5 jun. 2021. Disponível em: https://www.youtube.com/watch?v=6gJI5zQou-4. Acesso em: 17 jun. 2021.

Trata-se de um premiado jogo de entretenimento com caráter educativo, com um livro de interpretação de papéis muito bem ilustrado que contribui para a valorização e divulgação do patrimônio cultural brasileiro. Em entrevista concedida ao Covil dos Jogos,[15] o autor conta que professores relataram experiências positivas, entre elas a de uma criança que antes estava sempre no fundo da sala, de cabeça baixa e nunca havia falado ou participado das aulas, mas quando convidada a interpretar algum dos personagens no contexto do RPG, simplesmente se soltou e começou a falar com muita naturalidade.

Minecraft

O Minecraft[16] é um jogo eletrônico desenvolvido e publicado pela empresa sueca Mojang Studios e que, em 2014, teve a propriedade intelectual adquirida pela Microsoft. É um *sandbox game*, isto é, um tipo de jogo que incorpora o conceito de "mundo aberto" no qual seus usuários têm liberdade para criar, propor atividades com objetivos personalizados. Essas características possibilitam uma elevada jogabilidade e variedade de aplicações, e estimulam o surgimento de várias iniciativas que usam os recursos do Minecraft para fins culturais e educacionais. Entre elas destacam-se, a seguir, algumas aplicações no contexto patrimonial.

Com o objetivo de orientar professores para que estes possam conduzir seus alunos na reconstrução de patrimônios da UNESCO, Tupy (2019) propõe a atividade *History Blocks,* que adota a tecnologia do jogo Minecraft. A proposta da atividade é reconstruir monumentos históricos destruídos em zonas de guerra. Mas, antes disso, os alunos devem estudar, pesquisar e compreender as formas geométricas e proporções desses bens patrimoniais na vida real, de modo a recriá-los por meio de blocos no Minecraft, fazendo deste jogo de videogame um instrumento educativo. Uma das principais vantagens da utilização desse recurso é a popularidade do Minecraft entre o público infanto-juvenil, que faz aumentar ainda mais o engajamento dos estudantes nas atividades escolares que fazem uso desse instrumento.

No Dia Internacional do Museu, 18 de maio, a Mojang lançou novos mundos e lições relacionados à visitação em museus,[17] na versão educacional chamada Minecraft: *Education Edition.*[18] Nesta versão, professores e alunos podem passear por recriações

---

15 Entrevista com Christopher Kastensmidt (A Bandeira do Elefante e da Arara RPG) concedida ao canal Covil dos Jogos. Disponível em: https://www.youtube.com/watch?v=eBMFpIRv4ng&t=417s. Acesso em: 25 abr. 2021.

16 MOJANG STUDIOS. Minecraft. c2021. Disponível em: https://www.minecraft.net/pt-pt. Acesso em: 20 jun. 2021.

17 MOJANG STUDIOS. Enter Vast Virtual Museums in Minecraft. c2021. Disponível em: https://education.minecraft.net/pt-pt/blog/enter-vast-virtual-museums-in-minecraft. Acesso em: 24 jun. 2021.

18 MOJANG STUDIOS. Minecraft Education Edition. c2021. Disponível em: https://education.minecraft.net/ Acesso em: 20 jun. 2021.

virtuais de dois museus do mundo real – o Washington State History Museum e o Pacific Science Center, nos Estados Unidos –, além de terem a oportunidade de criar seu próprio museu, preenchendo-o com artefatos sobre qualquer tópico escolhido (desde dinossauros a personagens digitais). Os professores, ao optarem pela utilização da ferramenta de forma didática, podem estar semeando futuros curadores, historiadores ou programadores, uma vez que estimulam o conhecimento a partir de várias experiências na plataforma.

Em 2016, o Museum of London encomendou o jogo *Great Fire* 1666[19] por ocasião do 350º aniversário do incêndio mais devastador da história da cidade. Inspirados nas coleções do museu, os mapas do jogo permitem que seus jogadores explorem a cidade de Londres de 1666, vivenciem a história do incêndio, descubram as causas do terrível evento, ajudem a combater o fogo e, eventualmente, tentem reconstruir a cidade. Para tanto, três mapas cobrem Londres em três estágios: antes do incêndio ("Pre-fire London"), durante os quatro dias do acontecimento ("The fire"), e após o incidente ("Rebuild London"). Os mapas podem ser baixados gratuitamente no site do museu.

Outra ação elaborada a partir das funcionalidades do Minecraft foi o uso do jogo para reconstruir a Faculdade de Arquitetura e Urbanismo, o Edifício Vilanova Artigas, uma das obras mais importantes da arquitetura moderna brasileira (JORNAL DA USP, 2021). O edifício foi modelado[20] em escala real e em detalhes por cinco estudantes da Faculdade de Arquitetura e Urbanismo da Universidade de São Paulo (FAU-USP) a partir das informações do projeto original publicado por Barossi (2017). Segundo os estudantes, a ideia da construção virtual surgiu da saudade do espaço físico da faculdade e da oportunidade de apresentar o edifício aos calouros de 2021 de modo mais imersivo (do que apenas por fotos e vídeos), já que eles não poderiam conhecer o espaço presencialmente no início do ano por conta da pandemia.

Assassin's Creed

O Assassins's Creed, da Ubisoft,[21] é uma famosa série de RPG que funciona por meio de suportes tecnológicos digitais como computadores, consoles e dispositivos móveis. A série mescla acontecimentos e figuras históricas a eventos e personagens de ficção, e tem como enredo a rivalidade entre duas sociedades secretas: os Assassinos, que lutam para preservar o direito de liberdade e livre arbítrio, e os Templários, que desejam impor a ordem ao mundo por meio da dominação. Uma de suas características

[19] BLAIR, Joshua. Great Fire 1666: The Great Fire of London in Minecraft. 2016. Disponível em: www.museumoflondon.org.uk/discover/great-fire-1666. Acesso em: 24 jun. 2021.

[20] Vídeo da construção e espaços de interação do Edifício Vilanova Artigas, modelado pelos alunos da FAU-USP. Disponível em: https://www.youtube.com/watch?v=6l13rO53pv8. Acesso em: 28 jun. 2021.

[21] UBISOFT. Assassins's Creed. c2020. Disponível em: https://www.ubisoft.com/pt-br/game/assassins-creed. Acesso em: 2 maio 2021.

marcantes é o grau de realismo e a imersão que são proporcionados pela qualidade gráfica. Compreende-se que a documentação de conjuntos arquitetônicos e urbanísticos é um dos maiores benefícios desse jogo ao patrimônio cultural, ainda que essa não seja a intenção original. Nesse sentido, Barbara (2020, p. 3) menciona o Assassins's Creed como um exemplo de utilização de representações virtuais de edifícios e contextos existentes do mundo real, dado o seu grau de realismo, e cita a utilização dessas representações na reconstrução da Catedral de Notre Dame, que fora parcialmente destruída por um incêndio em abril de 2019.

Elin's Mysterium

Elin's Mysterium é um jogo de aventura disponibilizado por meio de um aplicativo para dispositivos móveis a ser usado no centro da cidade de Skövde, na Suécia. De acordo com o relato de Alvarez Díaz, Toftedahl e Svensson (2014), o jogo faz uso de uma plataforma de localização para despertar a fantasia e a curiosidade das crianças sobre o patrimônio cultural e adota o design de um jogo de mistério associado à exploração móvel, ao trabalho em equipe e à realidade aumentada para transmitir conteúdo. Os recursos dos dispositivos móveis como bússola, GPS, reconhecimento de imagem por meio de câmera são utilizados para que os jogadores procurem símbolos, contabilizem objetos e encontrem edifícios, praças e parques, com o objetivo de resolver quebra-cabeças.

Aplicativo "Fala Sério!?"

Direcionado especialmente ao público adolescente, o aplicativo Fala Sério[22] foi desenvolvido por Rocha (2017) para uso em tablets e smartphones. É voltado à divulgação e acessibilidade a sites de museus virtuais e cibermuseus. Pelos links, as pessoas têm acesso a museus virtuais e cibermuseus de seu interesse, seja no Brasil ou no mundo. A interface escolhida para a tela de fundo cria o ambiente de jogo em que, por meio de cliques, o usuário é estimulado a procurar e investigar e, assim, instiga-se a consciência cultural, valorização e reconhecimento da cultura local, além da compreensão e respeito às diversidades culturais elencadas pelo patrimônio nacional e o patrimônio da humanidade.

3DGuides

O 3DGuides[23] é uma plataforma resultante de um projeto cofinanciado pelo governo da Grécia e a União Europeia, que tem como objetivo permitir a criação de guias

---

22 Aplicativo Fala Sério. Disponível em: https://galeria.fabricadeaplicativos.com.br/fala_serio. Acesso em: 17 jun. 2021.

23 Plataforma 3DGuides. Disponível em: http://www.3dguides.eu/en-us/. Acesso em: 29 jun. 2021

multilíngues que podem ser visualizados em 3D e em Realidade Aumentada (RA). De acordo com Kotsopoulos *et al.* (2019), o sistema é composto por dois subsistemas, um para gerenciamento e distribuição centralizada de documentos multimídia sobre o patrimônio cultural e outro para criação de aplicativos 3D a partir da organização de histórias associadas a recursos de gamificação.

O 3DGuides permite oferecer experiências gamificadas baseadas em localização, informações históricas sobre o patrimônio cultural (sobretudo monumentos e sítios arqueológicos) e serviços para usuários de dispositivos móveis, como visualização de mapas e roteiros das principais atrações, criação de novos percursos a partir das histórias, minijogos, interação com modelos geométricos (3D), recursos em RA e compartilhamento de status e conquistas, com várias ações associadas a pontuações e recompensas.

Os primeiros guias criados e disponibilizados contemplam nove localidades gregas. As aplicações de gamificação associam *quizzes* às localizações geográficas selecionadas; por exemplo, se o usuário se posicionar no Parthenon, dentro do guia de Atenas, ele poderá responder a perguntas sobre o monumento em questão.

De acordo com os desenvolvedores do 3DGuides, não é necessário que o usuário possua conhecimento profissional de programação para que possa utilizar a plataforma e criar um novo guia, entretanto é necessário realizar o cadastro e aguardar a triagem e autorização por parte dos administradores para, então, poder criar o próprio guia. Ao explorar os guias disponíveis, percebe-se, no entanto, que ainda há muitos botões inativos que carecem de alimentação com informações. Não é possível ter certeza se os desenvolvedores darão continuidade à alimentação dos guias, pois os primeiros foram divulgados na página da plataforma entre 2016 e 2017[24] e não há mais atualizações desde então, entretanto a plataforma se apresenta como uma forma de possível aplicação da gamificação ao patrimônio com o uso de dispositivos móveis que, somada aos exemplos citados anteriormente, permite vislumbrar quão vastas são as possibilidades de aplicação da gamificação para a valorização do patrimônio cultural.

8.5 POTENCIALIDADES E LIMITAÇÕES DA GAMIFICAÇÃO APLICADA AO PATRIMÔNIO CULTURAL

Conforme demonstrado nos exemplos, os jogos e a gamificação, quando eficazmente desenvolvidos e corretamente aplicados, são ferramentas poderosas com características que, de acordo com Prensky (2001, p. 1), podem tornar as atividades, sejam elas quais forem, mais satisfatórias (são uma forma de diversão), envolventes (são uma brincadeira), estruturadas (possuem regras), motivantes (têm metas e objetivos), ativas (são interativas); fluidas (são adaptativas); didáticas (apresentam resultados e *feedback*), gratificantes (têm status de vitória), empolgantes (têm conflitos e

[24] Página da plataforma 3DGuides no Facebook. Disponível em: https://www.facebook.com/3dguides/. Acesso em: 29 jun. 2021.

desafio), criativas (possuem problemas a serem resolvidos), sociais (promovem a interação), e emocionantes (têm representação e enredo). É por esse motivo que os elementos de jogos estão sendo levados, com frequência cada vez maior, a ambientes educacionais, empresariais, de saúde, industriais, turísticos (incluindo museus e sítios históricos) etc.

Ressaltam-se, a seguir, algumas das lições que podem ser aprendidas sobre a inserção de jogos e gamificação no âmbito do patrimônio cultural.

Podem ser usadas para impulsionar a divulgação do patrimônio, uma vez que promovem o engajamento das pessoas e facilitam o acesso às informações concernentes aos bens culturais. Além disso, a experiência de visitação a museus e sítios históricos pode ser aprimorada pela imersão e entretenimento proporcionados. No contexto educacional, o conteúdo se torna mais atraente, o que facilita o aprendizado. Devido à interatividade, que é característica de propostas lúdicas, pode contribuir com o reconhecimento e a afirmação de identidade cultural, pois o indivíduo passa a se relacionar de forma mais próxima com os elementos da cultura e pode se reconhecer ou não como pertencente a ela.

Por outro lado, os recursos financeiros e tecnológicos disponibilizados no contexto do patrimônio, principalmente considerando a realidade brasileira, geralmente são bastante limitados se comparados à área de jogos comerciais. Supor que gamificar é uma espécie de "mágica", e que pouco ou nenhum cuidado é necessário, é um dos grandes erros cometidos no processo. Além disso, a falta de conhecimento aprofundado sobre os princípios fundamentais dos jogos, a baixa qualidade e consistência do conteúdo principal e a falta de adequação e compatibilização ao método da gamificação prejudicam os resultados das propostas que visam aplicar elementos de jogo para motivar e engajar pessoas.

Outra questão importante: para ter efetividade, é necessário que os objetivos da gamificação sejam bem definidos e a aplicação seja adequada ao contexto e ao público-alvo.

É cada vez mais interessante pensar em soluções que possam ser acessadas remotamente, via *web* e sem necessidade de equipamentos sofisticados (ou específicos), para facilitar sua utilização, especialmente considerando um cenário pandêmico. Existe uma diversidade de possibilidades de gamificação para o patrimônio, desde aplicações mais simples, que podem ser acessadas de smartphones, até as mais sofisticadas, como a visualização e interação com ambientes virtuais tridimensionais, que requerem mais tempo, recursos financeiros, tecnológicos e humanos (geralmente equipes multidisciplinares) para sua implementação.

8.6 CONSIDERAÇÕES FINAIS

Este capítulo apresentou e discutiu aspectos relacionados aos jogos e à gamificação, em seus mais variados contextos, e sua relação com o patrimônio cultural. Por meio da revisão histórica, dos conceitos, classificações e exemplos de aplicações, buscou-se contribuir para a exploração desse território de investigação tão vasto e ainda com muitas questões a serem exploradas.

A partir das transformações causadas pelo avanço das tecnologias de informação e comunicação, surgem novos modos de pensar, aprender e de jogar! Porém percebe-se que, mais importante que a gamificação em si, é o conhecimento das estratégias utilizadas no processo.

É necessário distinguir qual estratégia aplicar para determinado público, nível e contexto, pois a manutenção da atração, da determinação e do engajamento provocados pela gamificação são elementos resultantes do acerto na estratégia escolhida. E isso facilita o desenvolvimento da dinamização e divulgação do conhecimento. Dessa forma, aplicar a gamificação sem entender como os jogos funcionam pode resultar em uma experiência desastrosa. Da mesma forma, a utilização de alguns elementos de jogos em atividades e ambientes não lúdicos originariamente ainda necessita de muita pesquisa.

É preciso, portanto, continuar explorando, aprendendo, averiguando e aprimorando para se ter a real dimensão das possibilidades propiciadas pelos jogos e pela gamificação, para a difusão e compartilhamento de informações referentes ao patrimônio, bem como a valorização de todos os seus elementos.

REFERÊNCIAS

ALVAREZ DÍAZ, M. G.; TOFTEDAHL, M.; SVENSSON, T. The Mystery of Elin: incorporating a city cultural program on history and heritage into a pervasive game. *In*: INTERACTIVE ENTERTAINMENT, 2014. *Proceedings* [...]. Newcastle: ACM, 2014. Disponível em: https://dl.acm.org/doi/pdf/10.1145/2677758.2677768. Acesso em: 30 maio 2021.

ALVES, F. *Gamification*: Como criar experiências de aprendizagem engajadoras. Um guia completo: do conceito à prática. 2. ed. São Paulo: DVS, 2015.

APPERLEY, T. H. Genre and game studies: Toward a critical approach to videogame genres. *Simulation & Gaming*, [s. l.], v. 37, n. 1, p. 6-23, 2006. DOI 10.1177/1046878105282278.

BARBARA, J. Classification of Gameplay Interaction in Digital Cultural Heritage. 2020. Disponível em: http://www.digra.org/wp-content/uploads/digital-library/DiGRA_2020_paper_142.pdf. Acesso em: 28 abr. 2021.

BAROSSI, A. C. *O edifício da FAU-USP de Vilanova Artigas*. 1. ed. São Paulo: Editora da Cidade, 2017.

BOLLER, S.; KAPP, K. *Jogar Para Aprender*: Tudo o que Você Precisa Saber Sobre o Design de Jogos de Aprendizagem Eficazes. Tradução: Sally Tilelli. São Paulo: DVS, 2018.

BONTCHEV, B. Serious Games for and as Cultural Heritage. *In*: DIGITAL PRESENTATION AND PRESERVATION OF CULTURAL AND SCIENTIFIC HERITAGE,

5., 2015, Veliko Tarnovo, Bulgaria. *Proceedings* [...]. Veliko Tarnovo: UNESCO, 2015. p. 43-58. Disponível em: https://www.ceeol.com/search/article-detail?id=283537. Acesso em: 29 abr. 2021.

BRASIL. [CONSTITUIÇÃO (1988)]. *Constituição da República Federativa do Brasil.* Brasília, DF: Senado Federal: Centro Gráfico, 2016. 496 p. Disponível em: https://www2.senado.leg.br/bdsf/bitstream/handle/id/518231/CF88_Livro_EC91_2016.pdf. Acesso em: 14 maio 2020.

BREUER, J.; BENTE, G. Why so serious? On the Relation of Serious Games and Learning. Eludamos. *Journal for Computer Game Culture*, [*s. l.*], v. 4, n. 1, 2010.

BUSARELLO, R. I. *Gamification*: princípios e estratégias. São Paulo: Pimenta Cultural, 2016.

CESÁRIO, V. Q. *Enhancing museum experiences for teenagers through gamification and storytelling frameworks.* Tese (Doutorado em Media Digitais) – Faculdade de Engenharia FEUP, Universidade do Porto, 2020. Disponível em: https://repositorio-aberto.up.pt/handle/10216/127648. Acesso em 22 jun. 2021.

COSTIKYAN, G. I Have No Words & I Must Design: Toward a Critical Vocabulary for Games. *In*: COMPUTER GAMES AND DIGITAL CULTURES CONFERENCE, 2002, Tampere. *Proceedings* [...]. Tampere: Tampere University Press, 2002. Disponível em: http://www.costik.com/nowords2002.pdf. Acesso em: 26 abr. 2021.

CRAWFORD, Chris. *The Art of Computer Game Design.* Berkeley: Osborne:McGraw-Hill, 1984. Disponível em: https://archive.org/details/artofcomputergam00chri/mode/2up. Acesso em: 20 abr. 2021.

DOMINGUES, D. O sentido da gamificação. *In*: SANTAELLA, Lúcia; NESTERIUK, S.; FAVA, F. *Gamificação em debate.* São Paulo: Blucher, 2018. p. 11-19.

DUARTE, A. *Como o Duolingo revolucionou o mundo do aprendizado de línguas.* Portal Clint Digital. Marketing. 2019. Disponível em: https://portal.clint.digital/como-o-duolingo-revolucionou-o-mundo-de-linguas/. Acesso em: 28 abr. 2021.

FARIA, A. J.; HUTCHINSON, D.; WELLINGTON, W. J.; GOLD, S. Developments in business gaming a review of the past 40 years. *Simulation & Gaming*, [*s. l.*], v. 40, n. 4, p. 464-487, 2009.

FEITOZA, I. A. A. Jogos virtuais: na era 3.0 da educação. *In*: DICKMANN, I. (org.). *START*: como a gamificação e os jogos de aprendizagem estão transformando a práxis educativa atual com suas dinâmicas inovadoras e criativas. 1. ed. Chapecó: Livrologia, 2021.

FERREIRA, L. *Escada estimula exercício físico ao imitar teclas de piano.* 2016. Disponível em: https://www.blogdaarquitetura.com/escada-estimula-exercicio-fisico-ao-imitar-teclas-de-piano/. Acesso em: 29 abr. 2021.

FURIÓ, D.; GONZÁLEZ-GANCEDO, S.; JUAN, M. C.; SEGUÍ, I.; COSTA, M. The effects of the size and weight of a mobile device on an educational game. *Journal*

Computers & Education, [*s. l.*], v. 64, p. 24-41, 2013. Disponível em: https://www.sciencedirect.com/science/article/pii/S0360131512003065. Acesso em: 3 maio 2021.

GUNNARSSON, S. B. *Gamification and games-based approach to cultural heritage*: A practical handbook with guidelines and examples. Melbu: Northern Periphery and Arctic Programme, [entre 2014 e 2020]. Disponível em: https://cinegamification.com. Acesso em: 2 maio 2021.

HUIZINGA, J. *Homo ludens*. São Paulo: Perspectiva, 2000.

JORNAL DA USP. Redação. Universidade de São Paulo. *Estudantes da USP usam jogo para reconstruir clássico da arquitetura e integrar novos alunos*. [2021]. Disponível em: https://jornal.usp.br/universidade/estudantes-da-usp-usam-jogo-para-construir-predio-classico-da-arquitetura-e-integrar-novos-alunos. Acesso em: 22 jun. 2021.

KAPP, K. M. *The Gamification of Learning and Instruction*: Game-Based Methods and Strategies for Training and Education. 1. ed. San Francisco: Pfeiffer & Company, 2012.

KAPP, K. M. *Who is the founder of modern learning games?* 2021. 1 vídeo (8 min). Publicado pelo canal Karl Kapp. Disponível em: https://www.youtube.com/watch?v=RaSfYN4lsXs. Acesso em: 26 abr. 2021.

KASTENSMIDT, C. *A Bandeira do Elefante e da Arara*: Livro de Interpretação de Papéis. São Paulo: Devir Livraria, 2017.

KISHIMOTO, T. M. *O jogo e a Educação Infantil*. São Paulo: Pioneira, 1994.

KOTSOPOULOS, K. I; CHOURDAKI, P.; TSOLIS, D.; ANTONIADIS, R.; PAVLIDIS, G.; ASSIMAKOPOULOS, N. An authoring platform for developing smart apps which elevate cultural heritage experiences: A system dynamics approach in gamification. *Journal of Ambient Intelligence and Humanized Computing*, 2019. DOI 10.1007/s12652-019-01505-w

MARCOLINO, F. L. G. *Recomendações para design de jogos eletrônicos no Museu de Arqueologia e Etnologia da UFPR*: uma proposta voltada aos stakeholders do museu para atender o público juvenil visitante. 2017. Dissertação (Mestrado em Design) – Universidade Federal do Paraná, Curitiba, 2017.

MATTAR, J.; SOUZA, Á. L. M.; BEDUSCHI, J. O. Games para o ensino de metodologia científica: revisão de literatura e boas práticas. *Educação, Formação & Tecnologias*, [*s. l.*], v. 10, n. 1, p. 3-19, 2017. Disponível em: https://eft.educom.pt/index.php/eft/article/view/573. Acesso em: 26 abr. 2021.

MCGONIGAL, J. *Reality Is Broken*: Why Games Make Us Better and How They Can Change the World. New York: The Penguin Press, 2011.

MICHAEL, D.; CHEN, S. *Serious games*: games that educate, train, and inform. 2. ed. Connecticut: Cengage Learning PTR, 2006.

PRENSKY, M. Fun, Play and Games: What Makes Games Engaging. *In*: PRENSKY, M. *Digital Game-Based Learning*. New York: McGraw-Hill, 2001. p. 1-36

ROCHA, B. F. R. Conhecendo os museus virtuais e cibermuseus: aplicativo 'Fala Sério!?'. *Museologia & Interdisciplinaridade*, Brasília, DF, v. 6, n. 11, p. 241-250, 2017. Disponível em: https://periodicos.unb.br/index.php/museologia/article/view/17702. Acesso em: 21 maio 2021.

ROGERS, S. *Level up*: Um guia para o design de grandes jogos. São Paulo: Blucher, 2013.

SALEN, K.; ZIMMERMAN, E. *Regras do jogo*: fundamentos do design de jogos. São Paulo: Blucher, 2012. v. 1.

SANTOS, S. A.; TREVISAN, L. N.; VELOSO, E. F. R. Uso da gamificação em recursos humanos: o que essa ferramenta pode agregar à área de treinamento. *In*: MATAR, J. (org.). *Relatos de pesquisas em aprendizagem baseada em games*. 1. ed., n. 31. São Paulo: Artesanato Educacional Ltda., 2020. (Série Tecnologia Educacional),

SCHUYTEMA, P. *Projeto de jogos*: uma abordagem prática. 1. ed. São Paulo: Cengage Learning, 2008.

SUITS, B. H. *The grasshopper*: game, life and utopia. Toronto: University of Toronto Press, 1978.

TUPY, F. *Projeto History Blocks*. 2019. Disponível em: https://education.minecraft.net/lessons/projeto-history-blocks/. Acesso em: 25 abr. 2021.

VIANNA, Y.; VIANNA, M.; MEDINA, B.; TANAKA, S. *Gamification, Inc*: como reinventar empresas a partir de jogos. 1. ed. Rio de Janeiro: MJV Press, 2013. *E-book*.

WERBACH, K. História da gamificação. *In*: *Curso de gamificação*. Philadelphia: University of Pennsylvania, c2021. Disponível em: https://www.coursera.org/learn/gamification/lecture/7Wp4p/1-5-history-of-gamification. Acesso em: 24 abr. 2021

WITTGENSTEIN, L. *Investigações filosóficas*. São Paulo: Nova Cultural, 1999.

ZICHERMANN, G.; CUNNINGHAM, C. *Gamification by Design*: Implementing Game Mechanics in Web and Mobile Apps. Sebastopol: O'Reilly. Media Inc, 2011.

CAPÍTULO 9

Integração da realidade aumentada e internet das coisas no patrimônio cultural

Pedro Henrique Gonçalves

Sarah Yasmin Pereira Marques

Giovana Nunes

9.1 INTRODUÇÃO

O patrimônio histórico é um bem de todos, sendo ele um conjunto de obras e monumentos, criados pelo ser humano, que se interligam ao apresentarem um passado em comum: o da humanidade. O patrimônio ganhou sentido ao longo dos anos, quando as autoridades de cada época escolhiam, de acordo com Choay (2001), aquilo que é relevante para a sociedade e que deveria ser conservado. Essa categorização excludente, feita pelos governantes responsáveis (como citado no trecho anterior), na qual eram importantes os monumentos e as obras-primas, levou países como França e Bélgica a lamentar a perda de inúmeros de seus patrimônios agora arruinados.

A evolução de softwares e hardwares no século XIX e XX possibilitou a criação de tecnologias que integram os meios físicos e digitais em um mesmo contexto. Os caminhos tomados por essa evolução, como a melhoria do processamento de dados, novos sistemas operacionais, acesso a informações mais velozes, processos aperfeiçoados de gestão e interação entre rede e pessoas etc., resultaram na criação dos conceitos de realidade aumentada (*Augmented Reality* – AR) e Internet das Coisas (Internet of Things – IoT).

Tais recursos tornaram-se uma ponte, conectando conhecimentos a partir das possibilidades de utilização em diversas áreas, como o uso desses recursos para monitoramento microclimático para preservação de ambientes relacionados ao patrimônio que necessitem de reparação e um melhor cuidado. Um dos possíveis campos de aplicação dessas tecnologias é o emprego da AR e IoT direcionado ao patrimônio cultural, como veículo de inovação em pesquisas e no âmbito educacional.

A união dessas duas vertentes tecnológicas busca contribuir para a preservação e conservação de obras, sejam elas arquitetônicas, artísticas e/ou históricas. O patrimônio cultural tem enorme peso na construção social, sendo demasiadamente relevante para gerações futuras, portanto, preservá-lo é primordial.

9.2 INTERNET DAS COISAS

A Internet das Coisas (*Internet of Things* - IoT) é um sistema de rede capaz de conectar objetos de todo o mundo, uma tecnologia que interliga computadores e objetos por meio da internet, possibilitando a comunicação entre um ou mais dispositivos. De acordo com Santos *et al.* (2016, p. 5), "ao conectar objetos com diferentes recursos a uma rede, potencializa-se o surgimento de novas aplicações. Nesse sentido, conectar esses objetos à Internet significa criar a Internet das Coisas". A IoT "é um sistema de computação de dispositivos inter-relacionados, mecânicos e digitais, objetos, animais ou pessoas equipadas com identificadores únicos e com a habilidade de transferir dados através de uma rede sem requerer a interação entre humanos ou humano e computador" (COSTA, 2018).

Segundo Dias (2016), o termo IoT foi criado por Kevin Ashton (cofundador da Auto-ID Center), em 1999, enquanto palestrava para funcionários da empresa Procter & Gamble. Ele propôs o uso de um sistema de rádio frequência para rastreamento de mercadorias nas empresas que controlavam os estoques de maneira mais prática e efetiva. No ano de 2005, a empresa multinacional Walmart e o Departamento de Defesa dos Estados Unidos implementaram essa tecnologia em seus produtos e fornecedores.

A utilização da radiofrequência para abastecimento de companhias foi datada como o princípio do conceito de IoT. Ao que afirma Rampim, anos mais tarde a Internet Business Solutions Group (IBSG) definiu 2009 como o ano de nascimento oficial da IoT, baseando-se nas pesquisas do grupo que indicavam que, naquele ano, existiam mais objetos conectados à internet do que pessoas no mundo.

Com o advento do avanço tecnológico, a IoT evoluiu ao longo dos anos e possibilitou que seu sistema pudesse ser empregado nos mais diversos campos, como Ciências da Saúde, Tecnologia da Informação, Automação, Arquitetura, entre tantos outros. A aplicação do conceito de IoT cresce proporcionalmente com o desenvolvimento e uso de computadores e aplicativos em equipamentos móveis como celulares e tablets, sendo facilitada pela conectividade sem fio.

Ademais, a possibilidade de grande armazenamento de dados e de baixo custo que a "nuvem" (rede global de servidores) oferece e as novas ferramentas de análise que tornam os processos mais práticos e rápidos são os motivos da propagação dessa tecnologia no século XXI.

9.2.1 REALIDADE AUMENTADA

A realidade aumentada (Augmented Reality - AR), que teve início em 1960 com o desenvolvimento do sistema *head-mounted display*, ou HMD, segundo o pesquisador estadunidense Ivan Sutherland, que é uma tecnologia que intersecciona o mundo real e virtual, e proporciona ao usuário uma experiência a partir da fusão de ambas as realidades.

De acordo com Kirner e Kirner (2011), a AR permite que o utilizador interaja com a tecnologia de maneira simples e intuitiva por trazer o ambiente computacional para o mundo real, sendo essa a principal diferença entre a realidade virtual (virtual reality - VR) e a AR, visto que a primeira busca inserir e transportar o indivíduo para um ambiente virtual, ou seja, na VR, este relaciona-se com um espaço totalmente criado por computador.

A AR é capaz de aperfeiçoar a realidade do mundo que conhecemos por meio de seus recursos visuais, sonoros e interativos, gerando informações, textos e objetos feitos por computador. Esse é um fator compactuante para o maior uso dessa tecnologia por pesquisadores e educadores, visto que não existem impedimentos na utilização por necessidade de adaptação à tecnologia ou treinamento, pois essa realidade combina objetos virtuais e reais no espaço real, o que torna mais fácil sua implementação nesse aspecto.

Entretanto tal recurso demanda algumas condições necessárias para que seja possível usufruí-lo e garantir a eficácia de sua tecnologia, como a renderização adequada das imagens, a calibração correta quanto ao posicionamento dos objetos virtuais no mundo real e a interação do usuário com os elementos em tempo real.

Existem duas vertentes de AR que dizem respeito à visão do indivíduo e permitem aplicação em diversos estudos: (1) visão direta, ou visão imersiva, da qual o usuário não precisa da tela de um computador ou câmera de um smartphone para visualizar o objeto virtual, pois sua identificação pode ser feita por meio de vídeo e projeção ou, ainda, mediante um capacete óptico. Nesse tipo de visão, o indivíduo enxerga o elemento em sua posição original; (2) visão indireta, ou não imersiva, proporciona a visão do objeto virtual por meio de um computador ou celular, porém a posição do elemento não é a mesma da imagem mostrada, ou seja, o usuário estará olhando para a tela de um dispositivo, mas o objeto virtual estará posicionado em outro lugar que não coincide com a direção de sua visão. Para Kirner e Tori (2006), a AR apresenta vantagens que compactuam para que ela seja conveniente em trabalhos remotos e colaborativos.

9.3 APLICABILIDADES DA IOT E RA

9.3.1 INTERNET DAS COISAS (IOT) E OS DIVERSOS CAMPOS DE APLICAÇÃO

A IoT possibilita uma série de empregos de seus recursos tecnológicos, podendo ser aplicada em diversas áreas, como saúde, varejo, planejamento urbano, patrimônio e várias outras, a fim de melhorar a qualidade da experiência dos usuários finais. Ela também conecta dispositivos, o que a torna, dessa maneira, uma internet das pessoas ao promover essas aplicações de consumo. Segundo Carrion e Quaresma (2019), a previsão de que existiriam pessoas conectadas por telas que não fossem as de computadores já tinha sido feita antes mesmo de a primeira geração de computadores ascender, afirmando, dessa forma, como a IoT viria a transformar o cenário tecnológico.

A IoT é uma realidade em constante expansão, visto que o mundo tem metamorfoses constantes e a tecnologia trabalha de forma linear a esse mundo de pessoas e coisas cada vez mais conectadas. Assim, essa expansão viabiliza funcionalidades benéficas aos usuários, sendo essa, como cita Carrion e Quaresma (2019), uma das principais motivações do rápido desenvolvimento da IoT.

São inúmeros os campos de emprego da Internet das Coisas, alguns exemplos estão nas áreas da saúde, gerenciamento hospitalar, geração de energia, comércios e áreas urbanas, além de áreas específicas da Arquitetura, como o patrimônio, foco do respectivo capítulo.

Carrion e Quaresma (2019) demonstram destinos da IoT, como o dispositivo desenvolvido pela empresa Adheretech (fundada em 2011), uma companhia de dados e softwares que desenvolve programas de suporte customizados para pacientes. A companhia elaborou um frasco de medicamentos inteligente que, por meio de dados em tempo real e conexão com a internet, permite ao usuário alarmes dos horários de doses medicamentosas, bem como informações sobre a regularidade de seu tratamento e estoque do remédio, alertando às farmácias se o usuário necessita de um refil.

Libelium (2017 *apud* CARRION; QUARESMA, 2019) aponta que o engenheiro holandês Dimitris Kyritsis implantou, na cidade de Dordrecht, oito *gateways* para monitorar ruas específicas, a fim de aprimorar o planejamento urbano. O estudo capacitou, com isso, a detecção das vias mais utilizadas por carros e pedestres, horários de pico, fluxo de ciclistas e maior movimentação de comércio.

Pertencente à área de varejo, uma provável aplicação da IoT ainda mencionada por Carrion e Quaresma (2019) está na implantação dos *Smart Mirrors* (espelhos inteligentes) nas lojas. Esses dispositivos permitem que o cliente prove diversas peças apenas escolhendo-as na biblioteca do aparelho, sem a necessidade de vesti-las, o que, com a situação pandêmica em decorrer da covid-19, é uma alternativa segura e viável para vendas.

Segundo Perles *et al.* (2018), na proteção e conservação dos bens culturais e materiais, há interesses particulares, pois as obras de arte acabam sofrendo deterioração ao longo do tempo, sendo essa deterioração um fator dependente em vista do material, condições climáticas externas e de fatores humanos, tornando-se ideal a manutenção dessas obras em ambientes que possuam um clima estável, controlado, devidamente monitorado e registrado, o que, na maioria das vezes, acontece apenas em museus, todavia, ao serem reconhecidos como elementos pertencentes ao patrimônio da humanidade, passam a ganhar maior visibilidade turística, o que convida pessoas de todo o mundo a visitarem locais famosos por sua história.

O monitoramento em tempo real, a fim de analisar as condições e o estado de objetos pertencentes à esfera patrimonial e degradados, possibilita a tomada de medidas preventivas de forma rápida, expandindo o tempo de vida de uma obra; desse modo, a IoT é um importante instrumento para preservação do patrimônio. A implementação do paradigma da IoT ao patrimônio cultural, assim como descrito por CHAVES-DIÉGUEZ *et al.* (2015), possui duas formas de aplicação com maior relevância observadas na literatura, sendo uma dessas voltada ao aprimoramento das experiências dos usuários no local; a outra, para conservação preventiva.

Um exemplo, citado por Chianese *et al.* (2015), utiliza a IoT associada a outras tecnologias no rastreamento do comportamento e interesses de visitantes em diversas localidades, como eventos, museus, exposições etc. Um outro caso utilizado para o monitoramento é apresentado por Uva *et al.* (2019) e emprega uma plataforma e um dispositivo móvel para analisar as vulnerabilidades estruturais causadas por abalos sísmicos nas igrejas de S. Nicolò (Novi Ligure) e S. Eusebio (Carezzano Maggiore), localizadas na província de Alessandria-Piemonte (Itália).

Ademais, estudos previamente realizados por Merello, García-Diego e Zarzo (2012) na Casa de Ariadne em Pompeia, na Itália, apontam a importância do emprego da IoT para a preservação do patrimônio cultural. A pesquisa monitorou o ambiente de uma sala contendo afrescos que eram protegidos das altas temperaturas da região por um teto de policarbonato, contudo a cobertura criava um efeito estufa, acelerando o processo de deterioração; tendo isso em vista, a utilização de equipamentos relacionados à IoT, como nos medidores de temperatura e umidade posicionados em vários pontos dos afrescos, capacitou uma série de correções e análises adequadas ao local.

Uma pesquisa de Carcangiu *et al.* (2015) revela que com o grande crescimento das tecnologias IoT, o patrimônio cultural também ganhou mais visibilidade relacionada ao aumento dos recursos destinados à preservação do patrimônio. O estudo monitorou um ambiente semiconfinado em um sítio arqueológico em Cagliari, na Itália, onde estruturas de calcário, material muito frágil à ação do tempo, foram danificadas seriamente devido à construção de um teto de cimento, acima delas, feito para acomodar um prédio executivo em 1980. O lugar, que ficou mais de 20 anos sem manutenção, pôde ser restaurado com a utilização da tecnologia IoT a partir do monitoramento em tempo real do calcário degradado e intervenções de restauração das estruturas ao localizar os locais de maior dano e umidade.

9.3.2 REALIDADE AUMENTADA E OS DIVERSOS CAMPOS DE APLICAÇÃO

Atualmente, o emprego da AR se manifesta em muitas áreas, como exposto por Polat *et al.* (2016), sendo algumas delas a Engenharia, Arquitetura, Publicidade, jogos, educação etc., com perspectiva de grande difusão. Na construção civil, as simulações prévias de implantação podem apresentar vantagens na redução de gastos, assim como descrito por Kolivand *et al.* (2018), pois a visualização aumentada potencializa a geração de feedbacks antes da execução. A facilidade de acesso aos dispositivos móveis, com sistemas de hardware e software cada vez mais aprimorados, confere oportunidades de incorporação dessas inovações de modo simples e acessível. Baratta, Finucci e Magarò (2018) afirmam que a aplicação dessas ferramentas pode ser implementada a baixo custo devido à utilização de softwares de código aberto e disseminação por meio dos dispositivos móveis pessoais.

Já nas obras e monumentos prejudicados pelas intempéries ao longo do tempo e pelo homem, como muitas das ruínas deixadas pelos romanos ou o pouco que sobrou das civilizações incas atacadas pelos espanhóis, é possível utilizar a AR para reconstruir lugares que, sem essa tecnologia, não poderiam ser vistos ou redescobertos. Challenor e Ma (2019) afirmam que a AR também possibilita a visualização interna das edificações e possui um ambiente imersivo, mas não permite os estímulos dos sentidos no lugar, portanto a AR é a técnica mais apropriada, já que dispõe de um aprofundamento visual no mundo real.

A construção desses ambientes virtuais AR associados ao patrimônio cultural é apresentada em diversos estudos com um fluxo de trabalho, que se desenvolve a partir de pesquisas documentais sobre os bens nos quais, em seguida, são realizados levantamentos diretos e indiretos (scanner a laser e fotogrametria).

Após, ocorre o processo de modelagem, e os dados adquiridos nos levantamentos indiretos são processados para obtenção de nuvens de pontos e editados na remoção de objetos dinâmicos etc. As nuvens adquiridas possibilitam o desenvolvimento de malhas poligonais que possuem pontos de correspondência com os mapas de texturas. Posteriormente, os modelos serão acrescidos de informações, sendo implementados em *game engines,* elaborando as aplicações AR (Figura 9.1).

Os aplicativos de AR encontram-se presentes em vários estudos com foco no turismo, buscando enriquecer as experiências dos usuários durante visitas aos locais. Segundo Barrile *et al.* (2019), os métodos das novas tecnologias podem auxiliar para que informações se tornem mais atrativas aos usuários, trazendo propostas divergentes e dinâmicas na exploração de obras guiadas, possibilitando a disponibilização de dados que não estão inseridos de modo material nas edificações. Boboc *et al.* (2019) desenvolveram três aplicativos de AR relacionados a momentos da vida do poeta Ovídio.

Com a aquisição de informações históricas, medições e de um levantamento fotogramétrico, foram elaboradas reconstruções de artefatos arqueológicos e uma casa romana. As aplicações contaram com recursos de animação e áudio, demonstrando três momentos distintos da vida do poeta, com conteúdo que dispunha de pequenas diferenças para cada uma das localidades destinadas às experimentações. Esses tipos de experimentos tendem a ser avaliados por meio de questionários como pré-teste e/ou pós-teste.

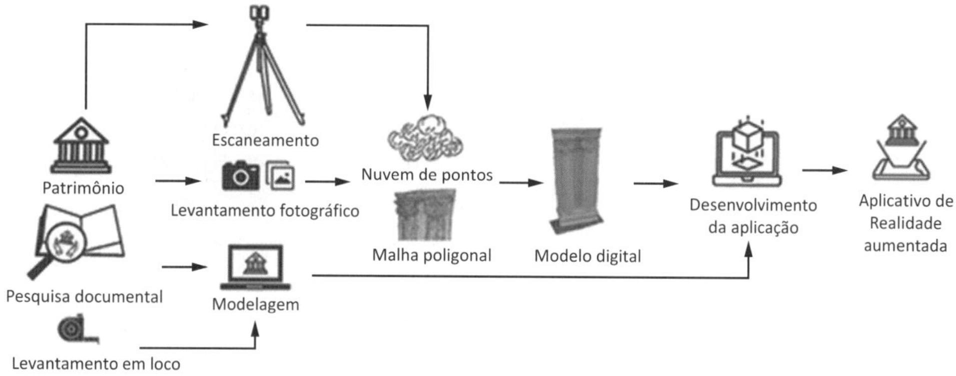

Figura 9.1 Etapas para elaboração de aplicações de realidade aumentada.

Outro exemplo de avaliação é demonstrado por Kim *et al.* (2017); nela, além das perguntas, as telas dos dispositivos móveis também são registradas. Já Panou *et al.* (2018) realizam a aquisição de dados por meio da gravação dos comentários dos participantes durante a utilização. Bontempi e Ratotti (2017) também apontam como a aplicação dessas inovações tecnológicas em jogos educacionais pode melhorar a compreensão do patrimônio cultural, por meio de métodos envolventes, que auxiliam a demonstração, de modo instantâneo, dos aspectos históricos e artísticos.

Com relação às dificuldades recorrentemente encontradas em alguns trabalhos pesquisados, é perceptível que a iluminação adequada e posicionamento dos objetos interfere bastante na qualidade dos modelos tridimensionais obtidos nos levantamentos indiretos. O alinhamento do conteúdo em ambiente real pode afetar as experiências. Oleksy e Wnuk (2016) relatam, em sua pesquisa, o deslocamento de algumas imagens durante a utilização do aplicativo ocasionadas pelas condições de iluminação, e, portanto, os usuários precisavam buscar uma posição que propiciasse a visualização. Além disso, como mostrado por Kim *et al.* (2017), a sobrecarga de informações também pode influenciar as percepções dos usuários, o que não permitiu a manutenção da utilização do aplicativo, quando esses dados passaram a exceder determinada quantidade.

9.4 INTEGRAÇÃO ENTRE A IOT E AR

Este ponto de convergência entre IoT e AR reúne os dois campos no qual, dentro da AR, o conteúdo virtual é sobreposto ou misturado ao mundo físico; e a IoT, onde dispositivos físicos são conectados e os dados virtualizados para interação em rede controlada por computador.

As interfaces típicas para objetos IoT são remotas e baseadas na Interface Gráfica do Usuário (*Graphical User Interface* – GUI), sem qualquer provisão para o contexto físico circundante. Nesse sentido, AR e IoT são aparentemente complementares, ou seja, a IoT é uma infraestrutura capacitadora para ser conectada ou integrada ao método AR. Ao mesmo tempo, devemos observar que a integração constante de recursos de IoT em dispositivos cotidianos ao nosso redor apresenta uma oportunidade para a adição de recursos mais alocêntricos do mundo real para AR.

De acordo com a revisão sistemática feita por Norouzi *et al.* (2019), os artigos encontrados na área da junção da AR com a IoT estavam principalmente focados no desenvolvimento de sistemas para aplicação, avaliação, interação e artigos de pesquisa, empregando sistemas multimodais e projetos colaborativos.

É notado que os objetivos do ARIoT são múltiplos, escalabilidade aprimorada na realização de um serviço de AR rápido, busca na facilidade de acesso ao "objeto" conectado, a interatividade e maior usabilidade de serviços IoT. De forma simplificada, a partir do momento em que um objeto pode ser detectado e rastreado, os interessados podem coletar dados e transformá-los em informações a serem aumentadas no objeto, sendo que essas informações podem variar desde as mais básicas e genéricas do objeto até os serviços AR interativos, com informações analisadas e já processadas. Esses recursos revolucionários concebidos por meio de pesquisa e estudos se aproximam e podem trabalhar em conjunto, sendo aplicados em inúmeros contextos, consistindo em uma forma de inovação.

Sobre o ingresso de novas tecnologias no patrimônio cultural, Canuto, Moura e Salgado (2016, p. 2) entendem "[...] que a adoção das novas ferramentas pode abrir um novo universo de possibilidades ao processo de preservação do patrimônio, revelando alternativas ainda não exploradas pelo setor". Logo, a mescla de recursos como AR e IoT pode trazer mudanças benéficas, aplicadas virtualmente, no âmbito patrimonial, contribuindo para a preservação dos bens materiais. Os autores ainda descrevem como as novas tecnologias facilitam o registro, o acesso a informações por meio do alcance de um público infinito e viabilizam o patrimônio, concebendo novas formas de interação, e apontam vantagens, como a preservação da memória e melhor planejamento de proteção dos espaços físicos.

A IoT propõe que sistemas computacionais sejam desenvolvidos com destaque na comunicação entre máquinas e objetos, oferecendo recursos para a coleta e armazenamento das informações. As possibilidades em sistematizar a maneira como as informações coletadas podem ser analisadas e utilizadas para a tomada de decisões em diversas situações tornam possível uma conservação preventiva das edificações e evita possíveis acidentes.

A Figura 9.2 ilustra a metodologia de funcionamento de uma ARIoT, a edificação histórica é conectada à internet por meio de sensores específicos que fazem a coleta de dados, enviando-os a uma plataforma online com *Application Programming Interface* (API) de IoT, com funções de armazenar e recuperar dados de itens usando protocolos HTTP ou MQTT por meio de uma rede local ou diretamente pela internet.

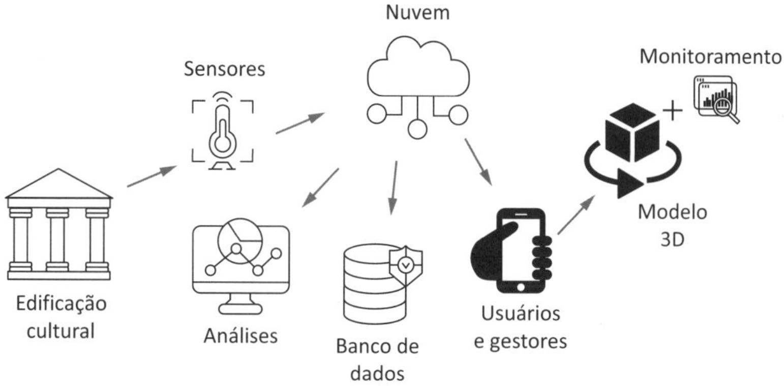

Figura 9.2 Exemplo de integração.

Atualmente, existem as plataformas IoT *open source*, que permitem a construção de diferentes algoritmos para o processamento dos dados coletados, gerando novas informações em tempo real, construindo um banco de dados e facilitando a avaliação posterior. Ao mesmo tempo, na busca com a integração no campo da AR, pode-se buscar a divulgação do modelo digital documentado com a possibilidade de publicação em tempo real das informações armazenadas na nuvem, potencializando o monitoramento do bem cultural.

Pode-se prever que, nos próximos anos, mais avanços em interfaces de usuário de AR e tecnologias para casos de uso cotidianos em um ambiente doméstico inteligente acontecerão. Esses avanços proporcionarão a integração padronizada de dispositivos de IoT em estruturas de AR e o desenvolvimento de novos dispositivos de IoT para aprimorar as experiências de AR com sensoriamento aprimorado e sensações multimodais, por exemplo, impulsionadas pela indústria de jogos.

Um exemplo de integração entre AR e IoT é demonstrado por Rashid *et al.* (2016), no qual um grupo de pesquisadores do Reino Unido e Espanha retrata o estudo focado no uso de IoT e AR aliado ao contexto de Cidades Inteligentes inclusivas, com o objetivo de possibilitar que usuários permanentes de cadeiras de roda possam ter autonomia e independência dentro das cidades. O artigo aborda um aplicativo que, por meio de um smartphone ou tablet, é capaz de exibir o estoque e os preços, além de informações nutricionais de produtos na prateleira de supermercados, lojas, livrarias etc. A interface do aplicativo permite que o usuário aponte a câmera de seu dispositivo e receba as informações de um produto em tempo real por meio de uma etiqueta de radiofrequência e um marcador de AR instalados nas prateleiras do local em que for utilizado. Ele proporciona a pessoas que possuem algum impedimento na locomoção a autonomia e a realização de tarefas simples, como ir ao mercado ou comprar um livro, sem a necessidade de ajuda.

A pesquisa realizada por David Chaves-Diéguez *et al.* (2015), apresentada no artigo "Providing IoT Services in Smart Cities through Dynamic Augmented Reality Markers", propõe a aplicação das tecnologias de AR e IoT com o intuito de alcançar a excelência de uma cidade inteligente. Dessa forma, quando houver algum dano na infraestrutura da cidade, seja uma lâmpada queimada ou postes danificados por conta de acidentes, por exemplo, são utilizados marcadores AR combinados à IoT para alertar funcionários que realizam a manutenção dessa infraestrutura de maneira mais prática e rápida por meio da câmera de um smartphone que o indivíduo aponta para um marcador, e a tecnologia mostra quais os danos e a localização de cada um dentro da cidade.

Outra pesquisa produzida por Bostanci, Kanwal e Clark (2015), pesquisadores da Universidade de Ankara, na Turquia, utilizou a AR em conjunto com o Kinect, um dispositivo desenvolvido pela Microsoft, para uso em videogames, que possui sensores de movimento aliados a uma câmera de detecção 3D, reconhecendo as movimentações do corpo. Dessa forma, a equipe projetou um aplicativo que reconstrói edificações deterioradas por meio da AR, e, se houver pessoas na visão da câmera, essas aparecem com as roupas típicas da época e civilização, uma tecnologia extremamente útil e didática para aplicação em escolas e universidades.

Demais exemplos do uso combinado dessas tecnologias encontram-se presentes em trabalhos como os de Jo e Kim (2016), que apresentam uma estrutura AR habilitada para IoT, implementando um teste piloto em eletrodomésticos; os mesmos autores, em 2019, trouxeram um protótipo para o aprimoramento de experiências de compra, descrevendo como componentes-chave de suporte o "gerenciamento e visualização de dados centrados em objetos, mecanismo para acessar, controlar e interagir com o objeto e interoperabilidade de troca de conteúdo" (JO; KIM, 2019).

Blanco-Novoa *et al.* (2020) apresentam o uso da AR e *mixed reality* (MR) com a IoT (AR/MR-IoT), que é abordado aplicando um *framework* na interligação das tecnologias, desenvolvendo uma aplicação prática do projeto proposto com uma tomada inteligente e apontando os desafios de maior relevância, como a heterogeneidade das tecnologias e a latência na qualidade de experiência do usuário. Um outro estudo feito por Phupattanasilp e Tong (2019) utiliza a AR-IoT na agricultura para o monitoramento das safras por meio de sensores e múltiplas câmeras que identificam a colheita, visualizando os dados obtidos por meio da AR.

Apesar de a intersecção entre a AR e IoT estar presente em diversos trabalhos, a associação ao patrimônio ainda se apresenta como um campo a ser explorado. Huang, Ong e Nee (*apud* PHUPATTANASILP; TONG, 2019) abordam que a análise de dados brutos IoT não é intuitiva, por isso a AR pode favorecer a interação com esses dados. A Figura 9.3 exemplifica a união dessas tecnologias aplicadas ao patrimônio, no qual o modelo digital AR é acrescido de informações recebidas de sensores (IoT).

À medida que a tecnologia e os protótipos são desenvolvidos para enfrentar esses desafios, vemos um grande potencial para um domínio de pesquisa interessante e transformadora sendo estabelecido no eixo dos campos AR, IoT e ARIoT.

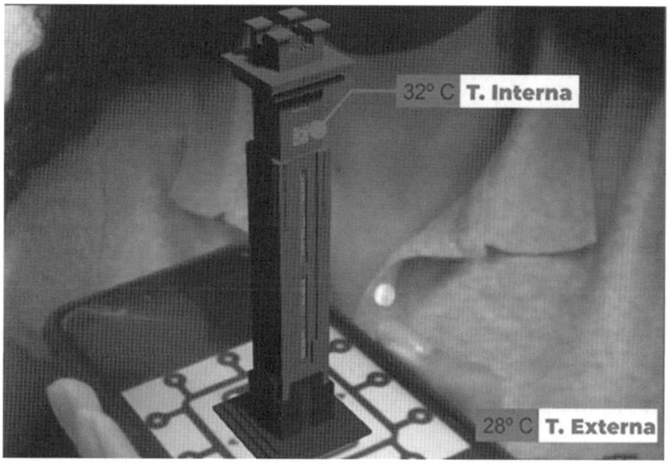

Figura 9.3 Exemplo de aplicação real do ARIoT.

O desafio de proteger e conservar o patrimônio físico contra a degradação do tempo, condições climáticas e fatores humanos é complexo e requer muito controle. Para se avaliar e prever os riscos de deterioração nesses locais, é necessário o monitoramento, em tempo real, das condições do ambiente e do entorno do patrimônio histórico, sendo possível monitorar tais condições em qualquer local do mundo, pois as tecnologias atuais permitem isso, desde que o sistema esteja ligado à rede de Internet.

O controle e monitoramento do microclima em ambientes edificados que possuam itens de valor histórico se fazem necessários a fim de preservar as suas características originais, porém um mesmo espaço pode conter diferentes tipos de itens, com diversos tipos de materiais em sua composição, tornando o controle do microclima mais complexo devido à variação do comportamento dos materiais em condições climáticas específicas.

Para a conservação dos edifícios, são necessários diversos componentes, que devem atuar como estratégia de monitoramento preventivo, diminuindo, assim, o processo de degradação. Desse modo, um dos atuais desafios consiste na implementação de novos hábitos, monitoramento das variáveis ambientais, práticas de conservação preventiva e de manutenção continuada, passando de uma ação pós-danos para uma ação de prevenção (pré-dano) e de cuidados continuados ao longo do tempo.

Atualmente, no entanto, a IoT é pensada mais como uma infraestrutura, e o método de interação com ela continua sendo um problema em aberto. Qualquer serviço valioso baseado na IoT provavelmente dependerá da maneira como os usuários o acessam e interagem com ele, e a AR móvel e vestível é uma solução atraente.

9.5 CONSIDERAÇÕES FINAIS

A ascensão da IoT de Kevin Ashton, em 1999, e o desenvolvimento da AR, a partir de 1960, por Ivan Sutherland, permitiram que as ferramentas tecnológicas atingissem potenciais de emprego em áreas como as do patrimônio edificado, tornando possível utilizar tais mecanismos para prevenir degradações, proporcionar melhorias e reparos, monitorar locais, além de reconstruí-los virtualmente.

A IoT é um veículo de rede que trabalha conectando os dispositivos entre si e pode ser aplicada ao campo do patrimônio em esferas como a de monitoramento climático de salas, museus e locais abertos, prevenção da deterioração de materiais que compõem obras, afrescos e sítios arqueológicos e restauração adequada a partir da detecção de danos facilitada pelo monitoramento.

Tratando-se da AR, sua tecnologia permite reconstruir edificações destruídas pelas intempéries, catástrofes naturais ou ação humana e, logo, oportuniza a visita virtual com fins educacionais e de pesquisa, aperfeiçoando estudos e entendimento da vida na época em que vigoravam as finalidades originais dessas construções. Ademais, é possível criar ambientes imersivos e educativos utilizando a AR, o que traz benefícios para o campo do patrimônio.

O trabalho em conjunto de IoT e AR favorece o patrimônio seguindo a concepção de que preservar os bens materiais e imateriais dá continuidade ao conhecimento; sem eles, nossas gerações pouco ou nada saberiam a respeito da história deixada pelas civilizações passadas. Além disso, proteger esses bens gera menor impacto ambiental do que reconstruí-los e torna possível a preservação das características originais desses bens. Estudos revisados que combinam AR e IoT demonstram perspectivas mais voltadas para a área de aplicação e integração de sistemas de monitoramento na imersão em cidades inteligentes, sistemas de infraestrutura e reconstrução de edificações pelo uso da AR, entretanto a investigação e a utilização desses recursos no contexto patrimonial ainda progridem vagarosamente e precisam ser mais bem exploradas nesse âmbito.

Manter o patrimônio histórico é uma tarefa árdua devido aos vários fatores que compactuam para degradá-lo, como os materiais dos quais os objetos são feitos, as condições físicas dos ambientes, a degradação já ocorrida, a implementação de novas tecnologias para prever os danos e impedi-los, entre outros. Assim, o aproveitamento da tecnologia IoT combinada à AR pode contribuir para que aspectos como esses possam ser ultrapassados e a integridade patrimonial seja mantida.

REFERÊNCIAS

BARATTA, A. F. L.; FINUCCI, F.; MAGARÒ, A. Regenerating Regeneration: Augmented reality and new models of minor architectural heritage reuse. *Vitruvio*: International Journal of Architectural Technology and Sustainability, Valencia, v. 3, n. 2, p. 1-14, 2018. DOI 10.4995/vitruvio-ijats.2018.10884

BARRILE, V; FOTIA, A; PONTERIO, R; MOLLICA NARDO, V.; GIUFFRIDA, D; MASTELLONI, M. A. A Combined Study of Art Works Preserved in the Archaeological Museums: 3D Survey, Spectroscopic Approach and Augmented Reality. *In*: INTERNATIONAL CONFERENCE OF GEOMATICS AND RESTORATION, 2., 2019, Milan. *Anais* [...]. Hannover: ISPRS Archives, 2017. p. 201-207.

BLANCO-NOVOA, Ó.; FRAGA-LAMAS, P.; VILAR-MONTESINOS, M. A.; FERNÁNDEZ-CARAMÉS, T. M. Creating the Internet of Augmented Things: An Open-Source Framework to Make IoT Devices and Augmented and Mixed Reality Systems Talk to Each Other. *Sensors*, [*s. l.*], v. 20, n. 11, p. 1-27, jun. 2020. Disponível em: https://www.mdpi.com/1424-8220/20/11/3328#cite. Acesso em: 20 jan. 2021.

BOBOC, R G.; DUGULEANĂ, M.; VOINEA, G.-D.; POSTELNICU, C.-C.; POPOVICI, D.-M.; CARROZZINO, M. Mobile Augmented Reality for Cultural Heritage: Following the Footsteps of Ovid among Different Locations in Europe. *Sustainability*, [*s. l.*], v. 11, n. 4, p. 2-20, fev. 2019. Disponível em: https://www.mdpi.com/2071-1050/11/4/1167. Acesso em: 10 fev. 2021.

BONTEMPI, D.; RATOTTI, A. The Sandcastle by the Sea. IT and AR for Survey, Graphical Analysis and Representation of the "Skyscraper" by R. Bibbiani in La Spezia. *Proceedings*, [*s. l.*], v. 1, n. 9, p. 2-13, nov. 2017. DOI 10.3390/proceedings1090896

BOSTANCI, E; KANWAL, N; CLARK, A. F. Augmented reality applications for cultural heritage using Kinect. *Human-centric Computing and Information Sciences*, [*s. l.*], v. 5, n. 20, p. 1-18, jul. 2015. DOI 10.1186/s13673-015-0040-3

CANUTO, C. L.; MOURA, L. R. de; SALGADO, M. S. Tecnologias digitais e preservação do patrimônio arquitetônico: explorando alternativas. *PARC Pesquisa em Arquitetura e Construção*, Campinas, v. 7, n. 4, p. 252-264, 2016. Disponível em: https://periodicos.sbu.unicamp.br/ojs/index.php/parc/article/view/8647456. Acesso em: 7 mar. 2021.

CARCANGIU, G.; CASTI, M.; DESOGUS, G.; MELONI, P.; RICCIU, . Microclimatic monitoring of a semi-confined archaeological site affected by salt crystallisation . *Journal of Cultural Heritage*, [*s. l.*] v. 16, n. 1, p. 113-118, 2015. DOI 10.1016/j.culher.2014.02.001

CARRION, P.; QUARESMA, M. Internet das Coisas (IoT): Definições e aplicabilidade aos usuários finais. *Human Factors in Design*, Florianópolis, v. 8, n. 15, p. 49-66, mar. 2019. DOI 10.5965/2316796308152019049

CHALLENOR, J.; MA, M.. A Review of Augmented Reality Applications for History Education and Heritage Visualisation. *Multimodal Technologies Interact*, [*s. l.*], v. 3, n. 2, p. 2-20, mai. 2019. DOI 10.3390/mti3020039

CHAVES-DIÉGUEZ, D.; PELLITERO-RIVERO, A.; GARCÍA-COEGO, D.; GONZÁLEZ-CASTAÑO, F. J.; RODRÍGUEZ-HERNÁNDEZ, P. S.; PIÑEIRO-GÓMEZ, Ó.; GIL-CASTIÑEIRA, F.; COSTA-MONTENEGRO, E. Providing IoT Services in Smart Cities through Dynamic Augmented Reality Markers. *Sensors*, [*s. l.*], v. 15, n. 7,

p. 16083-16104, jul. 2015. Disponível em: https://www.mdpi.com/1424-8220/15/7/16083. Acesso em: 5 mar. 2021.

CHIANESE, A.; MARULLI, F.; PICCIALLI, F.; BENEDUSI, P.; JUNG, J. E. An associative engines based approach supporting collaborative analytics in the internet of cultural things. *Future Generation Computer Systems*, [*s. l.*], v. 66, p. 187-198, abr. 2016. DOI 10.1016/j.future.2016.04.015

CHOAY, F. *A alegoria do patrimônio*. Tradução: Luciano Vieira Machado. 5. ed. São Paulo: Estação Liberdade: Unesp, 2006.

DIAS, R. R. F. *Internet das coisas sem mistérios*: uma nova inteligência para os negócios. São Paulo: Netpress Books, 2016.

JO, D.; KIM, G. J. ARIoT: Scalable Augmented Reality Framework for Interacting with Internet of Things Appliances Everywhere. *IEEE Transactions on Consumer Electronics*, [*s. l.*], v. 62, n. 3, ago. 2016, p. 334-340. DOI 10.1109/TCE.2016.761320

JO, D. J.; KIM, G. J. IoT+AR: pervasive and augmented environments for "Digi-log" shopping experience. *Human-centric Computing and Information Sciences*, [*s. l.*], v. 9, n. 1, p. 1-17, jan. 2019. DOI 10.1186/s13673-018-0162-5

KIM, H.; MATUSZKA, T.; KIM, J.-I.; KIM, J.; WOO, W. Ontology-based mobile augmented reality in cultural heritage sites: information modeling and user study. *Multimedia Tools Applications*, [*s. l.*], v. 76, p. 26001-26029, jun. 2017. DOI 10.1007/s11042-017-4868-6

KIRNER, C; KIRNER, T. G. Evolução e tendências da Realidade Virtual e da Realidade Aumentada. *In*: RIBEIRO, M. W. S; ZORZAL, E. R. (org.). *Realidade Virtual e Aumentada*: aplicações e tendências. Uberlândia: SBC, 2011. v. 1. p. 8- 25.

KIRNER, C; TORI, R. Fundamentos de realidade aumentada. *In*: TORI, R; KIRNER, C; SISCOUTTO, R. (ed.). *Fundamentos e Tecnologia de Realidade Virtual e Aumentada*. Porto Alegre: SBC, 2006. v. 1. p. 22-38.

KOLIVAND, Hoshang; EL RHALIBI, A.; ABDULAZEEZ, Sarma; PRAIWATTANA, Pisit; TAJDINI, Mostafa. Cultural Heritage in Marker-Less Augmented Reality: A Survey. 10.5772/intechopen.80975, 2018.

MERELLO, P.; GARCÍA-DIEGO, F.-J.; ZARZO, M. Microclimate monitoring of Ariadne's house (Pompeii, Italy) for preventive conservation of fresco paintings. *Chemistry Central Journal*, [*s. l.*], v. 6, n. 145, p. 1-16, nov. 2012. DOI 10.1186/1752-153X-6-145

NOROUZI, N; BRUDER, G; BELNA, B; MUTTER, S; TURGUT, D; WELCH G. A Systematic Review of the Convergence of Augmented Reality, Intelligent Virtual Agents, and the Internet of Things. *In*: AL-TURJMAN, F. (ed.). *Artificial Intelligence in IoT*: Transactions on Computational Science and Computational Intelligence: Springer, 2019. p. 1-24.

OLEKSY, T.; WNUK, A. Augmented places: An impact of embodied historical experience on attitudes towards places. *Computers in Human Behavior*, [*s. l.*], v. 57, p. 11-16, abr. 2016. DOI 10.1016/j.chb.2015.12.014

PANOU, C.; RAGIA, L.; DIMELLI, D.; MANIA, K. An Architecture for Mobile Outdoors Augmented Reality for Cultural Heritage. *ISPRS International Journal for Geo-Information*, [*s. l.*], v. 7, n. 12:463, nov. 2018. DOI 10.3390/ijgi7120463

PERLES, A.; PÉREZ-MARÍN, E.; MERCADO, R.; SEGRELLES, J. D.; BLANQUER, I.; ZARZO, M.; GARCIA-DIEGO, F. J. An energy-efficient internet of things (IoT) architecture for preventive conservation of cultural heritage. *Future Generation Computer Systems*, [*s. l.*], v. 81, p. 566-581, jul. 2018. DOI 10.1016/j.future.2017.06.030

POLAT, M.; KARAŞ, İ. R.; KAHRAMAN, İ.; ALIZADEHASHRAFI, B. AR Based App for Tourist Attraction in ESKİ ÇARŞI (Safranbolu). *In*: INTERNATIONAL GEOADVANCES WORKSHOP, 3., 2016, Istanbul. *Anais* [...]. Hannover: ISPRS Archives, 2016. p. 17-17.

PHUPATTANASIL, P.; TONG, S.-R. Augmented Reality in the Integrative Internet of Things (AR-IoT): Application for Precision Farming. *Sustainability*, [s.l.], v. 11, n. 9, p. 1-17, maio 2019. DOI 10.3390/su11092658

RASHID, Z.; MELIÀ-SEGUÍ, J.; POUS, R.; PEIG, E. Using Augmented Reality and Internet of Things to improve accessibility of people with motor disabilities in the context of Smart Cities. *Future Generation Computer Systems*, [s. l.], v. 76, p. 248-261, dez. 2016. DOI 10.1016/j.future.2016.11.030

SANTOS, Bruno Pereira; SILVA, Lucas; CELES, Clayson; BORGES, João, PERESS, Bruna; VIEIRA, Marcos; VIEIRA, Luiz Filipe Vieira; LOUREIRO Antonio Alfredo Ferreira. Internet das coisas: da teoria à prática. XXXIV Simpósio Brasileiro de Redes de Computadores e Sistemas Distribuídos. Salvador, 30 de maio a 03 de junho de 2016.

UVA, G.; SANGIORGIO, V.; RUGGIERI, S.; FATIGUSO, F. Structural vulnerability assessment of masonry churches supported by user-reported data and modern Internet of Things (IoT). *Measurement*, [*s. l.*], v. 131, p. 183-192, jan. 2019. DOI 10.1016/j.measurement.2018.08.014

CAPÍTULO 10

Machine learning: classificação de estilos arquitetônicos no campo do turismo

Pedro Henrique Gonçalves

Ana Paula Nishimoto Ito

Sandra Schmitt Soster

10.1 INTRODUÇÃO

Quando falamos em Inteligência Artificial (IA), é comum que venham à mente máquinas de formato humanoides como as do filme *Eu, Robô* (2004) ou mesmo máquinas com aparência humana de fato, como as do filme *A.I. – Inteligência Artificial* (2001), contudo, na realidade, a IA está mais relacionada às mudanças no modo como a humanidade opera em relação à informação, principalmente com a evolução das técnicas do chamado "aprendizado profundo" (*deep learning*) e as indicações personalizadas de conteúdo (SEYCHELL; DINGLI, 2020). Ela se refere a técnicas que possibilitam que as máquinas "pensem"; ou, na prática, uma série de algoritmos matemáticos que, unidos à alta performance dos processadores atuais, permitem que os computadores analisem uma imensa quantidade de informação visual e/ou textual (*big data*) de forma muito rápida. Dessa forma, "na era digital da *big data*, a informação está sempre presente nas pontas dos dedos do usuário" (BUGEJA; GRECH, 2020, p. 69).

A tecnologia de IA vem sendo incorporada de diversas formas às mais variadas áreas do conhecimento para processar grandes volumes de dados e, com isso, produzir conhecimento e oferecer serviços personalizados de maneira automática via máquina, exponenciando a atuação humana. Essa tecnologia passou a ser de maior conhecimento público com a parceria da IBM[1] com a Pinacoteca de São Paulo no projeto chamado "A Voz da Arte" e com o Museu do Amanhã no sistema 11) IRIS+.

> [...] Tais parcerias aplicaram a IA do Watson nestes espaços culturais, demonstrando um sistema de *machine learning* emissor de respostas que, por serem originadas de questionamentos abertos vindos do usuário, podem até ser interpretadas pelos visitantes como uma conversação fluida, um diálogo em tempo real com a máquina, sendo, na verdade, baseado em respostas predeterminadas cadastradas por seres humanos (RICCA; MAZZILLI, 2019, n.p.).

"Alguns aspectos da sociedade estão baseados na 'tradição' ou, como às vezes nos referimos polidamente, em apresentação da informação 'à moda antiga', uma atividade que a maioria de nós realiza todos os dias" (BUGEJA; GRECH, 2020, p. 69). Seja por uma espécie de apego piegas ao histórico ou, mais comumente, pela falta de recursos financeiros para o desenvolvimento de tecnologias específicas ou para a incorporação de existentes, no Brasil, a área do patrimônio cultural ainda tem muito a melhorar no quesito de aproveitamento das novas tecnologias digitais para seus trabalhos, principalmente no que diz respeito à documentação dos bens e divulgação da informação. Nesse contexto, este capítulo trata de um experimento realizado com *machine learning* para a criação de um aplicativo destinado ao entretenimento, principalmente em centros históricos, e à profusão da informação sobre os estilos arquitetônicos.

10.2 *MACHINE LEARNING*

Aprender com os erros e acertos ou com a identificação de padrões para tomadas de decisões é uma ação bem comum aos seres humanos, entretanto, com o avanço da tecnologia da computação, não é mais atividade exclusiva deles. Essa ação é possível em máquinas por meio do estudo de modelos estatísticos, acontecendo por meio da construção de algoritmos que executam testes computacionalmente e, assim, sugerem previsões de possíveis respostas (BUGEJA; GRECH, 2020).

O processo de aprendizado da máquina (*machine learning*) acontece pelo desenvolvimento das capacidades do modelo computacional, que são impulsionadas pelos erros: adaptação, intervenção e evolução. Assim, um modelo de conhecimento é construído ou induzido por meio da identificação da informação solicitada em banco de dados, ocorrendo de três formas possíveis. Quando dados de entrada e de saída são informados ao modelo computacional, chama-se o processo de aprendizado supervi-

---

1 A IBM chama de "computação cognitiva" a oferta comercial do Watson, sua "plataforma aberta e *multicloud*" de inteligência artificial. Embora anunciada como plataforma aberta, Watson não é *open source*. Seu código ainda funciona como uma caixa-preta à qual os programadores não têm acesso.

sionado. E quando os dados de saída não são informados, o modelo é chamado de não supervisionado. Pela exploração e análise do banco de dados, o modelo computacional indicará as possíveis relações que os dados de entrada e de saída têm entre si, agrupando-os em classes definidas pelo programador. Um terceiro tipo de aprendizado, chamado semissupervisionado, consegue lidar com dados conhecidos ou não conhecidos, sendo utilizado, geralmente, quando o custo para reconhecer dados é muito elevado (muitos dados ou dados muito complexos precisam ser analisados). Para além disso, há o aprendizado por reforço: os aspectos de maior relevância do problema são identificados, e cada um deles é analisado por meio da avaliação de recompensas (negativas ou positivas), que geram feedback de aprendizado (alterações no modelo) e acionam novos testes, funcionando ciclicamente (ESCOVEDO; KOSHIYAMA, 2020).

Um exemplo do aprendizado por reforço é o sistema de busca do Google, que utiliza algoritmos para aprender como é a atividade humana na web, apresentando, assim, fontes de informação selecionadas segundo o critério de potencial relevância de acordo com o perfil de cada usuário. O perfil é traçado por meio da coleta de dados do "percurso" realizado pelo usuário na Internet (*big data*), autorizado por ele quando assina os termos de uso dos diversos aplicativos e permite os cookies dos sites. Esse tipo de sistema que filtra dados é imprescindível para que os seres humanos possam utilizar a chamada Web 2.0, caracterizada como "participativa, dinâmica e colaborativa, em que pode ser usada como base para todo tipo de interação", seja para "criar, publicar ou compartilhar conteúdos" (GABRIEL, 2013, p. 22. YUS, 2012).

Os mecanismos de busca surgem e se justificam porque as pessoas não são capazes de lidar com o volume absurdo de informação disponível nos dias de hoje. Para garantir qualidade e velocidade nos resultados, a filtragem do sistema de busca do Google, por exemplo, executa três funções essenciais: o *crawling*, *indexing* e *searching* (CALDEIRA, 2015) (Figura 10.1). O primeiro processo se refere à utilização do Googlebot, o rastreador do Google que faz uma listagem de endereços de páginas da web que sejam novas ou atualizadas sobre o assunto pesquisado. Os Sitemaps (Mapas de site) são listas de todas as páginas presentes em um site, geralmente fornecidos por webmasters (criadores e gestores de um site) (CALDEIRA, 2015, p. 98). Ao visitar cada um dos sites, o Googlebot separa os links das páginas que possuem conteúdo sobre o assunto da busca.

De acordo com Caldeira (2015), além da "busca semântica" e da busca por palavras-chave, o Google tem direcionado os resultados de maneira mais pessoal, propondo o que seria uma "busca personalizada", em que as preferências do usuário também são relevantes. Dessa maneira, o Google baseia-se em todo e qualquer dado que possa obter durante a navegação na *web*, coletando características e preferências de cada usuário e determinando, assim, seu contexto, perfil e intenções.

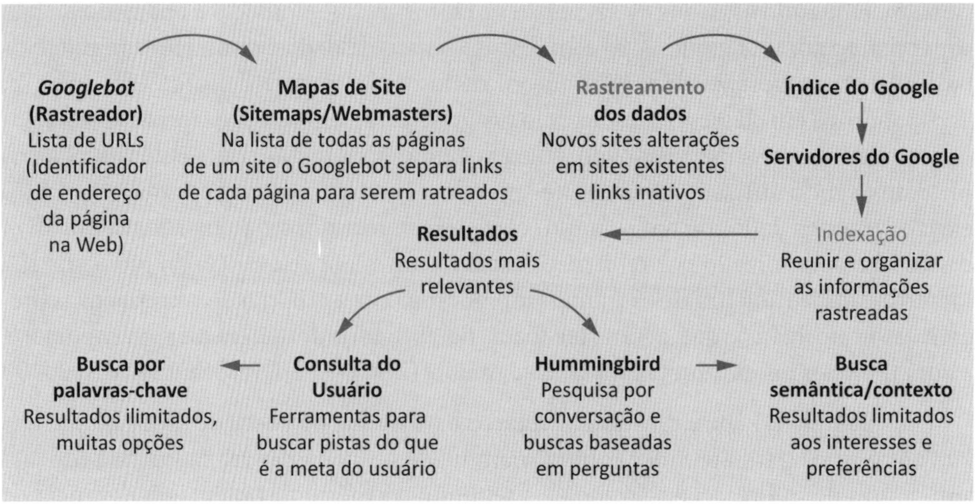

Figura 10.1 Mecanismo de busca do Google.

Por meio do site Ads Settings,[2] se estiver logado em sua conta do Gmail, é possível visualizar algumas das informações já coletadas pela plataforma (Figura 10.2), como faixa etária, renda familiar, gênero, status parental, tipo de moradia, escolaridade, idiomas falados e estado civil, além dos itens do histórico de pesquisa considerados de maior relevância. Na mesma página, também é possível desabilitar a coleta de dados.

Figura 10.2 Informações coletadas pelo Google para sugestão de anúncios.

Fonte: https://adssettings.google.com

---

2 Cf.: https://adssettings.google.com

A partir de treinamento, máquinas realizam a análise de uma enorme quantidade de dados, organizam-as e compõem várias camadas de dados que podem fazer conexão entre si. Essas várias camadas podem reconhecer a fala natural humana e sua interpretação, de modo que possibilite a mímese de interação. Essa subárea do MC é chamada de *deep learning* ou computação cognitiva. Pode ser comparada a uma rede neural biológica, em que o treinamento permite uma máquina compreender a intenção de perguntas e respondê-las de modo mais coerente (CHIOVATTO, 2019).

> [...] com o advento da *big data*, companhias como Google, Microsoft e Apple (que têm acesso a grandes volumes de dados) impulsionaram de forma consistente o campo de *Deep Learning* e o aplicaram a sistemas bem conhecidos como a Siri da Apple e o *Google Translate* do Google. Graças ao rápido advento dessa tecnologia, os pesquisadores desenvolveram tecnologias que podem interagir melhor com os usuários, tais como os *chatbots* (BUGEJA; GRECH, 2020, p. 85).

Essas "redes neurais" dos sistemas computacionais aprendem por meio de diferentes modelos algorítmicos de aprendizagem segundo o tipo de dado a ser analisado, sendo mais comuns os destinados a imagens (*computer vision*) e palavras (*Natural Language Understanding*). Um exemplo de *computer vision* é a busca por imagens semelhantes no Google Images; e um exemplo de *Natural Language Understanding* são os chatbots cada vez mais difundidos entre empresas para o atendimento online automatizado a seus clientes.

De acordo com Pezzica *et al.* (2019) e Yoshimura *et al.* (2019), a utilização de *computer vision* e *machine learning* não é novidade, e estas se apresentam como uma área bastante ativa em pesquisas em prol do patrimônio cultural. Em estudos com essas tecnologias aplicadas em edifícios existentes e/ ou históricos, os elementos visuais são os principais indicadores para identificar e classificar a arquitetura de um edifício. Dependendo da classificação adotada, pode-se converter edifícios aparentemente comuns em estruturas de importância arquitetônica.

10.3 USO NA ÁREA DO PATRIMÔNIO CULTURAL

Em relação ao uso da tecnologia de *machine learning* para a área do patrimônio cultural, um viés promissor é a identificação automatizada do estilo arquitetônico de edificações históricas, sendo possível apontar algumas atividades nas quais a tecnologia poderia ser aplicada. A primeira e mais abrangente é a Educação Patrimonial (EP), que tem como público-alvo a população local e se alinha ao lema "conhecer para preservar", instituído por Rodrigo Melo Franco de Andrade enquanto esteve à frente do Iphan, ao longo dos primeiros 30 anos de existência da instituição. Essa primeira fase da EP no Brasil teve como principais objetivos a introdução da reflexão sobre as questões relacionadas à preservação do patrimônio cultural brasileiro e a difusão dos instrumentos de salvaguarda e dos bens oficializados. Essa metodologia ainda é utilizada (HORTA; GRUNBERG; MONTEIRO, 1999) porque faz frente às pressões do mercado imobiliário sobre edificações tombadas.

É preciso, contudo, indicar uma ressalva. Como aponta Fonseca (2009), essa linha de EP via o valor cultural dos bens como uma propriedade intrínseca a ele e, por isso, acessível apenas ao olhar qualificado dos técnicos. Com o avanço nos diálogos e entendimentos relacionados inclusive ao próprio patrimônio cultural, essa visão esclarecedora de educação foi revista e, atualmente, a EP assume a necessidade de diálogo entre os saberes técnicos e populares ao longo dos processos do patrimônio cultural (IPHAN, 2016a, 2016b).[3] A EP dialógica busca salientar que a importância do patrimônio (entendido para muito além dos bens oficializados pelo Estado) emana do significado que possui para as comunidades que o vivenciam em seu cotidiano, sendo essencial a realização de práticas de "[...] interpretação a partir de um olhar local e em escuta sensível, a partir de metodologias de participação social e interlocução, possibilitando narrativas inclusivas [...]" (CCBRINT, 2020), de modo que se combata o discurso do patrimônio autorizado pelo Estado que, segundo Smith (2006), escolhe uma determinada versão histórica a ser perpetuada, em detrimento de muitas outras interpretações e memórias, que acabam por ser invisibilizadas propositalmente dentro da história nacional, questão especialmente sensível no contexto brasileiro por sua formação cultural tão plural.

Feita essa ressalva importante, é inegável a utilidade de um aplicativo de identificação de estilos arquitetônicos das edificações históricas para o setor turístico; em especial porque tem ótimo fator de impacto visual, interatividade e informação. Tal aplicativo tangencia questões envolvidas na gamificação, que, segundo Bugeja e Grech (2020), pode ser aliada a tecnologias emergentes para proporcionar ao turista uma experiência mais lúdica e agradável, ampliando seu interesse e engajamento. Com gerações cada vez mais conectadas, para quem o virtual é parte constituinte do mundo concreto – chamados por Palfrey e Gasser (2011) de "nativos digitais": aqueles que nasceram na sociedade conectada –, o patrimônio cultural precisa se adaptar às exigências de interatividade, imersão e informação por demanda para ser mais atrativo e ampliar sua contribuição para a economia local. Segundo o Instituto Brasileiro de Geografia e Estatística (IBGE), em 2019,[4] o setor econômico do Turismo contribuiu,

> [...] diretamente, para cerca de 3,7% do PIB nacional e 3% do total de empregos no país. No turismo internacional, o Brasil saiu de um patamar de 4,1 milhões de chegadas internacionais de turistas em 2003, para um resultado superior a 6 milhões nos últimos anos. [...]

[3] Para saber mais sobre a Educação Patrimonial dialógica, indicamos os trabalhos da Rede Paulista de Educação Patrimonial (repep.fflch.usp.br/) e do Comitê Científico Nacional de Interpretações, Educação e Narrativas Patrimoniais (www.icomos.org.br/interpretacao-patrimonial), do ICOMOS-Brasil.

[4] Dados dos anos de 2020 e 2021 não são métricas válidas devido ao isolamento social imposto pela pandemia mundial de Covid-19, que causou perda estimada de "R$ 116,7 bilhões no biênio 2020-2021, o que representa perda de 21,5% na produção total do período" (FGV, 2020, p. 4).

> [...] o PIB das Atividades Características do Turismo [hospedagem, alimentação, transporte, agências de viagens, aluguel de automóveis e atividades recreativas] para o ano de 2019, chega a R$ 270,8 bilhões para o consolidado dessas atividades. (Fundação Geulio Vargas, 2020, p. 8-9).

E a tecnologia é um meio de grande potencial para a disseminação de informações sobre o patrimônio cultural, com a finalidade de ampliar o engajamento do turista, diante do baixo custo de implementação e da amplitude dos resultados. Com a incorporação de funções para detecção de diferentes elementos e para oferta de mais informações, o aplicativo se torna cada vez mais uma ferramenta para visitas autoguiadas pelas cidades. Munido do seu celular com conexão à Internet e tendo o aplicativo instalado, o visitante escolhe por onde vai andar e quais informações vai receber, basta direcionar o celular para a edificação de interesse. Sem longas pausas junto a um grupo para ouvir explicações generalizadas de um guia de turismo e tendo que esperar todos os demais para seguir o passeio. Os centros históricos entendidos como sítios históricos/espaços museais a explorar. A cidade sendo uma experiência em si.

O desenvolvimento de um aplicativo para a área se assemelha a um processo de gamificação efetiva, no qual os elementos não são escolhidos aleatoriamente. Na gamificação, projeta-se uma interface com propósitos bem específicos, como o aumento do número de visitantes, seu engajamento ou conhecimento sobre os sítios patrimoniais (BUGEJA; GRECH, 2020). Quanto mais a experiência se aproxima do que Csikszentmihalyi (1995) chama de "flow", mais ela será engajadora: aquele estado de concentração, foco, imersão e engajamento com a experiência que faz com que a pessoa não note o tempo passar. Alguns dos resultados desejáveis são: prolongar a experiência do turista (reduzir a velocidade do passeio e aumentar sua duração), despertar o desejo de compartilhar a experiência e atrair mais visitantes – ao se tornarem uma espécie de embaixadores do aplicativo (BUGEJA; GRECH, 2020). Assim, aplicativos desenvolvidos com base na lógica de gamificação podem produzir resultados positivos como aumento da motivação, do engajamento e da apreciação, mudança de atitude, ampliação do conhecimento e aprendizado efetivo, e o ensejo de recomendar o aplicativo a interessados no mesmo assunto (BUGEJA; GRECH, 2020).

Um uso mais específico da identificação automatizada de estilos arquitetônicos por *machine learning* é o ensino superior de Arquitetura e Urbanismo. Tendo como base a estrutura curricular do curso de Arquitetura e Urbanismo da Universidade Federal de Goiás (UFG), instituída em 2012, seis disciplinas dos núcleos de conhecimentos de fundamentação de "História da Arte e Estética", "História da Arquitetura" e "Cultura Moderna e Contemporânea" se beneficiaram diretamente do aplicativo, em especial no que diz respeito ao ensino de estilos arquitetônicos e a levantamentos técnicos em centros históricos. Para ilustrar, no Quadro 10.2, apresentamos um resumo de quatro estilos arquitetônicos que possuem fachadas com características bastante marcantes e que são encontrados em conjuntos de centros históricos tombados em diversas cidades brasileiras: Colonial, Eclético, Art-Dèco e Moderno.

Quadro 10.1 Estilos arquitetônicos presentes em centros tombados brasileiros

Estilo	Ápice no Brasil	Características principais	Exemplo de centro tombado
Colonial*	Anos 1500 e 1600	Casa térrea; no alinhamento do terreno; coladas umas às outras; pouca ou nenhuma ornamentação; predomínio dos cheios sobre os vazios; coberturas em telha cerâmica; telhado de duas águas. Casas de porta e janela ou porta e duas janelas.	Goiás-GO (Iphan)
	Anos 1700	Casas com alguma ornamentação; janelas guilhotina e portas com bandeiras em arco abatido; cimalhas e sobrevergas; janelas de peitoril ou púlpito; guarda-corpos em treliça ou balaustradas de ferro.	
Eclético*	1850 - 1900	Fachadas bastante ornamentadas; mistura de elementos decorativos de diferentes estilos; frontão triangular; janelas e portas com verga de arco pleno; porão alto com óculos; cantaria aparelhada; elementos ornamentais em vidro (em portas e janelas) e em ferro (guarda-corpos, pilares, lambrequins etc.).	Manaus-AM (Iphan)
Art-Dèco	1930 - 1940	Linhas sintéticas; ornamentação geometrizante; linhas e planos bem marcados; organização axial tripartida; predomínio de cheios sobre vazios; valorização de esquinas e aberturas.	Goiânia-GO (Iphan)
Moderno	1930 - 1950	Linhas sintéticas, racionais e funcionais; sem ornamentação; concreto armado e aparente; pilotis; predomínio dos vazios sobre os cheios; brises.	Brasília (UNESCO)

*Colonial e Eclético são denominações generalistas para vários estilos presentes em seus períodos (ROSADA, 2021).

Fonte: baseado em Klüppel e Santana (2000), e Conde e Almada (2000).

O quadro demonstra que, no Brasil, as fachadas se alteraram ao longo da história a depender do contexto econômico e político nacional e internacional. Como apontam Klüppel e Santana (2000), as edificações do Brasil Colônia eram muito simples (anos 1500 e 1600) e, conforme o poder econômico dos moradores aumentou, passaram a um estilo colonial, com a presença de algum tipo de ornamento (anos 1700). Nos centros históricos de predominância desse estilo, edificações da primeira e da segunda fase do colonial se intercalam. Já no período em que a economia nacional estava em alta (1850-1900), como na Manaus do ciclo da borracha, as edificações passaram a ostentar a riqueza de seus proprietários por meio do maior número de ornatos possível, incluindo inovações como vidros e elementos em ferro. Era a mistura de estilos denominada Eclético.

O frenesi dos ornamentos deu lugar à sobriedade e ao racionalismo no período do pós-Segunda Guerra Mundial. Em um mundo destruído material e emocionalmente pelos horrores da guerra, a arquitetura se voltou à redução dos custos das edificações em termos financeiros, de tempo e de mão de obra, em busca da reconstrução mais rápida possível das cidades. E, mesmo não tendo sido destruído pela guerra, o Brasil acompanhou as tendências mundiais: foram introduzidos os estilos arquitetônicos Art-Dèco e Moderno.

10.4 ESTILOAPP

Tendo como motivação os usos do *machine learning* no campo do patrimônio histórico mencionados acima, o aplicativo EstiloApp vem sendo desenvolvido pelo Laboratório do Ambiente (LabAm).[5] A ideia norteadora para a construção da aplicação foi a criação de uma interface para dispositivos móveis que auxilie os usuários na identificação em tempo real dos estilos arquitetônicos das edificações, seja em um passeio turístico, em uma aula em campo ou em um levantamento técnico.

A interface funciona segundo o processo mostrado na Figura 10.3: a imagem capturada em tempo real pela câmera do celular (1) é enviada para o aplicativo (2) processada para que suas características sejam identificadas; (3) em seguida, as características identificadas na imagem capturada são comparadas com características das imagens já processadas e treinadas (4) para determinar quais as mais semelhantes (5) e, assim, indicar o estilo arquitetônico da edificação (6). As características marcantes de cada estilo, resumidas no Quadro 10.2 do item anterior constituem fatores analisados algoritmicamente na etapa 5 do processo: linhas principais, cheios e vazios, rebuscamento ou sobriedade.

---

5 Além dos autores deste artigo, também participa da pesquisa Monice Cristina da Silva.

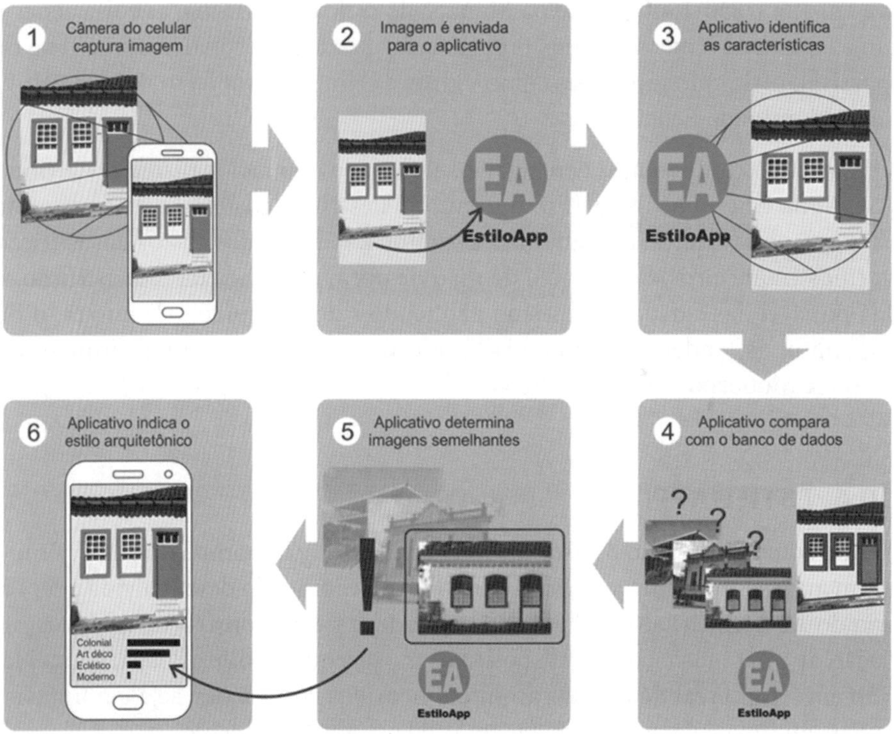

Figura 10.3 Etapas do funcionamento do EstiloApp.

Em resumo, o processo de seis etapas envolve a análise e comparação de milhares de pixels recebidos com milhões de pixels do banco de dados. Mas, graças ao potencial de processamento dos dispositivos móveis atuais, todo o processo é realizado em frações de segundos e, aos olhos humanos, o resultado parece simultâneo à captura em tempo real. Além disso, foi utilizada a rede Neural MobileNet, que pertence a uma classe de convolução de redes neurais projetadas por pesquisadores do Google para facilitar o uso de recursos de aparelhos móveis: parte da informação é processada na nuvem e, assim, economizam-se recursos computacionais do dispositivo móvel em uso.

EstiloApp foi construído utilizando a biblioteca de código aberto TensorFlow para *machine learning*, sendo este um framework de aprendizado profundo para o treinamento e a execução de aplicativos de IA. De uma forma simplificada, o aplicativo utiliza uma técnica de *machine learning* chamada de aprendizagem por transferência (Figura 10.4). Esses modelos utilizam uma rede neural pré-treinada como base da "inteligência" da máquina e, para criar aplicativos destinados a outras áreas do conhecimento ou finalidades, alteramos apenas as últimas camadas do modelo já existente: as camadas de classificação – aquelas que indicam o que a máquina deve analisar e quais as categorias aceitas como respostas. Essa técnica economiza o processamento de uma quantidade enorme de dados, pois a parte não modificada do modelo da rede (sendo ela a maior e mais complexa) só vai processar cada padrão uma única vez.

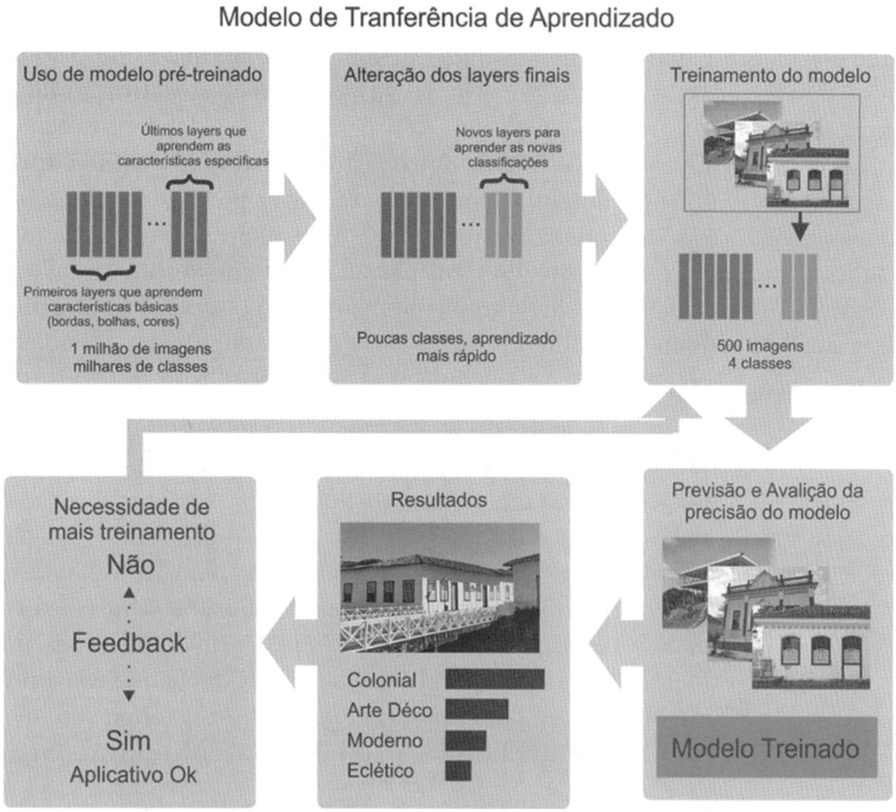

Figura 10.4 Modelo de transferência de aprendizagem.

O banco de dados foi construído com imagens coletadas da internet, já que, quanto mais diversificado for o contexto, melhor será a precisão do modelo. Para cada classificador foram utilizadas entre 100 e 120 imagens, num total de 460 imagens. Esse pequeno número de imagens foi escolhido para um primeiro teste de validação da técnica de aprendizagem por transferência. O modelo foi treinado com quatro estilos arquitetônicos como classificadores: Colonial, Eclético, Art Déco e Moderno. Esses estilos foram escolhidos porque são os predominantes na cidade de Goiás-GO, escolhida como piloto para os testes iniciais. A cidade, tombada como patrimônio mundial pela UNESCO, é conhecida como antiga Vila Boa, e foi a primeira capital do estado de Goiás. A cidade tem seu patrimônio edificado majoritariamente colonial, mas, devido à influência da construção da nova capital, Goiânia, seu centro histórico recebeu vários outros estilos arquitetônicos ao longo dos anos. Assim, foi considerada um bom piloto para a validação do aplicativo.

A Figura 10.5 indica a localização de parte das edificações do centro histórico da cidade de Goiás utilizadas para a validação do aplicativo, em que os números indicam as fotos tiradas com o uso do aplicativo (Figura 10.6). A definição de quais edificações seriam fotografadas para os testes seguiu a lógica de identificar um estilo arquitetônico muito bem definido e outros estilos misturados, como é apresentado na Figura 10.6. Os resultados são promissores, pois a precisão de identificação é superior a 70% nas imagens correspondentes. Essa abordagem buscou utilizar uma forma mais nova e inteligente de identificar, ensinar e implementar dados para um processo de conhecimento mais amplo no campo da preservação, valorização e conservação de bens culturais.

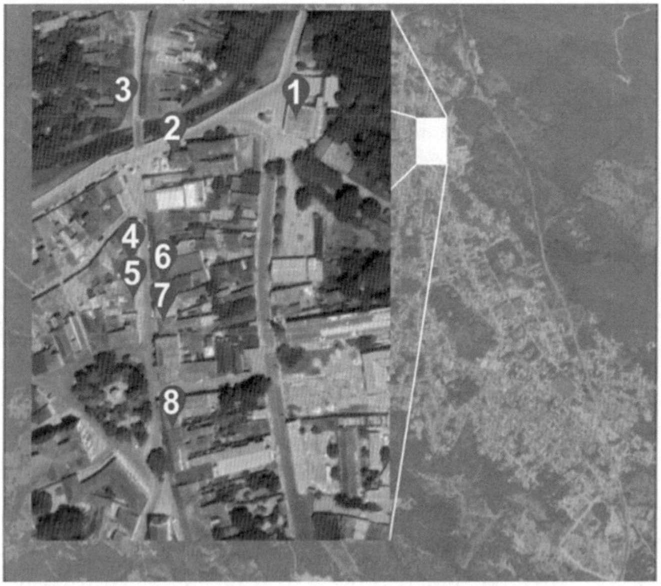

Figura 10.5 Localização das edificações de Goiás-GO dos testes iniciais (Figura 10.6).

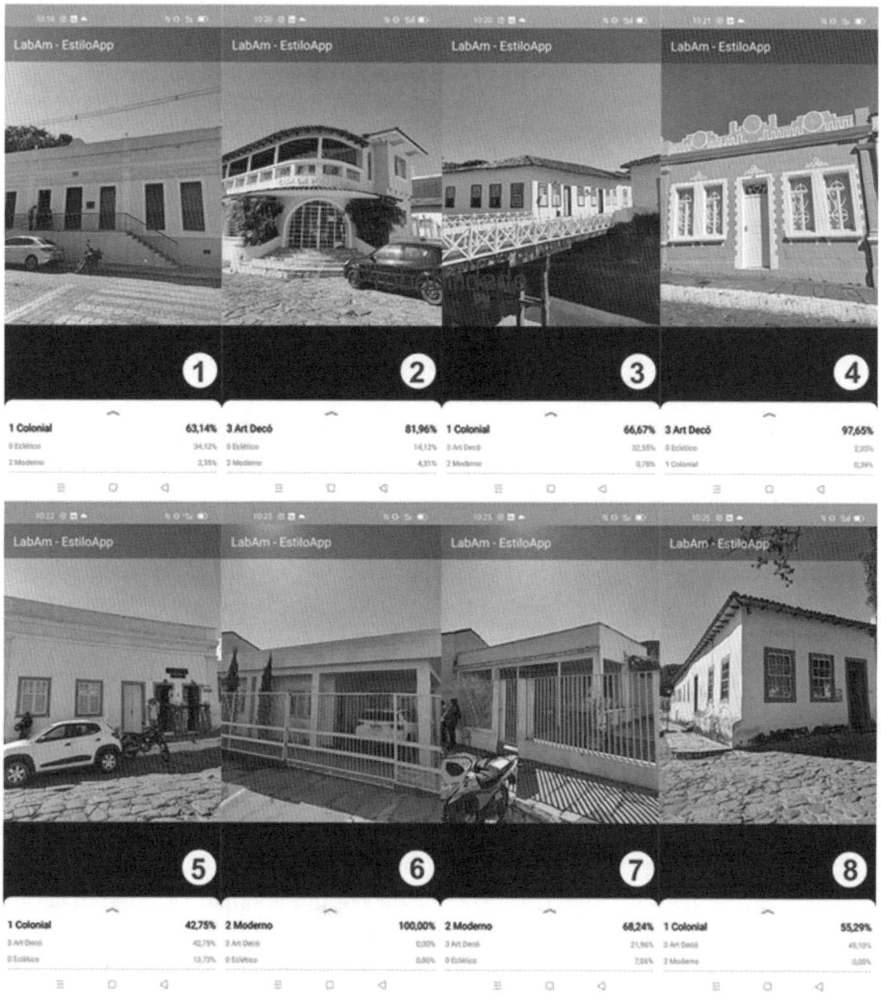

Figura 10.6 Edificações de Goiás-GO dos testes iniciais e resultados.

Podemos notar, porém, algumas dificuldades encontradas durante o processo de validação. Por exemplo, a edificação 5 (Figura 10.6) foi identificada pelo aplicativo como própria do estilo arquitetônico colonial, com precisão de 42,7%. Entende-se que essa edificação já fora uma edificação com características predominantemente coloniais, porém, com o passar do tempo, recebeu elementos arquitetônicos mais atuais. Por exemplo, a cobertura com beiral foi substituída por platibanda e recebeu elementos estéticos geométricos na fachada, mas, ao mesmo tempo, manteve as esquadrias no estilo original, gerando certa complexidade para sua exata identificação pelo aplicativo.

Outro exemplo interessante a ser citado é a edificação 8 (Figura 10.6), que também possui um baixo nível de precisão (55,2%), fato que pode ser explicado pelo ângulo em perspectiva da fotografia tirada. As imagens utilizadas para treinar o modelo na classe "colonial" mostravam as fachadas em posição perpendicular à câmera, e o beiral da cobertura não era visto por baixo. Esses dois pontos ilustram a necessidade de diversidade de imagens para o treinamento do aplicativo: com maior variação de ângulos, contextos, cores, elementos etc., para um aumento na precisão dos resultados da classificação.

10.5 CONSIDERAÇÕES FINAIS

A ferramenta de visualização desenvolvida com base em *machine learning* tem grande potencial de uso em diversos campos do patrimônio edificado, pois oferece suporte aos usuários no acesso, conhecimento e armazenamento de dados digitais sobre o patrimônio cultural. As etapas futuras para esse trabalho preveem o aumento na quantidade de imagens utilizadas em seu treinamento. E salienta-se a necessidade do uso de um banco de dados mais robusto para alcançar índices acima de 95% de precisão. Por robustez, nesse caso, entendemos não só um maior número de fotos, mas também a coleta de imagens de edificações com a maior variação possível de cores e ornamentos, e o uso de fotos com enquadramentos, ângulos, saturações e iluminações o mais diverso possível.

Exemplos de funções que podem ser implementadas no futuro são: a inclusão de outros estilos arquitetônicos; a identificação de detalhes construtivos e de patologias; um campo para comentários para coleta de outras interpretações do patrimônio cultural (em alinhamento à EP mais crítica em relação ao Discurso Autorizado do Patrimônio); e a apresentação de informações históricas e de salvaguarda (armazenadas em banco de dados específico) de edificações tombadas (retornadas via coordenadas pontuais) ou do centro histórico (retornadas via poligonais históricas). Outra possibilidade de aprimoramento do aplicativo é o refinamento da identificação dos estilos colonial e eclético, que, na verdade, são denominações simplificadas para um conjunto de vários estilos vigentes à mesma época. O colonial reúne o estilo chão, o maneirismo, o barroco, o rococó, o pombalino e, até, o neoclássico; enquanto o eclético reúne vários estilos conhecidos como "neos" (neo-gótico, neo-renascimento, neo-barroco e neo-românico) e também pode ser a mistura de vários (ROSADA, 2021).

É preciso, contudo, apontar alguns entraves para o amplo uso de aplicativos desse gênero. Algumas questões tecnológicas práticas se referem ao tamanho do aplicativo e aos requisitos da máquina (dispositivo móvel) necessários para seu pleno funcionamento. Outro fator é a falta de acesso ou a baixa qualidade de conexão à Internet no Brasil. Segundo dados do Centro Regional de Estudos para o Desenvolvimento da Sociedade da Informação (CETIC.BR, 2020), em 2019, 97% da população brasileira tinha acesso à Internet via telefone celular, independentemente do grau de instrução, contudo, se os dados forem analisados de forma mais apurada, apenas 25% da população tem acesso efetivo à Internet (SCHWARCZ, 2020). A própria pesquisa do CETIC.BR (2020) apontou que a principal atividade realizada pela população via Internet é a de comunicação: 92% da população enviou mensagens online, 76% usaram redes sociais e 73% realizaram chamadas por voz ou vídeo. O uso da Internet em seu potencial de aprendizagem é muito inferior: apenas 59% da população buscou informações sobre produtos e serviços, 40% estudaram ou realizaram pesquisas, e 33% realizaram trabalho remoto (CETIC.BR, 2020). O provável fator para o comportamento online está nos próprios dados levantados: a maioria dos celulares conta com pacote pré-pago de dados mensais, com acesso livre a redes sociais, mas com consumo de banda para acesso à Internet em geral, portanto a quantidade pequena e limitada de dados de tais pacotes é um grande entrave para o uso de aplicativos como o EstiloApp pela população em geral, principalmente pelas classes de menor renda.

REFERÊNCIAS

A.I.: Inteligência Artificial. Direção: Steven Spielberg. Produção: Kathleen Kennedy, Steven Spielberg e Bonnie Curtis. Intérpretes: Haley Joel Osment, Jude Law, Frances O'Connor, Brendan Gleeson, William Hurt *et al.* Roteiro: Steven Spielberg e Ian Watson. Música: John Williams. Los Angeles: Warner Bros. Pictures e DreamWorks Pictures, 2001. (86 min), widescreen, color. Produzido por Warner Bros. Pictures e DreamWorks Pictures.

BUGEJA, M.; GRECH, E. M. Using technology and gamification as a means of enhancing users' experience at cultural heritage sites. *In:* SEYCHELL, D.; DINGLI, A. (ed.). *Rediscovering heritage through technology*: A collection of innovative research case studies that are reworking the way we experience heritage. Cham: Springer, 2020. p 69-89. (Studies in Computational Intelligence)

CALDEIRA, F. H. O mecanismo de busca do Google e a relevância na relação sistema-usuário. Letrônica, Porto Alegre, v. 8, n. 1, p. 91-106, 2015. DOI 10.15448/1984-4301.2015.1.19616

CENTRO REGIONAL DE ESTUDOS PARA O DESENVOLVIMENTO DA SOCIEDADE DA INFORMAÇÃO. *TIC Domicílios 2019*: Principais resultados. [*S. l.*]: CETIC.BR, 2020. Disponível em: https://cetic.br/media/analises/tic_domicilios_2019_coletiva_imprensa.pdf. Acesso em: 25 jun. 2021.

CHIOVATTO, M. Watson, uso de Inteligência Artificial (AI) e processos educativos em museus. *Revista Docência e Cibercultura,* [*s. l.*], v. 3, n. 2, p. 217-230, set. 2019. DOI 10.12957/redoc.2019.40293.

COMITÊ CIENTÍFICO NACIONAL DE INTERPRETAÇÕES, EDUCAÇÃO E NARRATIVAS PATRIMONIAIS. Sobre: Princípios. [online]: ICOMOS, 2020. Disponível em: https://www.icomos.org.br/sobre-2. Acesso em: 25 jun. 2021.

CONDE, L. P. F.; ALMADA, M. Introdução. *In*: SENDIK, F. (coord.). *Guia da arquitetura Art Déco no Rio de Janeiro.* Rio de Janeiro: Casa da Palavra: Prefeitura da Cidade do Rio de Janeiro, 2000. p. 5-20.

EU, robô. Direção: Alex Proyas. Produção: John Davis, Will Smith e James Lassiter. Intérpretes: Will Smith, Bridget Moynahan, James Cromwell, Bruce Greenwood, Alan Tudyk e outros. Roteiro: Jeff Vintar e Akiva Goldsman. Música: Marco Beltrami.

Los Angeles: 20th Century Fox, 2004. (114 min), widescreen, color. Produzido por Mediastream IV, Davis Entertainment, Laurence Mark Productions e Overbrook Entertainment.

ESCOVEDO, T.; KOSHIYAMA, A. *Introdução a Data Science*: algoritmos de Machine Learning e métodos de análise. São Paulo: Casa do Código, 2020.

FUNDAÇÃO GETULIO VARGAS. *Impacto econômico do Covid-19*: propostas para o turismo brasileiro. Rio de Janeiro: FGV, 2020. Disponível em: https://fgvprojetos.fgv.br/sites/fgvprojetos.fgv.br/files/01.covid19_impactoeconomico_v09_compressed_1.pdf. Acesso em: 25 jun. 2021.

FONSECA, M. C. L. *O patrimônio em processo*: trajetória da política federal de preservação no Brasil. Rio de Janeiro: Ed. UFRJ, 2009.

HORTA, M. L. P.; GRUNBERG, E.; MONTEIRO, A. Q. *Guia básico de educação patrimonial.* Brasília, DF: Iphan, 1999. Disponível em: https://goo.gl/49BPPy. Acesso em: 25 jun. 2021.

GABRIEL, M. *Educ@r*: a (r)evolução digital na educação. São Paulo: Saraiva, 2013.

INSTITUTO DO PATRIMÔNIO HISTÓRICO E ARTÍSTICO NACIONAL. *Educação patrimonial*: inventários participativos. Brasília, DF: Iphan, 2016a. Disponível em: http://portal.iphan.gov.br/uploads/publicacao/inventariodopatrimonio_15x21web.pdf. Acesso em: 25 jun. 2021.

INSTITUTO DO PATRIMÔNIO HISTÓRICO E ARTÍSTICO NACIONAL. Portaria nº 137, de 28 de abril de 2016. Estabelece diretrizes de educação patrimonial no âmbito do Iphan e das Casas do Patrimônio. *Diário Oficial da União*: seção 1, Brasília, DF, n. 81, p. 6, 29 abr. 2016b.

KLÜPPEL, G. P.; SANTANA, M. C. (coord.). *Manual de conservação preventiva para edificações.* Brasília, DF: Monumenta, 2000. Disponível em http://ipurb.bentogoncalves.rs.gov.br/uploads/downloads/IPHAN_Manual_de_conservao_preventiva.pdf. Acesso em: 25 jun. 2021.

CSIKSZENTMIHALYI, M. *Flow*: The psychology of optimal experience. New York: Harper & Row, 1990. Disponível em: https://www.researchgate.net/publication/224927532_Flow_The_Psychology_of_Optimal_Experience. Acesso em: 25 jun. 2021.

PALFREY, J.; GASSER, U. *Nascidos na era digital*: entendendo a primeira geração de nativos digitais. Porto Alegre: Artmed, 2011.

PEZZICA, C.; SCHROETER, J.; PRIZEMAN, O.; JONES, C.; ROSIN, P. Between images and built form: Automating the recognition of standardised building components using Deep Learning. *In*: CIPA INTERNATIONAL SYMPOSIUM, 27., 2019, Ávila. *Anais* [...]. Hannover: ISPRS Archives, 2019. p. 123-132.

RICCA, D. E. P.; MAZZILLI, C. T. S. Difusão da informação em museus: tecnologia digital, interação e diálogo. *V!RUS*, São Carlos, n. 19, 2019. [online] Disponível em:

http://www.nomads.usp.br/virus/virus19/?sec=4&item=12&lang=pt. Acesso em: 23 jun. 2021.

ROSADA, M. *[Mensagem pessoal]*. Destinatária: Sandra Schmitt Soster. Facebook, 22 jun. 2021.

SCHWARCZ, L. *Autoritarismo no Brasil*: Lilia Schwarcz e Leandro Karnal. 2020. [online] Disponível em: https://www.youtube.com/watch?v=O1e-Tr0gRZo. Acesso em: 25 jun. 2021.

SEYCHELL, D.; DINGLI, A. Preface. *In*: SEYCHELL, D.; DINGLI, A. (ed.). *Rediscovering heritage through technology*: A collection of innovative research case studies that are reworking the way we experience heritage. Cham: Springer, 2020. p. vii-viii. (Studies in Computational Intelligence)

SMITH, L. *Uses of Heritage*. New York: Routledge, 2006.

UNIVERSIDADE FEDERAL DE GOIÁS. *Estrutura curricular do curso de Arquitetura e Urbanismo*. Goiânia: UFG, 2012. Disponível em: https://files.cercomp.ufg.br/weby/up/403/o/Matriz_Curricular.pdf?1417464408. Acesso em: 25 jun. 2021.

YOSHIMURA, Y.; CAI, B.; WANG, Z.; RATTI, C. *Deep Learning architect*: Classification for architectural design through the eye of artificial intelligence. 2019. [online] Disponível em: https://www.researchgate.net/publication/332997690_Deep_Learning_Architect_Classification_for_Architectural_Design_Through_the_Eye_of_Artificial_Intelligence. Acesso em: 25 jun. 2021.

YUS, F. Putting relevance at centre stage in all research on human activity on the Internet. *In:* PISKORSKA, A.; WALASZEWSKA, E. (Ed.). *Applications of Relevance Theory:* From discourse to morphemes. Cambridge: Cambridge Scholars Publishing, 2012. Capítulo 4. Disponível em: https://www.researchgate.net/publication/316600929_Putting_relevance_at_centre_stage_in_research_on_human_activity_on_the_Internet. Acesso em: 25 jun. 2021.

CAPÍTULO 11

iPatrimônio: o que a big data diz sobre você

Sandra Schmitt Soster

Cida Barros

Caio Lucena

iPatrimônio é um projeto voluntário, sem vínculos institucionais. Foi criado para auxiliar o cidadão em sua busca por informação sobre o patrimônio cultural brasileiro e, para isso, georreferencia os bens oficializados e agrega valor às listas coletadas junto aos diferentes órgãos (Figura 11.1). O projeto coleta, padroniza, otimiza, centraliza e disponibiliza a informação em plataforma online, única, gratuita e de acesso livre (www.ipatrimonio.org). Conta com informação sobre mais de 12 mil[1] bens das listas da Organização das Nações Unidas para a Educação, a Ciência e a Cultura (UNESCO), do Mercado Comum do Sul (Mercosul), do Instituto do Patrimônio Histórico e Artístico Nacional (IPHAN), do Distrito Federal, de todos os estados e de quase 800 municípios.[2] Mais de 8 mil bens estão georreferenciados. Os três órgãos com mais bens inseridos são Iphan (1.527), Prefeitura Municipal de Belo Horizonte (771) e Conselho de Defesa do Patrimônio Histórico, Arqueológico, Artístico e Turístico (Condephaat), órgão do Estado de São Paulo (698).

---

1 Os dados do artigo são de abril de 2021, quando o mesmo foi escrito.

2 Foram necessários três anos de buscas e insistentes solicitações para completar o nível estadual. Algumas das listas foram gentilmente encaminhadas por seguidores das redes sociais do projeto.

Figura 11.1 Diversidade de órgãos públicos que podem decretar salvaguarda.

Optou-se por uma plataforma com georreferenciamento porque entende-se que o mapa ajuda o cidadão a encontrar a edificação histórica pelo mapa. Além disso, o mapa, reunindo os bens oficializados por um mesmo órgão, indica áreas de concentração ou "falta" de bens, podendo ser utilizado para embasar pesquisas e políticas públicas de patrimônio. Assim, é possível auxiliar no direcionamento dos levantamentos para áreas ainda não mapeadas. Ademais, o projeto responde aos questionamentos de forma rápida e usando linguagem acessível, cumprindo parte da demanda dos canais de comunicação dos órgãos oficiais, que, muitas vezes, são ineficientes ou morosos. Dessa forma, o iPatrimônio dialoga com o Princípio de Publicidade da Administração Pública e com a Lei de Acesso à Informação, atuando em prol da transparência ativa e passiva de informações que são públicas, mas de difícil acesso.

Para ajudar a traçar um perfil dos interessados pelo patrimônio cultural brasileiro, foram analisados registros de dois anos do Google Analytics do www.ipatrimonio.org.

11.1 EXISTE DEMANDA PARA INFORMAÇÕES SOBRE PATRIMÔNIO CULTURAL?

Os dados de acesso ao www.ipatrimonio.org registrados via Google Analytics correspondem ao período 2019-2020 (linha laranja) e 2020-2021 (linha azul). A questão inicial que se pode responder por meio desses dados diz respeito a se existe público para sites contendo informações sobre o patrimônio cultural brasileiro. Como pode ser visto no Gráfico a seguir, a resposta é afirmativa.

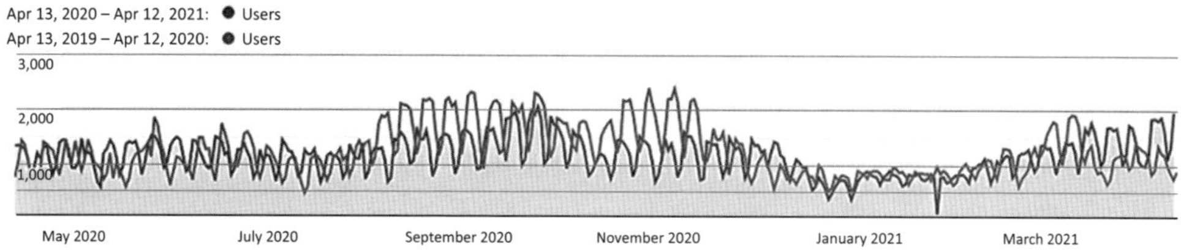

Gráfico 11.1 Usuários diários do www.ipatrimonio.org.

Fonte: Google Analytics, 13/04/2019 a 12/04/2021.

Apesar de o número de usuários ter diminuído 7.40% no período analisado (de 406.004 para 375.974 usuários ao ano), o volume de acessos ainda é bastante significativo. Causas possíveis para a redução de acessos são a pandemia mundial de covid-19 e a pausa da alimentação da plataforma e da divulgação nas redes sociais, também consequências da pandemia, ambas ao longo do ano de 2020. No primeiro período, foi registrado o máximo de 2.395 usuários em um único dia (06/11/2019) e mínimo de 468 usuários (13/07/2019). No segundo período, o máximo de 2.062 usuários em um único dia (24/09/2020) e mínimo de 376 (31/12/2020).

As visualizações de página somaram 769.254 no primeiro período e 711.586 no segundo: redução de 7.50% (Gráfico 11.2). O período de menor acesso é o de festas de final de ano e de férias de início de ano (meses de dezembro a fevereiro), coincidindo com recessos escolares. Enquanto isso, o período de maior acesso se estende entre agosto e novembro. A média mensal de visualizações variou entre 23.192 (04/2020) e 91.934 (09/2019). A página chegou a 4.165 visualizações no dia 04/09/2019, de 3.207 usuários.

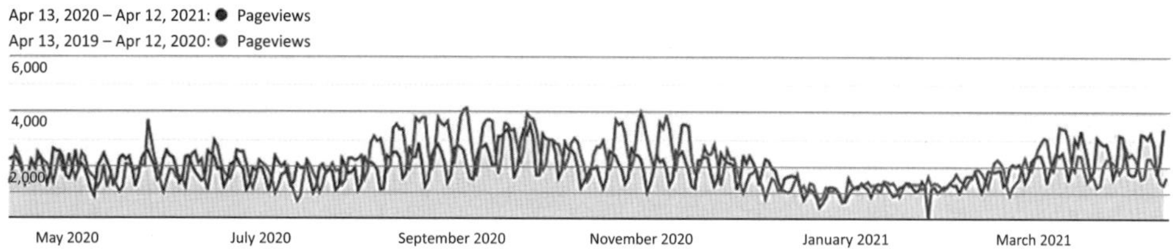

Gráfico 11.2 Visualizações de páginas do www.ipatrimonio.org por dia.

Fonte: Google Analytics, 13/04/2019 a 12/04/2021.

O tráfego do iPatrimônio está diretamente relacionado a seu rankeamento pelos buscadores (em especial o Google) e seu consequente retorno como resultado de buscas. Para melhorar o rankeamento, utiliza-se um conjunto de técnicas denominado SEO (*Search Engine Optimization*, em português: Otimização para Mecanismos de Busca), que envolve fatores *off-page* e *on-page*. Dentre os aspectos internos, são relevantes: o volume de informações presentes na plataforma como um todo; a constante inclusão de bens de diferentes listas; a complementação e otimização da informação (oferecer mais informação do que páginas homólogas), além de sua raridade (listas de difícil acesso, que geralmente não estão online); o "custo-benefício" das imagens disponibilizadas (resolução × tamanho).

11.2 QUEM SE INTERESSA PELO PATRIMÔNIO CULTURAL BRASILEIRO?

Ao longo dos dois anos monitorados, a plataforma foi acessada de 148 países (Figura 11.2), ou seja, 76.68% do total de 193 países. A maior parte dos acessos provém do Brasil (95.41%), e o maior alcance internacional está localizado nos Estados Unidos (0.80%) e em Portugal (0.43%). Como a informação está em português brasileiro, é esperado que a maioria dos usuários seja falante desse idioma (89%). O idioma inglês dos Estados Unidos representa cerca de 5% dos usuários (aproximadamente 40 mil usuários), mesmo que as informações em inglês contidas no iPatrimônio sejam raras.

Brasil	744.913 (95.45%)
(not set)	14.400 (1.85%)
Estados Unidos	6.229 (0.80%)
Emirados Árabes	1.143 (0.15%)
Argentina	985 (0.13%)
Alemanha	894 (0.11%)
França	821 (0.11%)
Itália	768 (0.10%)
Reino Unido	717 (0.09%)

Figura 11.2 País de origem dos acessos ao www.ipatrimonio.org.

Fonte: *Google Analytics*, 13/04/2019 a 12/04/2021.

Em nível nacional (Tabela 11.1), os Estados que mais acessam o iPatrimônio são Minas Gerais (21.96%), São Paulo (20.12%), Rio de Janeiro (11.02%) e Bahia (7.11%). Os três Estados com maior número de usuários são os que mais possuem bens na plataforma: Minas Gerais tem 44.36%; São Paulo tem 9.77%; e Rio de Janeiro tem 9.88%, contudo não existe uma relação direta entre número de bens na plataforma e número de usuários.

> [...] Os acessos dos estados de Minas Gerais, Rio de Janeiro e Bahia [que somam 39.81%] podem se justificar porque os mesmos reúnem mais de metade do patrimônio tombado

pelo Iphan [que, provavelmente, são os mais acessados por serem os mais divulgados]. E os acessos de São Paulo provavelmente decorrem da concentração demográfica: 45.839.534 habitantes, equivalente a 21.8% da população nacional (IBGE, 2019) [- hipótese bastante plausível diante dos 20.55% dos acessos à plataforma] (SOSTER; PRATSCHKE, 2019, p. 8).

Tabela 11.1 Estados brasileiros de origem dos usuários do www.ipatrimonio.org

UF	Estado	Usuários	% de usuários	Bens no iP	% de bens
MG	Minas Gerais	163.024	21.96	5.345	44.36
SP	São Paulo	149.315	20.12	1.177	9.77
RJ	Rio de Janeiro	81.759	11.02	1.191	9.88
BA	Bahia	52.763	7.11	314	2.61
SC	Santa Catarina	32.407	4.37	1.081	8.97
RS	Rio Grande do Sul	32.154	4.33	798	6.62
PE	Pernambuco	29.485	3.97	394	3.27
PR	Paraná	26.205	3.53	285	2.37
CE	Ceará	24.219	3.26	148	1.23
GO	Goiás	22.747	3.06	144	1.20
DF	Distrito Federal	22.193	2.99	60	0.50
ES	Espírito Santo	16.043	2.16	143	1.19
SE	Sergipe	10.891	1.47	116	0.96
MT	Mato Grosso	10.484	1.41	133	1.10
PA	Pará	9.500	1.28	120	1.00
AM	Amazonas	9.045	1.22	46	0.38
PI	Piauí	8.295	1.12	55	0.46
MA	Maranhão	8.191	1.10	32	0.27
PB	Paraíba	7.187	0.97	107	0.89
AL	Alagoas	6.748	0.91	71	0.59
RN	Rio Grande do Norte	6.152	0.83	146	1.21
MS	Mato Grosso do Sul	5.658	0.76	54	0.45

(*continua*)

Tabela 11.1 Estados brasileiros de origem dos usuários do www.ipatrimonio.org (*continuação*)

UF	Estado	Usuários	% de usuários	Bens no iP	% de bens
TO	Tocantins	2.595	0.35	35	0.29
AC	Acre	1.764	0.24	11	0.09
RO	Rondônia	1.471	0.20	9	0.07
AP	Amapá	866	0.12	4	0.03
RR	Roraima	543	0.07	30	0.25
–	Sem localização	517	0.07	–	–
–	Total	744.913	99.95%	12.049	100%

Fonte: Google Analytics, 13/04/2019 a 12/04/2021 e acervo do projeto (10/03/2021).

Em nível municipal, o maior número de acessos provém das capitais dos estados (Figura 11.3), talvez por reunirem a maior parte dos habitantes do estado e/ou porque as condições de acesso a equipamentos e rede de Internet sejam melhores. Como o iPatrimônio busca oferecer conteúdo o mais completo possível sobre cada um dos bens, as páginas demandam maior consumo do pacote de dados do usuário. Dessa forma, o acesso via computador e Internet banda larga é mais eficaz, o que nos leva a questionar por meio de que recursos tecnológicos os usuários acessam a plataforma iPatrimônio.

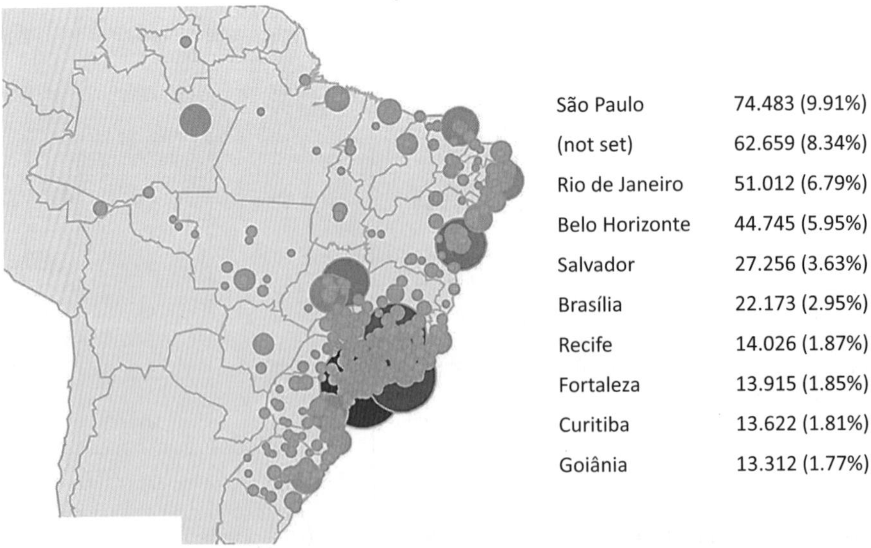

Figura 11.3 Cidades brasileiras de origem dos acessos ao www.ipatrimonio.org.

Fonte: Google Analytics, 13/04/2019 a 12/04/2021.

11.3 DE QUE RECURSOS DISPÕEM E COMO ENCONTRAM O IPATRIMÔNIO?

O Google Analytics indica que 56% dos quase 800 mil usuários do período (13/04/2019 a 12/04/2021) acessaram por aparelhos celulares e 43% por meio de computadores; o 1% restante acessou via tablet. Considerando que 95% dos usuários são brasileiros, os números relacionados aos equipamentos de acesso são compatíveis com os dados apresentados pelo Centro Regional de Estudos para o Desenvolvimento da Sociedade da Informação (CETIC.BR). Segundo o levantamento realizado em 2019 (CETIC.BR, 2020), o celular é o único dispositivo de acesso à Internet de 58% da população brasileira, sendo 79% da população rural e 85% da população com renda familiar de até 4 salários mínimos (SM). A pesquisa CETIC. BR (2020) apontou ainda que, em 2019, apenas 39% dos domicílios possuíam computador, e a distribuição desses era bastante desigual entre as faixas de renda familiar: 95% dos domicílios com renda acima de 20 SM e 85% dos com renda entre 10 e 20 SM (classes A e B). Dentre a população de renda familiar menor que 10 SM, o percentual de domicílios com computador reduz drasticamente, sendo de 44% e 14% (classes C e DE, respectivamente).

Dados como esses demonstram a enorme desigualdade digital brasileira, que espelha a desigualdade social vista nos mais diversos setores da sociedade. É preciso refletir sobre o índice geral de que 97% da população brasileira tem acesso à Internet via telefone celular, independentemente do grau de instrução (CETIC.BR, 2020). Por trás dele estão diversas fragilidades de acesso à informação e de uso das tecnologias digitais, como as informações de que chamadas por voz ou vídeo são a principal atividade realizada por 73% da população, e de que o trabalho remoto é realizado por apenas 1/3 da população (33%) (CETIC.BR, 2020). Quando falamos de acesso a dispositivos e redes de conexão à Internet, é preciso pensar não só em termos de números quantitativos, mas também na qualidade do uso dessas tecnologias.

Os dados registrados pelo Google Analytics ainda revelam os sistemas operacionais dos equipamentos de acesso ao iPatrimônio (Android: 47.05%, Windows: 40.26% e iOS: 9.72% são os mais utilizados). Sobre a origem dos acessos, 83.12% ocorrem via buscas orgânicas (aquelas realizadas pelos usuários de forma natural: não provenientes de cliques em posts de redes sociais e sem que seja necessário pagar por publicidade da plataforma), 14.83% das pessoas acessam via link direto, 1.17% provêm de links em outros websites e 0.88% dos usuários são redirecionados por links das redes sociais (destas, majoritariamente Facebook, com 93.54%). Mais detalhadamente, 82.34% dos acessos a todo o iPatrimônio provêm de buscas orgânicas no Google. Por isso é tão importante utilizar as técnicas de SEO mencionadas no início deste capítulo e, assim, manter o iPatrimônio como um dos primeiros resultados retornados pelos buscadores.

11.4 QUE OUTROS INTERESSES POSSUEM OS USUÁRIOS DO iPATRIMÔNIO?

A principal função da análise dos dados coletados pelo Google Analytics é traçar um perfil dos usuários da plataforma de modo a direcionar campanhas para cativá-los. No caso do iPatrimônio, predominam as mulheres (62.66%) e pessoas de idade entre 25 e 34 anos (Gráfico 11.3).

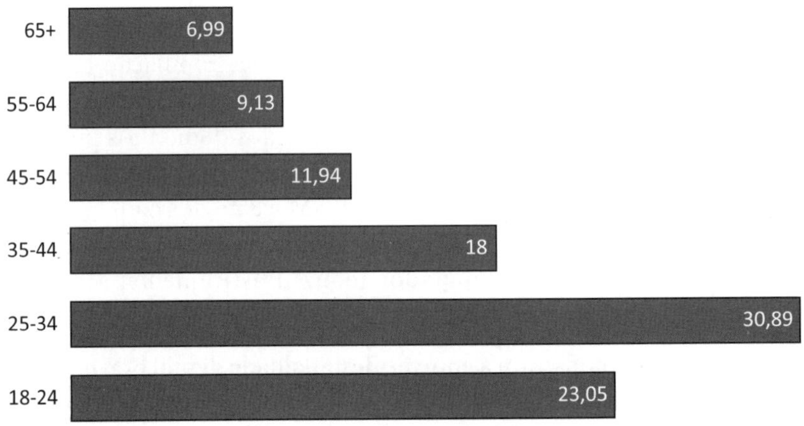

Gráfico 11.3 Idade dos usuários do www.ipatrimonio.org.

Fonte: Google Analytics, 13/04/2019 a 12/04/2021.

Uma das categorias de dados coletados pelo Google Analytics é denominada "segmentos no mercado" e se relaciona às aquisições ou buscas frequentes dos usuários (Gráfico 11.4). Embora o projeto não tenha fins lucrativos, a informação complementa o perfil de 45.55% dos usuários: educação/ensino superior; educação/cursos preparatórios; empregos; viagem/hotel e acomodações são os itens com maior percentagem, o que parece correto, considerando que o conteúdo relacionado ao patrimônio cultural tem grande utilidade para a formação universitária em diferentes cursos de graduação e também é fonte de informações sobre cidades históricas, que configuram possíveis destinos turísticos.

Outra série de dados interessante para entender o público beneficiado pelo projeto é o item "categorias de afinidade" (informações sobre o estilo de vida e as preferências), que indica os interesses dos usuários do iPatrimônio (Gráfico 11.5), por exemplo, conteúdos relacionados a comidas e bebidas/receitas culinárias/receitas rápidas (que têm relação com os posts de bens imateriais de saberes) e a estilos de vida e passatempos/vida ao ar livre (relacionados a destinos de viagens). Dessa forma, é provável que publicações referentes a alimentos e a lugares para conhecer tenham melhor desempenho entre o público do projeto.

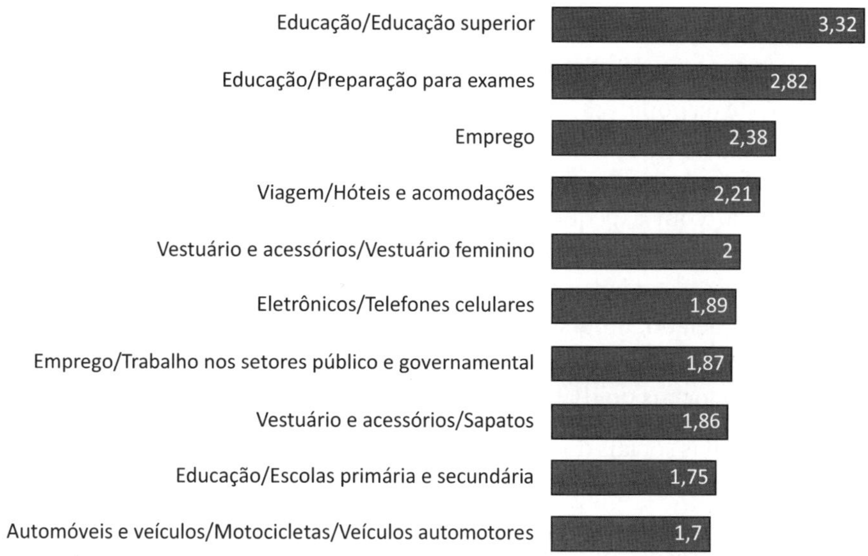

Gráfico 11.4 "Segmentos no mercado" de 45.55% dos usuários do www.ipatrimonio.org.

Fonte: Google Analytics, 13/04/2019 a 12/04/2021.

Gráfico 11.5 "Categorias de afinidade" de 61.40% dos usuários do www.ipatrimonio.org.

Fonte: Google Analytics, 13/04/2019 a 12/04/2021.

11.5 POR QUE MANTER AS REDES SOCIAIS DO PROJETO?

Segundo os dados da CETIC.BR de 2019, apresentados anteriormente, presume-se que a maior parte da população acessa a internet via pacote de dados do celular, já que redes sociais e aplicativos de mensagens instantâneas não são tarifados, o que provavelmente é um fator importante para o alcance das redes sociais do projeto iPatrimônio. E, de acordo com a pequena percentagem de usuários da plataforma que se originam das redes sociais do projeto (0.88%), segundo os dados do Google Analytics, entende-se que esse é um outro público alcançado e que a potencialidade está no alto engajamento propiciado, ampliando a disseminação das informações sobre o patrimônio oficializado. Dessa forma, gostaríamos de traçar também um breve perfil do usuário das redes sociais do iPatrimônio.

Quando as mídias sociais do projeto foram abertas, em abril de 2017, o objetivo era reunir o maior número de seguidores interessados no patrimônio cultural brasileiro. Facebook (www.facebook.com/ipatrimoniobrasileiro) e Instagram (www.instagram.com/ipatrimonio_brasileiro) foram escolhidos com base em critérios de público, alcance e popularidade.

No Instagram, em três anos, 30 mil seguidores foram alcançados organicamente. Atingida a meta de crescimento e o amadurecimento das redes, o segundo passo foi qualificar, cada vez mais, a audiência, que hoje é formada principalmente por um público mais maduro. Estão reunidos profissionais da área do patrimônio cultural e pessoas interessadas, com faixa etária de 25 a 34 anos (29%), 35 a 44 anos (25%), 45 e 54 anos (12%) e 55 a 64 anos (12%). Idosos com mais de 65 anos e jovens estudantes universitários, com idade entre 18 a 24 anos, abrangem 7% da audiência cada. Destes, 41% são homens e 59%, mulheres, todos relacionados a segmentos como educação, turismo/hotelaria, tecnologia, arquitetura, paisagismo e governo.

Ao longo dos três primeiros anos das redes de Facebook e Instagram, a maior parte do público era formada por jovens entre 18 e 24 anos (estudantes), e as mulheres eram 76% do público total. As pessoas acima de 55 anos eram um percentual irrisório. Com a pandemia e a mudança de estratégia de divulgação adotada pela equipe iPatrimônio para cativar uma audiência mais qualificada, crítica e que pudesse colaborar com a plataforma, o público masculino cresceu e passou a representar metade dos engajamentos. O público acima de 54 anos também cresceu, e os jovens de até 24 anos já não são maioria (Gráfico 11.6).

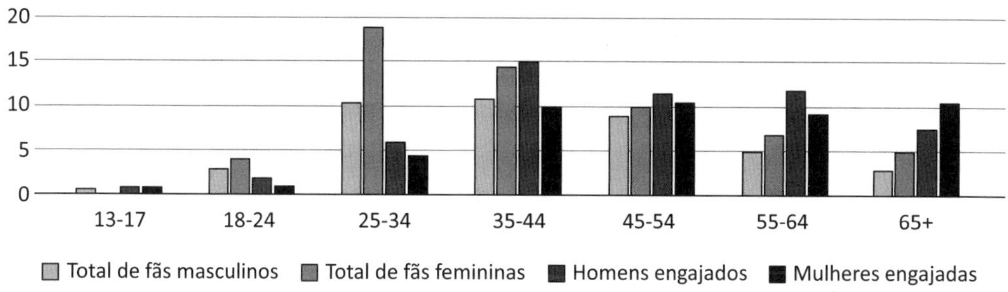

Gráfico 11.6 Perfil dos fãs do IPatrimônio no Instagram.

Fonte: Mlabs, 30/04/2021 (coleta semanal).

Em 2020, o Instagram do iPatrimônio seguiu a tendência já constatada no Facebook do projeto: cresceu o público de setores profissionais – empresas, instituições e autarquias. Conquanto, o Instagram tenha alcance orgânico até 10 vezes maior do que o Facebook. O Instagram configura a principal mídia de promoção do projeto, reunindo mais de 32 mil seguidores, mais de 500 publicações e 8.5 usuários engajamentos por *post*. A página tem alta efetividade, já que quase 40% dos seguidores se envolvem com o conteúdo (Gráfico 11.7).

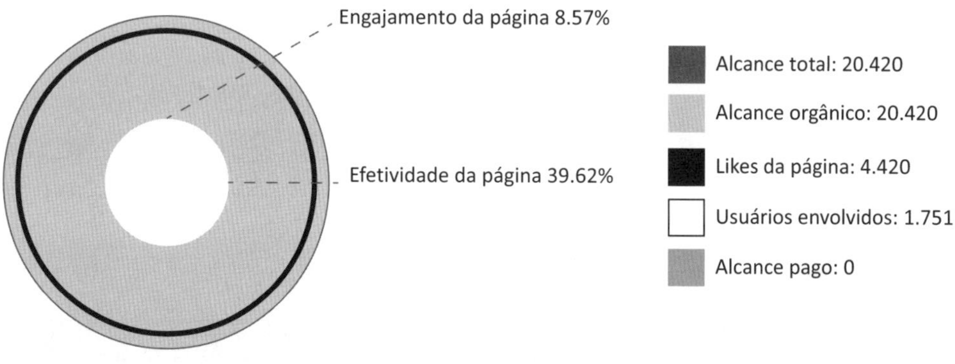

Gráfico 11.7 Efetividade da página do iPatrimônio no Instagram.

Fonte: Mlabs, 23/04/2021 a 30/04/2021.

Entre os assuntos de maior interesse da comunidade, ou seja, posts com mais interações registradas, estão:

- o patrimônio cultural de cidades turísticas, como Tiradentes (MG) (Figura 11.4), Ouro Preto (MG), Diamantina (MG), Olinda (PE) e Lençóis (BA);
- o patrimônio recém-tombado ou reconhecido, a exemplo da cidade de Brejo da Madre de Deus (PE); e

- publicações sobre a plataforma iPatrimônio, para envolver a audiência, buscando a colaboração da comunidade (Figura 11.5).

Figura 11.4 Post com maior interação (entre 30/04/2920 e 0105/2021) no Facebook.

Fonte: Mlabs, 01/05/2020 a 30/04/2021.

Figura 11.5 Post buscando a colaboração da comunidade do Instagram.

Fonte: Instagram Analytics, 30/04/2021.

No início de 2021, por meio de postagens nas redes sociais do projeto, foi possível completar o nível estadual, que vinha sendo sondado desde 2018, por meio do envio de solicitações por diversos canais de comunicação dos órgãos de preservação. As listas do Amapá, Maranhão, Rondônia e Roraima foram encaminhadas por seguidores. E o mesmo aconteceu para a atualização das listas de Mato Grosso e Pernambuco, que foram enviadas após a postagem apresentada na Figura 11.5.

Diante desse crescimento, a plataforma assume, cada vez mais, um papel informativo, crítico e colaborativo diante da sociedade, indo além da divulgação e promoção do patrimônio cultural. O iPatrimônio se converteu em uma plataforma de informação abrangente e idônea, acumulando a função de sanador de dúvidas da população. Por exemplo, nos comentários da plataforma, são registradas solicitações de agendamento de visitas (em posts de museus, fazendas etc.), de históricos escolares (em posts das escolas tombadas), de certidões de nascimento, casamento, falecimento (em posts de igrejas) e informação sobre o sepultamento de parentes (nos posts de cemitérios). Busca-se responder aos comentários com indicação do contato da instituição correspondente, conforme dados encontrados online pela equipe do projeto. Inicialmente, tais pedidos soam estranhos, contudo a maioria das instituições a que dizem respeito os posts com tais comentários não possui canais online de comunicação e ou seus dados de contato não são facilmente encontrados online, ou seja, o Brasil peca muito quando se trata de ter canais claros de contato com tais instituições que abrigam arquivos documentais essenciais para a população.

Diante desse cenário, cabe apontar dois dos instrumentos legais que são negligenciados ou cumpridos de forma ineficiente. O primeiro deles é o Princípio de Publicidade na Administração Pública, previsto no art. 37, § 1º, da Constituição Federal de 1988. Tal princípio diz respeito ao caráter público das informações produzidas pela administração pública brasileira, no sentido de que todo cidadão tem direito ao acesso a informações que não sejam sigilosas. O segundo instrumento é a Lei nº 12.527/2011, também conhecida como Lei de Acesso à Informação (LAI), assinada em 2011; que especifica os pormenores do Princípio da Publicidade e de seu funcionamento. Mesmo assim, confirma-se que a população carece de fontes de informações públicas em geral e de meios de acesso à informação que retornem respostas rápidas.

O trabalho resiliente de reunir todo o patrimônio cultural brasileiro em uma só plataforma, realizado há anos, ganhou ostensivamente mais do que usuários e fãs nas mídias sociais. Percebe-se que o projeto angariou colaboradores e entusiastas que acompanham de perto o crescimento cotidiano consistente, tornando-se a maior plataforma brasileira da área, de modo que o estágio atual das mídias sociais é o de sensibilizar os usuários para que se tornem colaboradores ativos e enviem informações, fotografias, coordenadas etc.

11.6 CONSIDERAÇÕES FINAIS – TECNOLOGIAS

O iPatrimônio foi elaborado com foco na experiência do usuário, com linguagem simples para facilitar a pesquisa para cidadãos com pouca prática no uso de ferramentas virtuais da internet. O desafio inicial foi agregar e integrar bases cartográficas de diversas procedências e formatos, para que o georreferenciamento combinado pudesse ser utilizado como uma ferramenta tanto de exploração geográfica quanto de análise do objeto em questão.

O crescimento de acesso e a evolução das tecnologias de documentação do patrimônio cultural ao longo do tempo impõem desafios técnicos. Dessa forma, o projeto vem sendo continuamente otimizado, com adição de novas tecnologias para aumentar disponibilidade, velocidade e acessibilidade do conteúdo. Algumas delas são realidade virtual, inteligência artificial, georreferenciamento e automação de processos na melhoria do conteúdo. O Centro Histórico de Paraty (www.ipatrimonio.org/Paraty-Conjunto-Arquitetonico-e-Paisagistico) foi escolhido como teste de realidade virtual (Figura 11.6). Essa forma inovadora de apresentação de bem tombado integrada à plataforma foi apresentada com êxito na Conferência da Internet no Brasil, em 2017, demonstrando que a tecnologia da realidade virtual pode ser distribuída de forma livre pela web, sem a construção de aplicativos específicos para celulares ou computadores pessoais.

Figura 11.6 Realidade virtual do Centro Histórico de Paraty no iPatrimônio.

Fonte: www.ipatrimonio.org/Paraty-Conjunto-Arquitetonico-e-Paisagistico/.

A utilização prática da inteligência artificial dentro do projeto consiste na construção de um *chatbot* (robô de conversação) chamado "Patrimônia Bot" (Figura 11.7), que interage de forma natural com os usuários interessados em obter mais informações sobre o patrimônio cultural brasileiro. A introdução dessa tecnologia demanda o esforço de ensino da máquina sobre os vários assuntos e conceitos específicos relacionados ao tema do patrimônio cultural. O teste inicial foi realizado a partir de dúvidas coletadas nos seis canais de comunicação do iPatrimônio com os usuários. Os resultados são promissores, pois foram coletadas interações de milhares de pessoas com o *chatbot* por mês. As capacidades do robô estão sendo ampliadas utilizando um processo de aprendizagem de máquina não automático.

Figura 11.7 "Patrimônia Bot" na página inicial do iPatrimônio.

Fonte: www.ipatrimonio.org/.

Com o advento das tecnologias cognitivas de inteligência artificial, surgiram novas oportunidades de ampliação do conteúdo e a eficiência da gestão da plataforma. O aprimoramento do conteúdo e a agregação de valor a ele estão levando o projeto a um novo patamar de qualidade da informação e utilidade pública. Com a automação de processos de manutenção do conteúdo, o mesmo pode ser escalado de forma mais natural e eficiente, conforme as mudanças no cenário do patrimônio cultural.

Assim, o iPatrimônio também é um espaço de implementação e teste das mais diversas tecnologias, conforme são criadas e se tornam estáveis, com base na resiliência e disponibilidade das informações. Pela multiplicidade de tecnologias e por focar na memória social oficializada como patrimônio cultural, o horizonte de implementação das tecnologias deve ser considerado em anos. Nesse sentido, a reflexão de gestão tecnológica inescapável se concentra na manutenção do projeto por duas décadas, adaptando-se a mudanças tecnológicas constantes e ao aumento contínuo da base de conteúdo.

Ficha Técnica do Projeto iPatrimônio

Criação do projeto e manutenção técnica: Caio Cardoso Lucena

Redes sociais e atendimento ao usuário: Cida Barros

Alimentação da plataforma e atendimento ao usuário: Sandra Schmitt Soster

REFERÊNCIAS

BRASIL. [Constituição (1988)]. *Constituição da República Federativa do Brasil.* Brasília, DF: Senado Federal: Centro Gráfico, 1988.

BRASIL. Lei nº 12.527/2011, de 18 de novembro de 2011. *Lei de Acesso à Informação.* Brasília, DF: Presidência da República, 2011.

CENTRO REGIONAL DE ESTUDOS PARA O DESENVOLVIMENTO DA SOCIEDADE DA INFORMAÇÃO. *TIC Domicílios 2019*: Principais resultados. [*S. l.*]: CETIC.BR, 2020. [online] Disponível em: https://cetic.br/media/analises/tic_domicilios_2019_coletiva_imprensa.pdf. Acesso em: 10 Abr. 2021.

SOSTER, S. S.; PRATSCHKE, A. iPatrimônio: Acesso à Informação sobre o Patrimônio Cultural Brasileiro. *In*: SIMPÓSIO CIENTÍFICO DO ICOMOS BRASIL, 3., 2019, Belo Horizonte. *Anais* [...]. Belo Horizonte: [*s. n.*], 2019.

CAPÍTULO 12
Desafios futuros

Pedro Henrique Gonçalves

Clarissa Sartori Ziebell

Vanda Alice Garcia Zanoni

Em um cenário de inovação, é evidente que a tecnologia trouxe novas oportunidades para o melhoramento da construção civil, de seus produtos e de seus processos. No domínio da Arquitetura, Engenharia e Construção (AEC), é visto que modelos de informações 3D semanticamente ricos são cada vez mais usados ao longo do ciclo de vida do ambiente construído para diversas aplicações, como o planejamento de reabilitações e do uso do espaço, e a gestão da conservação e manutenção de edifícios. Até o momento, no campo da gestão da informação para o patrimônio arquitetônico, a abordagem *Heritage Building Infomation Bulding* (HBIM) para a modelagem de edifícios históricos, por sua singularidade e complexidade geométrica, ainda é uma questão em aberto e um tópico de pesquisa interessante.

Quanto à modelagem a partir da geração de nuvem densa de pontos obtidos pela fotogrametria digital ou pelo escaneamento a laser, a questão desafiadora é a reconstrução automática e inteligente dos modelos tridimensionais. Nesse sentido, existem algumas tentativas de aliviar a carga de trabalho por meio de ferramentas para a geração semiautomática, mas elas ainda estão em estágios iniciais de desenvolvimento, portanto, até que os métodos automatizados sejam consolidados e validados, os sistemas HBIM podem ser soluções demoradas e caras (BRUSAPORCI; MAIEZZA; TATA, 2018). A evolução da modelagem no processo em HBIM caminha para o desenvolvimento e a aplicação dos algoritmos de aprendizagem de máquina para reconhecimento de características de superfícies construídas, usando medições de pontos densos e tridimensionais obtidas de escâneres a laser (XIONG *et al.*, 2013).

Ao longo das últimas décadas, progressivamente, os fluxos de trabalho e as técnicas para a modelagem tridimensional evoluíram bastante e rapidamente. No âmbito do HBIM, destacam-se como tópicos de pesquisa em aberto, especialmente, o gerenciamento de grandes conjuntos de dados de pesquisa, a parametrização para a modelagem tridimensional de elementos complexos (como ornamentos e elementos de ordens clássicas) e irregularidades geométricas (irregularidades na estrutura por deslocamentos e deformações ou variações geométricas resultantes de técnicas construtivas tradicionais) (BRUNO; RONCELLA, 2019).

Na gestão da informação, as diversas disciplinas devem cooperar ativamente para sistematizar os processos de automação baseados em ontologias e reconhecimento semântico de informações, com vistas às plataformas de intercâmbio e interoperabilidade semântica, apontando o desenvolvimento de ontologias específicas como uma tarefa crucial a ser realizada nos próximos anos (DELLA TORRE; PILI, 2020).

Os sistemas de gerenciamento de informações não geométricas no HBIM devem superar as limitações dos bancos de dados integrados dos pacotes computacionais (BRUNO; RONCELLA, 2019), atendendo às necessidades de flexibilidade, usabilidade e compartilhamento de informações para a conservação de edifícios históricos. Nesse sentido, destacam-se as pesquisas sobre a integração dos modelos tridimensionais baseados em ontologia (SIMEONE; CURSI; ACIERNO, 2019) e a organização da base de dados desses modelos BIM.

A informação a qual o usuário terá acesso deve ser definida segundo o seu perfil (especialista ou público não especialista), pois o HBIM deve garantir o compartilhamento de dados e a fácil usabilidade por usuários qualificados e não qualificados – que também podem se beneficiar com os recursos fornecidos pela ferramenta. Palomar *et al.* (2018) sugerem que as partes interessadas não técnicas (aquelas que acessam pela fruição, lazer, turismo ou cultura) podem demandar atenção quanto ao acesso e ao uso das informações geradas pelo HBIM, requerendo protocolos educacionais.

Para tornar os conjuntos de dados acessíveis, problemas de conectividade devem ser resolvidos, principalmente porque o grau de desenvolvimento do banco de dados relacional é desigual entre as organizações culturais. Por esse motivo, existe um campo de pesquisa ativo que não se limita à disponibilidade, à disseminação e ao processamento de conjuntos de dados, mas também envolve análises dos direitos associados e estudos sobre o retorno econômico e social dessa metodologia.

A abordagem em HBIM baseia-se na reconstrução virtual de edificações patrimoniais, a partir de dados coletados em levantamentos físicos, referências documentais e registros fotográficos. O grau de confiabilidade do modelo gerado em relação ao objeto real envolve o conceito de transparência, ou seja, a indicação das fontes e da documentação que foram utilizadas como base para a modelagem realizada. Para a transparência, um papel essencial é desempenhado pelo "paradata", que "[...] documenta o processo de interpretação para que os objetivos, contextos e confiabilidade dos métodos de visualização e seus resultados possam ser devidamente compreendidos" (BENTKOWSKA-KAFEL; DENARD; BAKER, 2012, p. 1).

De acordo com o *London Charter for the Computer-Based Visualisation of Cultural Heritage* (2009, p. 13), paradatas são definidos como:

> [...] processos humanos de compreensão e interpretação de objetos de dados. Exemplos de paradata incluem descrições armazenadas em um conjunto de dados estruturado de como a evidência foi usada para interpretar um artefato ou um comentário sobre premissas metodológicas em uma publicação de pesquisa. Está intimamente relacionado, mas um pouco diferente em ênfase, aos "metadados contextuais", que tendem a comunicar interpretações de um artefato ou coleção, ao invés do processo através do qual um ou mais artefatos foram processados ou interpretados.

No que diz respeito à confiabilidade do modelo, Brusaporci; Maiezza; Tata (2018) fazem uma reflexão sobre as possíveis armadilhas quando se define o patrimônio arquitetônico como um contínuo processo de modificação e transformação no tempo". Por isso a visualização digital deve tornar-se testável por outros profissionais, que podem, assim, confirmar ou negar os resultados obtidos pelos pesquisadores.

De maneira semelhante, no campo da simulação computacional termo-energética, alguns aspectos das edificações históricas tornam os modelos virtuais pouco confiáveis, quando comparados aos modelos virtuais de edificações modernas (SERRANO LANZAROTE *et al.*, 2020; MUNARIM; MARQUES DE MEDONÇA; GHISI, 2014; TRONCHIN; FABBRI, 2017). A principal dificuldade está na obtenção da informação, já que muitas vezes as alterações realizadas nas edificações ao longo do tempo não estão devidamente registradas ou são de difícil acesso.

A documentação produzida no contexto de um projeto de preservação ou reabilitação de uma edificação histórica propicia uma boa oportunidade para se integrar a simulação computacional ao processo de decisão. Um instrumento básico de documentação é o cadastramento arquitetônico, entretanto a obtenção de dados sobre as propriedades termofísicas e ópticas dos materiais de construção para simulação termo-energética e do ambiente luminoso de edificações extrapola o escopo prescrito nas diretrizes usuais de documentação do patrimônio arquitetônico. Para a simulação termoenergética, por exemplo, são necessários dados como a condutividade térmica, o calor específico e a densidade dos materiais construtivos utilizados nas edificações simuladas (MUNARIM; MARQUES DE MEDONÇA; GHISI, 2014).

Por exemplo, mesmo se houver registro dos materiais utilizados na edificação em estudo, muito provavelmente não haverá especificações das propriedades térmicas dos materiais. Já que, na maioria das vezes, a coleta de amostras em uma edificação histórica não é possível, torna-se difícil definir com precisão quais são as características dos materiais de construção utilizados. Um modelo virtual que não apresenta as reais características da edificação em estudo, muito provavelmente, irá levar a uma avaliação inadequada, prejudicando os estudos de preservação do patrimônio.

Além da caracterização da edificação, as características do clima onde a edificação está inserida também influenciarão de forma significativa nos resultados obtidos com a simulação. Sabe-se que as características do microclima podem variar conforme a localização da edificação. Logo, muito provavelmente, o uso de arquivos climáticos elaborados com base em estações climáticas distantes do terreno onde a edificação em estudo está inserida também levará a resultados pouco precisos. Nesse sentido, o monitoramento das edificações tem potencial para servir de base a modelos de simulação mais confiáveis.

Quer seja no monitoramento do clima, como em atividades ligadas a museus e exposições, a Internet das Coisas (*Internet of Things* – IoT) ainda é um vasto campo a ser explorado. Sua aplicação no âmbito do patrimônio cultural destaca-se, principalmente, no monitorando, em tempo real, do desempenho ambiental, estrutural ou energético, tanto dos elementos construtivos quanto dos acervos históricos internos, assim como a sua aplicação integrada aos bancos de dados em nuvem para a gestão de risco das edificações históricas.

Além disso, a IoT pode ser integrada com os novos métodos de representação interativa e imersiva para a construção de sistemas de realidade mista (integração entre realidades aumentada e virtual), que podem ser utilizados em novos campos de atuação: desde a educação patrimonial, a documentação, a gestão da informação até a divulgação do bem histórico.

No campo da Arquitetura Paisagista, LIM e *Heritage Landscape Information Modeling* (HLIM) ainda estão em estágio inicial de desenvolvimento. O conhecimento compartilhado para obter informações sobre a paisagem patrimonial contribui para a formação de uma base confiável para a tomada de decisão nos processos de gestão, incluindo avaliação do patrimônio, plano de conservação, implementação, monitoramento de impactos e avaliação de mudanças nas circunstâncias. Os pesquisadores e conservadores das paisagens históricas devem, junto aos desenvolvedores de software, ajustar as demandas, participando ativamente na exploração e desenvolvimento de HLIM para melhor conservar e gerenciar nossas paisagens (YANG *et al.*, 2019).

Entre tantos desafios, ainda há a integração da inteligência artificial aplicada às temáticas do patrimônio arquitetônico e no contexto da construção civil. Nesse campo ainda pouco explorado, que busca entender como o cérebro humano processa as informações para construir conhecimento, a inteligência artificial é capaz de auxiliar nas tomadas de decisões em diversos campos, desde que alimentada e treinada com dados confiáveis.

Um dos segmentos da inteligência artificial é o método de aprendizado de máquina (*machine learning*), que inclui o aprendizado profundo (*deep learning*). Entre os métodos de aprendizado profundo estão as redes neurais convolucionais (CNNs), que processam informações para a avaliação da edificação. Por meio de processamento de imagens como dados de entrada, algoritmos de visão computacional extraem atributos que são capazes de detecção, identificação e classificação de danos, estilos arquitetônicos, contagem de visitantes, entre outros.

Muito provavelmente, o campo mais desafiador relacionado à preservação das edificações históricas é o de mudanças climáticas. Mesmo alterações no clima, que parecem pouco significantes, podem ter grande impacto na sua conservação. Segundo Oliveira e Widmer (2019, p. 1), "as mudanças climáticas estão acontecendo em uma proporção sem precedentes e impactando muitas pessoas em todo o planeta, principalmente através da ocorrência da elevação do nível médio do mar e eventos extremos [...]".

Em um país como o Brasil, vulnerável a eventos climáticos extremos (MARENGO, 2014), essa discussão se torna ainda mais urgente. Nesse sentido, o monitoramento do clima e previsão de cenários possíveis são um caminho a ser seguido, rumo à conservação do patrimônio edificado. Desse modo, podem-se prever eventos potencialmente prejudiciais e antecipar soluções. Ressalta-se, contudo, a importância de que esses estudos não permeiem apenas o meio acadêmico, mas que cheguem até os planejadores urbanos, responsáveis pela implementação de estratégias de mitigação das mudanças climáticas no meio urbano.

Os edifícios históricos são, em si próprios, guardiões das informações que fundamentam os processos inerentes à sua conservação. O desafio futuro encontra-se na gestão da informação, que se fará eficiente mediante o aumento dos níveis de colaboração e comunicação entre os agentes responsáveis, para o avanço efetivo no compartilhamento de dados significativos.

Processamento em nuvem, sistemas automatizados de coleta de dados e aprendizado de máquina compõem tecnologias inovadoras, mas são as pessoas o agente-chave no contexto da Indústria 4.0: as redes de interações e conexões serão fluidas na medida em que os dados sejam transformados em informações. O caminho ainda é desafiador, mas o modelo de pensamento baseado na cultura *open source* é uma premissa estruturante para superar os desafios futuros.

REFERÊNCIAS

BENTKOWSKA-KAFEL, A.; DENARD, H.; BAKER, D. Paradata and Transparency in Virtual Heritage. 1. ed. Farnham: Ashgate Publishing, 2012.

BRUNO, N.; RONCELLA, R. HBIM for Conservation: A New Proposal for Information Modeling. Remote Sensing, [*s. l.*], v. 11, n. 15, p. 1751, 2019. DOI 10.3390/rs11151751

BRUSAPORCI, S.; MAIEZZA, P.; TATA, A. A Framework For Architectural Heritage Hbim Semantization And Development. *In*: ISPRS TC MID-TERM SYMPOSIUM "TOWARDS PHOTOGRAMMETRY", 2., 2018, Riva del Garda. *Anais* [...]. Hannover: ISPRS Archives, 2018. p. 179-184.

DELLA TORRE, S.; PILI, A. Built Heritage Information Modelling/Management. Research Perspectives. *In*: DANIOTTI, B., GIANINETTO, M., DELLA TORRE, S. (ed.). Digital Transformation of the Design, Construction and Management Processes of the Built Environment. Research for Development. Cham: Springer, 2019.

LONDON CHARTER FOR THE COMPUTER. Based Visualisation of Cultural Heritage. Editor: Hugh Denard, King's College London, 2009. Disponível em: https://www.londoncharter.org/index.html. Acesso em: 05 maio 2021.

MARENGO, J. (2014). O futuro clima do Brasil. *Revista USP*, n. 103, p. 25-32, 2014. DOI 10.11606/issn.2316-9036.v0i103p25-32

MUNARIM, U.; MARQUES DE MEDONÇA, A.; GHISI, E. Simulação Computacional de Edificações Aplicado ao Patrimônio Edificado. *In:* Congresso Internacional do Patrimônio Arquitetônico e Edificado, 12., 2014, Bauru. *Anais* [...]. Bauru: [*s. n.*], 2014. p. 1-10.

OLIVEIRA, R. A., WIDMER, W. M. Contribuições Preliminares para Elaboração de um Plano Municipal para Adaptação dos Efeitos das Mudanças Climáticas no Município de São Francisco do Sul – SC. *Metodologias e Aprendizado*, [*s. l.*], v. 2, p. 14-18, 2019.

PALOMAR, I. J.; TZORTZOPOULOS, P.; VALLDECABRES, J. G.; PELLICER, E. Protocol to Manage Heritage-Building Interventions Using Heritage Building Information Modelling (HBIM). *Sustainability*, [s. l.], v. 10, p. 908; 2018. DOI 10.3390/su10030908

SERRANO LANZAROTE, B.; CARNERO MELERO, P.; VALERO ESCRIBANO, V.; RAMÍREZ PAREJA, L. Digital energy simulation of buildings protected by municipal heritage policies in the framework of energy renovation projects. *In*: HERITAGE2020 (3DPAST | RISK-TERRA) INTERNATIONAL CONFERENCE, 2020, Valencia. *Anais* [...]. Hannover: ISPRS Archives, 2020. p. 421-426.

SIMEONE, D.; CURSI, S.; ACIERNO, M. BIM semantic-enrichment for built heritage representation. *Automation in Construction*, [*s. l.*], v. 97, p. 122-137; 2019. DOI 10.1016/j.autcon.2018.11.004

TRONCHIN, L.; FABBRI, K. Energy and Microclimate Simulation in a Heritage Building: further studies on the malatestiana library. *Energies*, [*s. l.*], v. 10, n. 10, p. 1621, out. 2017. DOI 10.3390/en10101621

XIONG, X.; ADAN, A.; AKINCI, B.; HUBER, D. Automatic creation of semantically rich 3D building models from laser scanner data. *Automation in Construction*, [s. l.], v. 31, p. 325-337, 2013. DOI 10.1016/j.autcon.2012.10.006

YANG, C.; HAN, F.; WU, H.; CHEN, Z.: Heritage landscape information model (hlim): towards a contextualised framework for digital landscape conservation in China. *In*: CIPA INTERNATIONAL SYMPOSIUM "DOCUMENTING THE PAST FOR A BETTER FUTURE", 27., 2019, Valencia. *Anais* [...]. Hannover: ISPRS Archives, 2020. p. 1221-1227.

Sobre os autores

Ana Paula Nishimoto Ito

Arquiteta e Urbanista, é especialista na área de tecnologias e sustentabilidade urbana. É pesquisadora do Programa de Pós-graduação em Projeto e Cidade, da Universidade Federal de Goiás (UFG), e do Laboratório do Ambiente (LabAm-UFG). Desenvolve trabalhos nas áreas de arquitetura, tecnologias digitais, manufatura avançada, prototipagem, ensino/aprendizagem e patrimônio cultural.

Ariane Magda Borges

Doutoranda em Arquitetura e Urbanismo pela Universidade Federal da Bahia (UFBA). Professora assistente do curso de Arquitetura e Urbanismo da Universidade Federal de Goiás (UFG). Pesquisadora do Laboratório do Ambiente (LabAm). Pesquisa sobre expressão e representação gráfica, ensino de Arquitetura e Urbanismo, jogos e gamificação, tecnologias digitais de representação e documentação do patrimônio.

Bruna Farina

Aluna do curso de Arquitetura e Urbanismo na Universidade Federal da Fronteira Sul (UFFS). Pesquisadora do Laboratório do Ambiente (LabAm-UFG). Desenvolve(u) pesquisa intitulada "Patrimônio Futuro", nas áreas de Arquitetura e Urbanismo, tecnologias digitais, patrimônio e parametrização.

Caio Cardoso Lucena

Engenheiro eletricista, mestre em Gestão e Políticas Públicas, e especialista em Gerenciamento de Conteúdo Aberto e Dados Abertos. Pesquisador do Colab-USP. Criador do projeto iPatrimônio, responsável pela manutenção técnica da plataforma GIS e implementação de inovações tecnológicas.

Carina Folena Cardoso Paes

Graduada em Arquitetura e Urbanismo, mestre em Ambiente Construído e doutora em Urbanismo. Professora adjunta do curso de Arquitetura e Urbanismo da Universidade Federal de Goiás (UFG). É membro do grupo de pesquisa Laboratório do Ambiente (LabAm), no qual desenvolve pesquisas alinhadas à área de Planejamento Urbano e Regional com enfoque em processos de informatização e sustentabilidade.

Clarissa Sartori Ziebell

Doutora em Design. Professora adjunta da Faculdade de Arquitetura da Universidade Federal do Rio Grande do Sul (UFRGS), lotada no Departamento de Design e Expressão Gráfica. É membro do grupo de pesquisa Laboratório do Ambiente (LabAm), atuando principalmente nos seguintes temas: simulação computacional, eficiência energética em edificações, desempenho térmico de edificações e EnergyPlus.

Claudia Feierabend Baeta Leal

Graduada em Letras, mestre em Teoria Literária e Doutora em História Social. É historiadora do Iphan, Docente do Mestrado Profissional em Preservação do Patrimônio Cultural (Centro Lucio Costa/Iphan). Estuda patrimônio, ambiente e desenvolvimento; gestão compartilhada e participativa do patrimônio cultural; políticas públicas de patrimônio.

Fabíolla Xavier Rocha Ferreira Lima

Arquiteta e Urbanista, doutora em Arquitetura e Urbanismo. Professora Associada da Universidade Federal de Goiás (UFG), Setor Engenharia de Biossistemas. Coordena o Taca - Grupo de estudos, é membro do grupo de pesquisa Laboratório do Ambiente

– LabAm. Pesquisadora nas áreas de tecnologia da arquitetura, metodologias ativas, jogos de ensino/aprendizagem, desenho técnico e gestão de materiais construtivos/ resíduos.

Gabriela Linhares da Silva

Mestranda em Arquitetura e Urbanismo pela Universidade Federal da Bahia (UFBA). Pesquisadora no Núcleo de estudos de Arquitetura, Urbanismo e Tecnologia Aplicada (NAUTA-Udesc) e no Laboratório de estudos avançados em Cidade, Arquitetura e tecnologias Digitais (LCAD-UFBA). Atuou no Laboratório de Fotogrametria Arquitetônica (LFA) da Universidade de Valladolid. Pesquisa sobre realidade virtual, patrimônio arquitetônico, modelagem geométrica e fotogrametria arquitetônica digital.

Giovana Nunes

Aluna do curso de Arquitetura e Urbanismo da Universidade Federal da Fronteira Sul (UFFS). Pesquisadora do Laboratório do Ambiente (LabAm-UFG). Desenvolve(u) pesquisa intitulada "Internet das Coisas e Realidade Aumentada aplicadas ao Patrimônio Cultural", nas áreas de Arquitetura e Urbanismo, tecnologias digitais, machine learning, Internet das Coisas e realidade aumentada.

Mariana Kimie da Silva Nito

Educadora, Arquiteta e Urbanista, mestre em preservação do patrimônio cultural e pesquisadora no Programa de pós-graduação em Arquitetura e Urbanismo da Universidade de São Paulo (USP). Membro da Rede Paulista de Educação Patrimonial (REPEP). Estuda patrimônio na cidade por meio de inventários participativos, ambiências e direito à memória.

Maria Aparecida de Barros Silva

Jornalista, especializada em negócios digitais. Criadora do Cordel de Achados (agência de marketing focada em Arquitetura, construção e decoração) e da PontoLore (empresa de transformação digital de negócios online). No projeto iPatrimônio, coordena a divulgação do patrimônio cultural brasileiro em redes sociais e o atendimento aos seguidores.

Monice Cristina da Silva

Arquiteta e Urbanista, pesquisadora na área de Tecnologia, Ambiente e Sustentabilidade (TAS) com ênfase em *Heritage Building Information Modelling* (HBIM) da Universidade de Brasília (UnB). Membro da equipe do Laboratório do Ambiente (LabAm), estuda o uso de meios digitais na gestão e preservação do patrimônio cultural.

Natalie Johanna Groetelaars

Doutora em Arquitetura e Urbanismo. Professora adjunta da Faculdade de Arquitetura da Universidade Federal da Bahia (FAU-UFBA), no Programa de Pós-Graduação em Arquitetura e Urbanismo (PPGAU) e Mestrado Profissional em Conservação e Restauração de Monumentos e Núcleos Históricos (MP-CECRE) da UFBA. Pesquisadora do Laboratório de estudos avançados em Cidade, Arquitetura e tecnologias Digitais (LCAD). Pesquisa sobre documentação do patrimônio arquitetônico com tecnologias digitais, fotogrametria arquitetônica digital e BIM.

Patrícia Pizzatto Mussoi

Aluna do curso de Arquitetura e Urbanismo da Universidade Federal da Fronteira Sul (UFFS). Pesquisadora do Laboratório do Ambiente (LabAm-UFG). Desenvolve(u) pesquisa intitulada "Patrimônio Futuro", nas áreas de Arquitetura e Urbanismo, tecnologias digitais, patrimônio e parametrização.

Paula Neris dos Santos

Graduada em Artes Visuais pela Universidade Federal de Goiás (UFG), atualmente discente de Engenharia Cartográfica e de Agrimensura pelo Instituto Federal de Goiás (IFG). Já atuou como professora e apoio pedagógico pela rede estadual de Goiás. Atualmente atua na área de gestão e planejamentos de projetos.

Pedro Henrique Gonçalves

Doutor em Construção Civil. Professor Adjunto do curso de Arquitetura e Urbanismo da Universidade Federal de Goiás (UFG). Pesquisador e coordenador do Laboratório do Ambiente (LabAm). Desenvolve pesquisas sobre Tecnologias da Informação e Comunicação (TIC), Conforto Ambiental e Inovação na Construção Civil.

Sandra Schmitt Soster

Publicitária, Arquiteta e Urbanista, mestre e doutoranda em Arquitetura e Urbanismo pelo Instituto de Arquitetura e Urbanismo da Universidade de São Paulo São Carlos (IAU-USP). Pesquisadora do Nomads (USP), do LabAm e do LavMuseu (UFMG). Membro da equipe do iPatrimônio. Membro ICOMOS e Rede Paulista de Educação Patrimonial (REPEP). Estuda meios digitais para gestão do patrimônio cultural, educação patrimonial e inventários participativos.

Sarah Yasmin Pereira Marques

Aluna do curso de Arquitetura e Urbanismo da Universidade Federal de Goiás (UFG). Pesquisadora do Laboratório do Ambiente (LabAm). Participa do projeto Monitoramento e divulgação do patrimônio histórico brasileiro: o uso da inovação tecnológica na Cidade de Goiás-GO. (PIP-UFG), com estudos nas áreas de realidade aumentada, fotogrametria e Internet das Coisas.

Thaiz Amorim Tomaz

Aluna do curso de Arquitetura e Urbanismo da Universidade Federal de Goiás (UFG). Pesquisadora do Laboratório do Ambiente (LabAm). Desenvolve pesquisa intitulada "Avaliação de Parâmetros Ambientais para Conservação do Museu das Bandeiras - MUBAN", nas áreas de Arquitetura, desempenho térmico e conservação.

Vanda Alice Garcia Zanoni

Doutora em Arquitetura e Urbanismo. Professora da Faculdade de Arquitetura e Urbanismo da Universidade de Brasília (UnB). No Programa de Pós-Graduação da Faculdade de Arquitetura e Urbanismo (PPGFAU), vincula-se às linhas de pesquisa Tecnologia de Produção do Ambiente Construído e Patrimônio e Preservação, e aos grupos de pesquisa Simulação Computacional no Ambiente Construído (SiCAC) e Documentação, modelagem e conservação do patrimônio.

GRÁFICA PAYM
Tel. [11] 4392-3344
paym@graficapaym.com.br